Der christliche Staatsmann

Ein Beitrag zum Hitlerbild in der
Deutschen Evangelischen Kirche
und zur Kirchlichen Mitte

Kirche & Weltkrieg
Band 10

Dietrich Kuessner

Der christliche Staatsmann

Ein Beitrag zum Hitlerbild in der
Deutschen Evangelischen Kirche
und zur Kirchlichen Mitte

edition *kirche & weltkrieg*

Verbesserte und erweiterte Auflage der von Dr. Michael Künne
unter dem Titel „Hitler als deutscher christlicher Staatsmann"
2020 herausgegebenen ersten Auflage – vom Verfasser
autorisierte Sonderausgabe des Projekts „Kirche & Weltkrieg".

Ein besonderer Dank des Verfassers
für engagierte inhaltliche und formale Mitarbeit
gilt Dipl. Ing. R. S. Heijen, Braunschweig.

Die in diesem Buch abgebildeten Karikaturen stammen aus den
zwei Bänden „Hitler in der Karikatur der Welt. Tat gegen Tinte".
Ein Bildsammelwerk von Ernst Hanfstaengl, Berlin 1933/34.

© 2021

Dietrich Kuessner
DER CHRISTLICHE STAATSMANN
Ein Beitrag zum Hitlerbild in der Deutschen
Evangelischen Kirche und zur Kirchlichen Mitte

Kirche & Weltkrieg, Band 10
(Buchreihe zur Digitalbibliothek
https://kircheundweltkrieg.wordpress.com)
Satz der Neu-Edition: Peter Bürger
Umschlagmotiv: P. v. Hindenburg und Adolf Hitler am
‚Tag von Potsdam' (21. März 1933): www.commons.wikimedia.org

Herstellung & Verlag: BoD – Books on Demand, Norderstedt
ISBN: 978-3-7543-2629-9

Inhalt

Geleitwort des Bischofs 11

Zum Einstieg 13
Hitler – eine Klarstellung 17

ERSTER HAUPTTEIL:
HITLERS ANGEBOT AN DIE KIRCHEN ZUR MITARBEIT AN
EINEM NATIONALSOZIALISTISCH-CHRISTLICHEN DEUTSCHLAND 21

Hitlers Angebot vom 1. Februar 1933 22
Hitler als Verteidiger des Christentums im „Wahlkampf" im
Februar 1933 24
In der Reichstagssitzung, dem 23. März, erneuert der
Reichskanzler Hitler sein Angebot vom 1. Februar 1933 an
die Kirchen zur Zusammenarbeit 34
Reaktionen aus der evangelischen Kirche auf das Angebot der
Regierung Hitler zur Zusammenarbeit 38
Die Kirche rechtfertigt den Boykott der Geschäfte jüdischer
Inhaber am 1. April 1933 41
Hitler betet öffentlich auf dem Volksfest am 1. Mai 1933 44
Das fromme Hitlerbild in den Kirchengemeinden 48
Der Kirche gefällt ein frommer Führer in der Rolle eines
europäischen Friedensstifters 49
Die Kirche stützt den riskanten außenpolitischen Kurs Hitlers:
Die „Volksabstimmung" am 12. November 1933 52

Auf dem Weg zu einem christlichen Nazideutschland 59
Im Jahr 1934 erneuert Hitler sein Angebot für eine
Zusammenarbeit mit der Kirche 60
Hitlers Putsch gegen das Bürgertum und die SA im Juni 1934 61

Stimmen aus der Kirche zum Hitlerputsch gegen Bürgertum
und SA   65
Nach dem Tod des Reichspräsidenten Hindenburg am
2. August 1934 erneuert Hitler sein Angebot an die Kirche
zur Mitarbeit   71
Die Kirche unterstützt den außenpolitischen Kurs Hitlers
beim Einmarsch deutscher Truppen in das entmilitarisierte
Rheingebiet im März 1936 und erneuert die Koalition mit der
Hitlerregierung   76

Ein kritisches Hitlerbild in der Kirche   84
Hitler – der Antichrist?   90
Die Fortsetzung des Angebotes Hitlers an die Kirchen zur
Mitarbeit – Die Kirche billigt den militärischen Überfall auf
Österreich 1938   93
Hitler der „Wiedervereiniger"   93
Zwei neue von Hitler entworfene Hitlerbilder: Der Patenonkel,
der Kirchenfinanzierer   103
Hitler bietet in seiner Reichstagsrede am 30.1.1939 den Kirchen
rhetorisch die Trennung von Kirche und seinem Staat an   104
Die Kirche strömt Hitler entgegen. Das Hitlerbild in der DEK
bekommt höchsten Glanz anlässlich Hitlers 50. Geburtstag   108
Während des Krieges vertieft sich das Nebeneinander von
Nationalsozialismus und evangelischer Kirche   113
Hitler nimmt die Kirche auf seinen politischen und militärischen
Gipfel Juni 1940 mit   115
Keine Warthegau-Regelung im „Altreich"   119

Hitler in der Rolle eines Verteidigers europäisch-christlicher
Kultur, oder: die christlich-nazistische Koalition gegen den
Bolschewismus   121
Die Kirche schweigt zur letzten Rede Hitlers im Reichstag im
April 1942   126
Die im Vernichtungskrieg mit Orden geschmückte Pfarrerschaft   128
Ein Bischof und „der Führer" teilen am Kriegsende das Trugbild
vom „Siegreichen Frieden"   130

Ein gemeinsames religiöses Verständnis des gescheiterten
Attentats vom 20. Juli 1944   132

ZWEITER HAUPTTEIL:
DIE KIRCHLICHE MITTE   137

Die kirchliche Mitte   138
Die Volkskirche als Kirchenvorbild der Kirchlichen Mitte   141
(a) Die stabile Kirchenmitgliedschaft während des Nationalsozialismus   142
(b) Die Kasualstatistik im „Dritten Reich"   145
(c) Die Landeskirchensteuer   149
Die biblische Stütze der kirchlichen Mitte: Auslegung des
Römerbriefes Kapitel 13   151
Gebete für Hitler   152
Die Eidesleistung   155

Drei Beispiele für die kirchliche Mitte   157
Das erste Beispiel für die kirchliche Mitte:
Die evangelische Presse im Nationalsozialismus   157
Die auflagenstärksten Zeitungen der evangelischen Presse   157
August Hinderer   161
Die Kirchenzeitung „Das Evangelische Deutschland"   165
Weitere Veröffentlichungen   169
Ein zweites Beispiel für die Kirchliche Mitte:
Das kirchliche Bauen zur Zeit des Nationalsozialismus   172
Ein drittes Beispiel für die kirchliche Mitte:
Die Diakonissenmutterhäuser des Kaiserswerther Verbandes   176
Anzahl und Ausbreitung der Mutterhäuser   177
Die Diakonisse   178
Das breite Ausbildungsangebot   178
Die Basis der Mutterhausdiakonie widersteht der Nazigleichschaltung   179
Bei der Jahrhundertfeier bekräftigt die Mutterhausdiakonie ihre
Selbständigkeit   182
Der Stand der Mutterhausdiakonie im Jahre 1937   184

Die Einführung der Verbandsschwester   187
Die „braunen" Schwestern   188
Kritische Situation   189
Mutterhausdiakonie im 2. Weltkrieg   191

DRITTER HAUPTTEIL:
DAS ERBE DER „VON GOTT GEWOLLTEN OBRIGKEIT"
UND KEIN NEUANFANG   195

Religiöse Vokabeln in den letzten Reden Hitlers   196
Das Ende des Hitlerreiches und Reaktionen von Bischöfen   200
Die Räumung der Konzentrationslager März / April 1945   204
Das Deutsche Reich – ein Totenfeld   207
Die heile Welt auf den Dörfern und ihre geräuschlose
Entnazifizierung   210
Das Potsdamer Abkommen   212
Der Fehlstart von Treysa   213

Versuch der Gründung einer deutschen lutherischen Kirche   216
Die fehlende Teilnehmerliste der Kirchenversammlung von Treysa   218
Der Lagebericht von Bischof Wurm   220
Die Gegenrede von Martin Niemöller   221
Die vergiftete Atmosphäre   223
Es gab für die Kirchenführer immer noch ein Deutschland   226
Kein Blick für den geistlichen Reichtum aus der
nationalsozialistischen-Zeit   228
Keine Gespräche mit den Teilnehmern der Kirchlichen Mitte   229
Kein Blick für die Kirchengemeinden   232
Die Abwesenheit irgendeiner theologischen Überlegung und
fälliger Kehrtwendung   234
Das Ergebnis der Zusammenkunft   235

Die 2. Ratssitzung Oktober 1945 in Stuttgart   238
Die Erwartung der Ökumenischen Gäste der Ratssitzung   238

9

Gegensätzliche Auffassungen unter den Ratsmitgliedern 240
Der Erklärungsvorschlag von Otto Dibelius 242
Martin Niemöller verändert den Vorschlag 243
Das Echo der ökumenischen Gäste und seine
ökonomischen Folgen 245
Die Ablehnung der Stuttgarter Ratserklärung an
den Universitäten 246
Gegen die Melodie des Trottelns in der Kirchlichen Mitte 249

*

ZITIERTE UND EMPFOHLENE LITERATUR 251

Über den Autor 257

Diese Arbeit ist gewidmet
dem Andenken meiner Eltern
Theodor und Ilse Kuessner, geb. Peetz,
die mir die Liebe zur Geschichte vererbt haben.

Verehrte Leserinnen und Leser,

mit dem vorliegenden Band „zum Hitlerbild in der Deutschen Evangelischen Kirche und zur Kirchlichen Mitte" legt Dietrich Kuessner eine veränderte und ergänzte Auflage seiner kritischen Auseinandersetzung mit der Schuld der Kirche in der NS-Zeit vor. Neu hinzugekommen ist ein weiterer Teil, in dem es um die fehlende bzw. in eine falsche Richtung führende Auseinandersetzung der Kirchen mit ihrer Schuld in der Nachkriegszeit geht.

Dietrich Kuessner hat viele beachtenswerte kirchengeschichtliche Werke verfasst und sich damit große Verdienste um die Ev.-Luth. Landeskirche in Braunschweig erworben. Kritisch und bisweilen schonungslos ist er in seinen Werken mit der Vergangenheit der evangelischen Kirchen insgesamt und besonders unserer Landeskirche ins Gericht gegangen.

Sein neues Buch schlägt einen weiten Bogen ausgehend von den Reaktionen kirchlicher Gruppen und Kirchenleitungen auf die Selbstinszenierung Hitlers als „christlichem Staatsmann" über das, was Kuessner „die kirchliche Mitte" zwischen Deutschen Christen und Bekennender Kirche nennt, bis hin zu der Frage, wie man sich nach 1945/46 in der Kirche mit dem Nationalsozialismus auseinandergesetzt hat.

Man muss den Thesen Kuessners nicht an jeder Stelle folgen. Aber darum geht es dem Autor auch nicht. Er möchte einladen zum kritischen Diskurs. Dabei hat er besonders die Altersgruppe der Pfarrerinnen und Pfarrer im Blick, die keine Kriegskinder oder Kriegsenkel mehr sind. Ihnen sei dieses Buch besonders ans Herz gelegt.

Die Auseinandersetzung mit der eigenen Geschichte kann niemals objektiv sein. Schließlich geht es auch um das, was die eigenen Vorfahren gedacht, gesagt oder getan und später oft verschwiegen haben. Mit seinen Büchern trägt Dietrich Kuessner dazu bei, dieses Schweigen zu überwinden, oft anhand von sehr persönlichen und authentischen Quellen.

Bei der Auseinandersetzung mit der eigenen Vergangenheit, dem Erkennen und Benennen von Schuld und Versagen, von Irrtümern und Fehleinschätzungen, geht es nicht einfach um eine Abrechnung mit den eigenen Vorfahren oder der Kirche. Es geht darum, sich dieser Vergangenheit zu stellen, mit ihr umzugehen und, davon ausgehend, das eigene, gegenwärtige Denken und Handeln kritisch zu prüfen.

Das war und ist ein Anliegen Dietrich Kuessners. Dafür sei ihm von Herzen gedankt.

Wolfenbüttel,
in der Woche des Sonntags Kantate 2021

Landesbischof Dr. Christoph Meyns

ZUM EINSTIEG

Diese Arbeit ist für alle gedacht, die darüber staunen, dass ihre christlichen Eltern und Großeltern Mitläufer bei den Nazis waren. Davon hatten sie nie geredet.

Der unmittelbare Anstoß zu diesem Thema kam von der Entdeckung, dass Theo Kuessner, mein Vater, in dem von ihm geführten Diakonissenmutterhaus nach der Rückkehr als Soldat 1943 erklärte: im Mutterhaus werde ab jetzt mit „Heil Hitler" gegrüßt. Das wirkte für manche Diakonisse wie ein Schock. Eine hoch betagte Schwester erzählte mir diese Geschichte. Sollte die Oberin ihre Schwestern auf den Fluren des Mutter- oder Krankenhauses nun plötzlich statt mit „guten Tag" mit „Heil Hitler" grüßen? Unvorstellbar komisch. Aber wie kam mein Vater dazu? Hatte der Kriegsdienst auf dem Balkan ihn derart verändert? Sein jüngerer Bruder, mein Onkel Helmut, zeigte sich im Frühjahr 1933 als junger Dorfpfarrer von Hitler ziemlich angetan. So schrieb er seiner Mutter in Briefen, die sein jüngster Sohn Hinrich jetzt las. Einige Briefausschnitte sind wegen ihrer hohen Authentizität in diese Arbeit eingestreut.

Was also? Sollen wir uns entsetzen? Nein, gar nicht. Aber nüchtern und mal wieder gegen den Trend der kirchengeschichtlichen Forschung eine Spur verfolgen, die uns die damalige Zeit und Generation verständlicher macht. Außerdem sind wir alle Kinder der Nachkriegs- und folgenden Zeit, in der uns Dinge über die nationalsozialistische Zeit erzählt wurden, die – vorsichtig ausgedrückt – unvollständig waren. Einseitig ganz bestimmt.

Ich hatte in einem Vortrag 1980 im Braunschweiger Städtischen Museum vom Hitlerstaat als einer „christlichen Diktatur" gesprochen. Das erzeugte Aufmerksamkeit, und eine Pfarrerin in meiner Nachbarschaft sagte mir: „Jetzt verstehe ich meinen Vater besser". Er war Parteigenosse, aber Christ geblieben. Beides suchte er zu vereinen, Christentum und Nationalsozialismus. Das war damals in sehr

vielen Kirchengemeinden die Regel und auch in manchen Kirchenleitungen.

Die vom Würzburger Archivar Max Domarus in vier Bänden ge-
sammelten und kommentierten Reden Hitlers enthalten zahlreiche
religiöse Redensarten Hitlers, die zusammenfassend m.W. noch
nicht behandelt worden sind. Wie haben Männer der evangelischen
Kirche auf das christliche Vokabular Hitlers reagiert? Die unterschiedlichen Antworten werden im ersten Hauptteil behandelt.

Bei dem Versuch, das Hitlerbild in der Deutschen Evangelischen
Kirche zu beschreiben, stößt man auf folgende festgezurrte Urteile:

a) Hitler habe die christlichen Kirchen nach einem „Endsieg" vernichten wollen. Um während des Zweiten Weltkrieges hinter der
   Front keine oppositionelle Gruppe aufkommen zu lassen, habe
   Hitler zwar mit der Kirche eine Art „Burgfrieden" geschlossen
   und kirchenfeindliche Aktionen einstellen lassen. Dieser Burg-
   friede sei aber nur taktisch bedingt gewesen. Nach dem „Endsieg" hätte Hitler sein „wahres kirchenfeindliches Gesicht" gezeigt.

b) Christliche Kirche und Nationalsozialismus seien strukturell von
   vorneherein feindselig zueinander eingestellt gewesen. Beide
   beanspruchten von ihrem Glauben und ihrer Ideologie für sich
   den ganzen Menschen. Diese Ansprüche prallten im Alltag aufeinander und schufen schon seit 1933 Konflikte, die mit der Zeit
   heftig eskalierten.

c) Die Kirche habe daher grundsätzlich einen „Kirchenkampf"
   gegen den Nationalsozialismus führen müssen. Es erschienen
   seit den 1960iger Jahren über 30 Bände zur damaligen Kirchengeschichte unter dem Gesamtthema „Kirchenkampf". Kurt Mei-
   ers dreibändiges Werk „Der Kirchenkampf" ab 1976 kann als
   Abschluss dieser Phase gelten.

d) Hitler sei die Personifizierung des Dämonischen, eine unheimli-
   che, unbezähmbare Macht des Bösen, des Satanischen gewesen,
   die in seiner menschenverachtenden und zügellos menschen-
   vernichtenden Politik seinen Ausdruck gefunden habe.

Dieses Meinungsbild wurde in den 1950er-, 60er und 70er Jahren prominent vertreten. Man konnte dafür auch viele Gründe herbeiziehen, und es wird teilweise heute noch im Zuge einer allgemeinen theologischen Reaktion vertreten. Es ist aber durch den fortschreitenden Forschungsstand aufgebrochen und teilweise überholt worden. Eine blockartige, einheitliche nationalsozialistische Kirchenpolitik hat es nicht gegeben. Der krassen kirchenfeindlichen Kirchenpolitik Rosenbergs, Himmlers und Bormanns trat der Kirchenminister Hanns Kerrl entgegen, der das Christentum in den nazistischen Staat integrieren wollte. Der Begriff des Kirchenkampfes wird vorwiegend auf die Auseinandersetzung zwischen der Bekennenden Kirche und den Deutschen Christen eingeschränkt und wird zwischen der Kirche und dem Nationalsozialismus bestritten.

Friedrich Heer hat 1968 ein umfangreiches Buch über „Der Glaube des Adolf Hitler" veröffentlicht, Rainer Bucher 2008 über „Hitlers Theologie". Darüber ist hier nichts zu lesen, es geht mir nicht um die Erforschung eines möglichen religiösen Innenlebens Hitlers, sondern um die Frage, was die Zeitgenossen damals aus Hitler gemacht haben, wie sie ihn sahen und sehen wollten – wie sie ihn sich zurechtmachten. Auch wie Hitler sich selbst zurechtgemacht hat. Welche Rolle hat er nach außen entwickelt, und hat man sie ihm abgenommen? Ganz gewiss hat Hitler viele, unterschiedliche Rollen eingenommen, je nach seinem Gesprächspartner. Unter den vielen Rollen war gelegentlich auch die eines Kanzlers mit volkskirchlichen Vokabeln. Wie kam es dazu? Wie hat sie gewirkt?

Die Arbeit richtet sich auch an die gegenwärtig amtierende Pfarrerinnen- und Pfarrergeneration. „Wir verlieren gerade die Tuchfühlung mit der Vergangenheit", titelte die Literarische WELT am 15. Dezember 2018 zu einem Gespräch mit Geraldine Schwarz, die ein Buch über die Verstrickungen ihrer Familie ins Vichy- und NS-Regime geschrieben und dafür den Europäischen Buchpreis erhalten hat. Das Buch hat den Titel „Die Gedächtnislosen. Erinnerungen einer Europäerin". „Warum Gedächtnislosigkeit ein Vakuum erzeugt, das nur den Rechtspopulisten nützt", ergänzte die WELT.

Auch die Veränderungen in der Struktur der Kirchengemeinden, in den alten Archivbeständen der Kirchengemeinden, auch die Veränderungen in der Vikarsausbildung haben das Verhältnis der neuen jungen Pfarrerinnen- und Pfarrergeneration zur Geschichte unserer Braunschweigischen Landeskirche verändert, womöglich gelockert. Da will ich gerne etwas gegensteuern.

Schließlich bedarf die folgende Darstellung vorab einer Klarstellung:

Hitlers Nachtgebet: „Lieber Gott, mach' mich fromm, daß ich zur Regierung komm!"

Schon vor 1933 wurde die religiöse Pose Hitlers aufgespießt. Hier von der sozialdemokratischen Satirezeitschrift „Der wahre Jacob" am 13.Februar 1932. Der Nazikommentar aus dem Jahr 1933 neben der Zeichnung lautete: „Was hier der wahre Jacob schrieb / erfüllt sich schneller als ihm lieb / und es erkennt der Antichrist / daß Gottes nicht zu spotten ist."

HITLER – EINE KLARSTELLUNG

Hitler hat die evangelische Kirche zeit seines Lebens nie verstanden, weder ihre äußere föderale Struktur, geschweige denn ihr inneres Leben. Er hat sie auch nie erlebt. Es ist nicht bekannt, dass Hitler während seiner Regierungszeit auch nur einmal von sich aus einen evangelischen Gemeindegottesdienst besucht hätte. Dazu hatte er keinen Anlass. Hitler war in einem katholischen Milieu aufgewachsen und blieb auch als Kanzler offiziell katholisches Kirchenmitglied. Hitler war Anfang Februar 1933 anlässlich einer Trauerfeier für zwei aufgebahrte Nationalsozialisten im Berliner Dom, aber das war kein Gottesdienst, sondern eine parteiliche Trauerdemonstration. Hitler trug Parteiuniform. Hitler war im April 1935 wieder im Berliner Dom anlässlich der Trauung von Hermann Göring. Seine Frau Emmy hatte auf einer kirchlichen Feier bestanden. Hitler fungierte als Trauzeuge. Reichsbischof Müller hatte die Auflage erhalten, eine sehr kurze Ansprache zu halten. Das war kein Gottesdienst, um eine evangelische Kirche kennenzulernen, ebenso wenig wie die Taufe des Göring-Kindes Edda im November 1938 im Privatpalast von Göring, wo Hitler das Patenamt übernahm. Ob die Veranstaltung, überhaupt eine gültige kirchliche Taufe im Namen des Dreieinigen Gottes war, kann man bezweifeln. Aber die Fotos von Hitler als glücklichem Patenonkel gingen durch die deutsche Presse und lösten in der Münchner Parteizentrale Kopfschütteln aus. Sie entsprachen so wenig deren Kirchenpolitik und der von Alfred Rosenberg. Anlässlich seines 50. Geburtstages im April 1939 veranstaltete Hitler keinen Festgottesdienst, am Vormittag aber eine militärische Truppenparade.

Hitler hatte im Zuge seiner Kirchenpolitik mehrfach Gelegenheit, mit evangelischen Bischöfen zu konferieren, aber die Begegnungen zeitigten kein bemerkbares Verständnis Hitlers für die evangelische Kirche.

Hitler hatte kein inneres, persönliches Interesse an der evangelischen Kirche, aber ein politisches. Hitlers kirchenpolitisches Ziel war die Schaffung einer zentralen Reichskirche, die er seinem autoritären Hitlerstaat unterordnen wollte. Im Sommer 1933 konnte sich Hitler am Ziel wähnen, als sich die Kirche eine neue Verfassung gab, die sich grundsätzlich von der bestehenden Kirchenverfassung von 1922 unterschied. Die evangelische Kirche in der Weimarer Zeit war in einem ausgewogenen Verhältnis von zentraler und föderaler Struktur verfasst. Die 28 Landeskirchen hatten sich unter sehr schwierigen Bedingungen eine demokratieähnliche Verfassung mit Synoden, Verwaltung und Kirchenleitung gegeben und sich bei Bewahrung ihrer Selbständigkeit zu einem Kirchenbund zusammengeschlossen, in dem ein Kirchenausschuss, ein Kirchensenat und alle drei Jahre ein Kirchentag (eine Art Synode) auf verschiedenen Ebenen für Aussprache und Förderung gemeinsamer Interessen sorgten. Die Verfassung von 1933 zerschlug dieses ausgewogene Gebilde, das sich nur schwer in eine autoritäre Struktur hineinpressen ließ. Paragraf fünf der Verfassung von 1933 lautete: „An der Spitze der Kirche steht der lutherische Reichsbischof." Das Verräterische dieses Artikels sind die ersten drei Wörter: „An der Spitze". Eben eine solche Spitze hatte die Weimarer Kirchenverfassung vermieden. Die Kirche hat wesensmäßig als „Gemeinschaft der Heiligen" keine Spitze. Sie ist eine vielgestaltige Gemeinschaft untereinander gleichberechtigter Mitglieder, die eine brüderliche, verständnisvolle Leitung erträgt, aber nie und nimmer einen Reichsbischof. Diese Verfassung erschien in allen landeskirchlichen Amtsblättern mit den Unterschriften aller Bischöfe, voran der Bischöfe Marahrens, Wurm und Meiser, und Hitlers als Kanzler und Reichsinnenministers Frick. Es ist ein makabres Dokument, zumal die drei genannten Bischöfe 1945 in Treysa um eine neue Kirchenordnung rangen, ohne sich zu diesem beschämenden Dokument zu äußern.

Der von Hitler auserkorene Reichsbischof Ludwig Müller erwies sich zur Durchsetzung der Hitlerischen zentralisierenden Kirchenpolitik als unfähig. Er wurde zwar von der nazitreuen Glaubensbewegung Deutsche Christen unterstützt, aber diese hatte in einer Berliner Massenversammlung im November 1933 das Altes Testament verhöhnt und damit viel Unterstützung verloren. Müller legte die Führung der Deutschen Christen nieder. Hitler war nach eigenen Angaben schon 1934 gescheitert, und dann immer wieder. 1935 berief er einen anderen alten Bekannten, den ehemaligen Kreisleiter von Peine, Hanns Kerrl, zum Minister für die kirchlichen Angelegenheiten, der als provisorisches Kirchenleitungsorgan einen Reichskirchenausschuss berief, der aber schon im Februar 1937 wegen Differenzen seine Arbeit niederlegte. Im selben Frühjahr rief Hitler offiziell die Landeskirchen zu Wahlen „in Freiheit" zu einer Reichssynode auf, aber auch diese Idee verlief im Sande, bevor der Sommer begonnen hatte. Diese vier eigenständigen Anläufe Hitlers zu seiner Kirchenpolitik waren gescheitert. Neue Versuche startete Hitler nicht mehr. Ihm war es auch nicht gelungen, innerhalb der führenden Nazielite eine einheitliche, gemeinsam verfolgte kirchenpolitische Linie durchzusetzen.

Von Gott gesandt ...

Der Nazi-Prinz Auwi sagte vorgestern in einer Nazi-Versammlung: Hitler sei dem deutschen Volke von Gott gesandt worden...:

Vom Himmel hoch, da kam er her ...
Welche Konkurrenz für die Monarchen von Gottes Gnaden!

Diese Karikatur stammt aus dem Berliner 8 Uhr Abendblatt 1931. Anlass war eine Äußerung des Nazisympathisanten Prinz August Wilhelm. Der hatte in einer Veranstaltung erklärt, Hitler sei dem deutschen Volk von Gott gesandt. Das Abendblatt zitiert dazu das Weihnachtslied Luthers „Vom Himmel hoch, da komm ich her." – Zwei Jahre später war die Bezeichnung „Hitler, der von Gott Gesandte" keine frivole Trivialität übergeschnappter Deutscher Christen, sondern wurde ernsthaft Jahr für Jahr wiederholt und schließlich auch von Vielen geglaubt. – Dazu diente eine verdrehte Auslegung der Bibelstelle: „Jedermann sei untertan der Obrigkeit, denn sie ist von Gott." Hitler als von Hindenburg am 30. Januar 1933 ausgewählte Obrigkeit war Kanzler „von Gottes Gnaden". Der Karikaturist konstruiert eine „Konkurrenz für den Monarchen von Gottes Gnaden", wie er in kleiner Schrift unter den Liedvers schrieb.

Erster Hauptteil:
Hitlers Angebot an die Kirchen zur Mitarbeit an einem nationalsozialistisch-christlichen Deutschland

Am 30. Januar 1933 beauftragte Reichspräsident Hindenburg den „Führer" der größten Reichstagsfraktion, Adolf Hitler, mit der Regierungsbildung. Das war keine Machtergreifung des Bösen, sondern ein traditioneller Regierungswechsel.[1] Er „vollzog sich innerhalb der Formen, die die Weimarer Reichsverfassung vorschrieb und die der Parlamentarismus erlaubte."[2] Einige Zeitgenossen erhofften sich einen baldigen, erneuten Regierungswechsel. Theodor Eschenburg erinnert sich: „Nicht wenige rechneten mit einer kurzen Lebensdauer dieser Regierung. Entweder würde Hitler gezähmt und die Partei würde enttäuscht von ihm abfallen oder Hindenburg würde ihn absetzen – so wie er es mit Brüning, Papen und Schleicher getan hatte."[3] Viele Menschen reagierten einfach gleichgültig. Nach

---

[1] Anders Richard J. EVANS, Das Dritte Reich Aufstieg, München 2005, 417: „Dass die Ernennung Hitlers zum Reichskanzler kein gewöhnlicher Regierungswechsel war, wurde sehr schnell deutlich, als Goebbels einen Fackelzug aus Braunhemden. […] durch Berlin organisierte." Olaf BLASCHKE, Die Kirchen und der Nationalsozialismus, Reclam Stuttgart 2014, 88: „Die ‚Machtergreifung' stilisierten die Nationalsozialisten als nationale Revolution […] Der Machtübergabe am 30. Januar 1933 folgte die Phase der Machtergreifung." Dirk Blasius referiert den neusten Stand, danach sei der 30. Januar ein legaler Regierungswechsel gewesen, in: Tage deutscher Geschichte im 20. Jahrhundert, herausgegeben von Dirk BLASIUS / Wilfried LOTH, Göttingen 2006. Darin: Dirk BLASIUS, 30. Januar 1933 Tag der Machtergreifung, 45-58.

[2] Kurt MEIER, Kreuz und Hakenkreuz, München 1992, dtv 4590, 32. Meier nannte die Beauftragung einen Regierungswechsel: ebd., 33. Dietrich KUESSNER, Ansichten einer versunkenen Stadt. Die Braunschweiger Stadtkirchen 1933-1950, Wendeburg 2012.

[3] Theodor ESCHENBURG, Letzten Ende meine ich doch. Erinnerungen 1933-1999, Berlin 2000, 9.

Beobachtungen des britischen Botschafters in Berlin, Horace Rum-
gold, nahm die Bevölkerung im ganzen Land die Nachricht „phleg-
matisch" auf.[4] Die Regierung Hitler/Hugenberg hatte keine Mehrheit
im Reichstag. Die jeweils kommunistische und sozialdemokratische
Reichstagsfraktion beantragten unabhängig voneinander die soforti-
ge Einberufung einer Reichstagssitzung, um die fehlende Reichs-
tagsmehrheit der neuen Regierung der Öffentlichkeit vorzuführen.
Der Reichstagspräsident Göring verschleppte beide Anträge. Hindenburg löste den Reichstag auf und damit waren beide Anträge
gegenstandslos geworden. Die Verfassungsgemäßheit des Regie-
rungswechsels unterstützte den Eindruck der Legalität des Regierungsantritt Hitlers, aber Hitler brauchte dringend Koalitionspartner.

HITLERS ANGEBOT VOM 1. FEBRUAR 1933

Hitler bot im Aufruf an das deutsche Volk am 1. Februar 1933 überraschend der Kirche eine fundamentale Rolle in seiner Politik an.
Schon in seiner ersten Ansprache als Reichskanzler am 1. Februar
1933 erklärte Hitler über den Rundfunk, die neue Regierung werde
„das Christentum als Basis unserer gesamten Moral, die Familie als
Keimzelle unseres Volkes und Staatskörpers in ihren festen Schutz
nehmen"[5]. Die Weimarer Demokratie sei eine Zeit ohne den Segen
Gottes gewesen, der Grund sei der Marxismus und Nihilismus gewesen, denen er einen „unbarmherzigen Krieg" ankündigte.[6] Hitler
schloss mit dem frommen Wunsch: „Möge der allmächtige Gott unsere Arbeit in seine Gnade nehmen, unseren Willen recht gestalten,
unsere Einsicht segnen und uns mit dem Vertrauen unseres Volkes
beglücken. Denn wir wollen nicht kämpfen für uns, sondern für

---

[4] Ian KERSHAW, Hitler, München 2002, Bd 1, 549.
[5] Max DOMARUS, Hitler Reden und Proklamationen 1932-1945, Wiesbaden 1973, 192
(1.2.1933).
[6] ebd., 193.

Deutschland."[7] Der Aufruf wurde am folgenden Tag noch zweimal vom Rundfunk wiederholt und der Text an die Litfaßsäulen angeschlagen. Er sollte von der deutschen Öffentlichkeit zur Kenntnis genommen werden.

Dieser „Aufruf der Reichsregierung an das deutsche Volk" ließ aufmerken. Keine der Vorgängerregierungen hatte derart häufig ein christliches Vokabular verwendet. Sollte der Regierungswechsel auf einen Systemwechsel zielen, auf ein christliches Deutschland? Schon Franz von Papen hatte bei seiner ersten Regierungserklärung nach seinem Putsch gegen die amtierende preußische Regierung Braun 1932 vom „christlichen Staat" gesprochen, den er nun in Preußen errichten wolle. Auf seinen Wunsch wurde diese Passage in die Hitlersche Regierungserklärung am 1.2.1933 eingefügt.[8]

Das war ein gravierender Einschnitt in die Weimarer Verfassung. Artikel 137 der Weimarer Verfassung bestimmte den religionsneutralen Staat, allerdings nicht den religionslosen Staat, wie es von den Gegnern der Weimarer Verfassung gerne missdeutet und polemisch gegen die Befürworter des Weimarer Staates interpretiert wurde.

Der Hamburger Pfarrer Franz Tügel und spätere Bischof schilderte im Rückblick von zehn Jahren seinen persönlichen Eindruck von dieser Rede Hitlers: „Als ich diese ernste, männliche Stimme am Rundfunk hörte, da habe ich meine Hände gefaltet und Gott, dem Herrn der Geschichte, gedankt und ihn angefleht, er möge helfen und segnen."[9] Hitlerbegeisterte Berliner versammelten sich auf Einladung der Deutschen Christen zu einem Dankgottesdienst in der geräumigen Marienkirche, die die dankbare Gemeinde nicht fassen konnte. Die Kirche musste noch vor Beginn des Gottesdienstes geschlossen werden. Dann marschierten SA-Leute mit angeblich 300 Sturmfahnen und Standarten in die Kirche und stellten sich um den Altar. Der 34jährige Führer der Deutschen Christen, Joachim Hossenfelder, Pfarrer an der Berliner Christuskirche, predigte in Anwe-

---

[7] ebd., 194.
[8] Heinz HÖHNE, Die Zeit der Illusionen, Berlin, 1991, 14.
[9] Franz TÜGEL, Mein Weg, Hamburg 1972, 229.

senheit von Vertretern der frischen Reichsregierung, Mitgliedern des Reichstags und des Landtags über die Wiederkehr deutscher Erhebung und sprach die Hoffnung aus, „dass das große Werk unseres Führers zu einem glücklichen Ende gelange."[10] Mitglieder der neuen Reichsregierung in einem evangelischen Gottesdienst? – Das verriet einen neuen Stil.

HITLER ALS VERTEIDIGER DES CHRISTENTUMS IM „WAHLKAMPF" IM FEBRUAR 1933

Die Kirche spielte für Hitler in den folgenden Wochen eine besondere Rolle. Hitler hatte als Reichskanzler keine parlamentarische Mehrheit. Aber Hindenburg war Hitler entgegengekommen und hatte den Reichstag aufgelöst, ein schwerer politischer Fehler des Reichspräsidenten. Anstatt sich in die Regierungsgeschäfte einzuarbeiten, ging Hitler sofort auf Wahlreisen für eine eigene Mehrheit im Reichstag und agierte wie ein „christlicher Staatsmann". In seiner Wahlrede am 10. Februar 1933 im Berliner Sportpalast beschrieb er das neue Deutschland als das „bitter erworbene, neue deutsche Reich der Größe und der Ehre und der Kraft und der Herrlichkeit und der Gerechtigkeit", und damit jeder die Gebetsform auch bemerkte, schloss Hitler mit „Amen".[11] Der Rundfunk übertrug die Ansprache reichsweit. Goebbels notierte im Tagebuch: „Hitler hält eine phantastische Rede. Ganz gegen Marxismus. Zum Schluss großes Pathos ‚Amen!'. Das hat Kraft und haut hin. Ganz Deutschland wird Kopf stehen."[12]

Obwohl Hitler mit dieser Massenveranstaltung im Berliner Sportpalast den Wahlkampf für die Reichstagswahl am 5. März eröffnete, hielt er keine Wahlrede, er warb nicht um Stimmen für die NSDAP, es fiel nicht ein einziges Mal der Name der Partei, er setzte sich auch

---

[10] Völkischer Beobachter (VB) 5./6.2.1933.
[11] DOMARUS, 208.
[12] Tagebücher von Josef Goebbels, Teil I: Bd 2/III München 2006, 127.

nicht mit anderen Parteien auseinander, sondern er entwarf ein Sehnsuchtsbild von einem Wiederaufstieg des deutschen Volkes. Er sprach nicht als Parteiführer, sondern als Kanzler der Regierung zur deutschen Bevölkerung.

Wie schon der Aufruf an das deutsche Volk vom 1. Februar löste nun auch diese Rede eine weitere Strömung hoher Erwartungen aus, wobei Hitler die Bevölkerung zur Mitarbeit für ein Deutschland ohne Klassenunterschiede aufrief. „Wir wollen durch eine Erziehung von klein an den Glauben an einen Gott und den Glauben an unser Volk einpflanzen, … wir wollen unsere Jugend wieder hineinführen in dieses herrliche Reich unserer Vergangenheit. Demütig sollen sie sich beugen vor denen, die vor uns lebten." [13]

Dieses strahlende Bild eines neuen christlichen deutschen Reiches wurde auf dem trüben Hintergrund einer anhaltend herabsetzenden, völlig überzogenen Beschreibung der Weimarer Zeit entworfen, die eine Zeit des Verfalls und der Unsauberkeit gewesen sei. Die verfaulte Demokratie werde abgeschafft. „Wir werden kämpfen gegen die Erscheinungen unseres parlamentarisch-demokratischen Systems" [14]. Nicht nur das 1918 mühsam erkämpfte Frauenwahlrecht würde abgeschafft, sondern das Wahlrecht überhaupt. Daran ließ Hitler keinen Zweifel. Wie jede Strömung gefährliche Strudel entwickelt, die den Schwimmer hinabziehen, so konnte der Zuhörer Hitlers leicht in den Strudel einer nationalsozialistischen Strömung geraten, wie eine französische Karikatur *Le Remous* warnte.

Die Rede Hitlers drang bis ins kleinste ostpreußische Dorf. Der 30 Jahre junge, frische Pfarrer im Dorf Moltainen schrieb an seine Mutter in Königsberg:

„Gestern hörte ich eine ganz ausgezeichnete Rede Hitlers durch Rundfunkübertragung aus dem Berliner Sportpalast. Man hat doch bei ihm den Eindruck, dass hier eine willensstarke Persönlichkeit, nur erfüllt von dem einen Gedanken der Rettung und Freiheit des Vaterlandes, jenseits aller politischen Phrasen, sachlich und nüch-

---

[13] DOMARUS, 206.
[14] DOMARUS, 206.

tern, aber darum gerade vertrauenserweckend, an der Führung ist, die willens ist, innen und außen saubere Verhältnisse zu schaffen und sich vor allem durchzusetzen."[15]

Der ostpreußische Dorfpfarrer war mit seinem Urteil keineswegs allein. Die prominente Allgemeine Evangelisch Lutherische Kirchenzeitung (AELKZ) schrieb zu dieser Rede Hitlers im Berliner Sportpalast: „Wirkungsvoller kann man sich die Eröffnung des Wahlkampfes kaum denken, als es mit den Massenversammlungen der Regierungsparteien im Berliner Sportpalast und durch die Übertragung der gehaltenen Reden auf den ganzen deutschen Rundfunk geschehen ist." Es sei durch den Rundfunk spürbar geworden, „dass nun etwas ganz Neues in Deutschland zu geschehen habe." Die Zeitenwende von heute erfordere mehr denn je „den Impuls zu einer großen nationalen Bewegung christlich-konservativer Prägung".[16] Mündete die christlich-konservative Prägung in ein christliches Nazi-Deutschland? So schien es im Februar 1933.

Auf seinen Wahlreisen spielte Hitler die Rolle eines Verteidigers des Christentums. Ein besonderes Ärgernis war für Hitler die Jahre lange, stabile Regierungskoalition aus Sozialdemokraten, Liberalen und dem Zentrum in Preußen unter Ministerpräsident Braun. Gegen diese richtete er seine ungebremste Wut. Seine Wahlrede am 15. Februar 1933 in Stuttgart benutzte Hitler zur Abrechnung mit dem Zentrum. „Das falsche Christentum des Zentrum" titelte der Völkische Beobachter.[17] Der Regierungspräsident Eugen Bolz hatte in einem Flugblatt des Zentrums vor einem neuen preußisch-protestantischen – ostelbischen Geist gewarnt: „Wir fürchten einen Geist von Potsdam [...] Das ist der Geist, der im Krieg nicht rechtzeitig den Frieden gesucht hat ... der die ganze Welt erobern wollte, ... der in Wirklichkeit die Ursache des heutigen Elends ist." Die letzte Konsequenz sei die, dass „auch in religiöser Beziehung keine Freiheiten

---

15 Brief von Helmut Kuessner am 11. Februar 1933 aus Moltainen an seine Mutter (Privatbesitz von Hinrich Kuessner).
16 Allgemeine Evangelisch-Lutherische Kirchenzeitung (AELKZ) 17.2.1933 Sp. 160/161.
17 Völkische Beobachter B (VB), 17.2.1933.

mehr bestehen", hieß es im Flugblatt. Hitler fühlte sich in seiner Rolle als Verteidiger des Christentums bedroht und schäumte und spielte auf die jahrelange Koalition des Zentrums mit der SPD unter der Regierung Otto Braun in Preußen an. „Dem Christentum ist niemals und zu keiner Zeit ein größerer innerer Abbruch zugefügt worden, als in diesen 14 Jahren, da diese theoretisch christliche Partei mit diesen Gottesleugnern in einer Regierung saß. […] Wir wollen unsere Kultur wieder mit christlichem Geist erfüllen, nicht nur in der Theorie. Nein, ausbrennen wollen wir die Fäulnis-Erscheinungen in der Literatur, in Theater, in der Presse, kurz in unserer ganzen Kultur."[18] „Wir wollen Deutschland freimachen von den Hemmungen einer unmöglichen parlamentarischen Demokratie." Die regionale Nazipresse (NS-Kurier) berichtete am 17.2. von der Kundgebung unter der Überschrift „Hitlers Bekenntnis zum christlichen Staat".[19] Damit griff die Parteipropaganda diese überholte Vorstellung auf, die spätestens mit Kaiser Wilhelm II. 1918 beendet war. Für die Kirchen war sie eine verführerische Idee, die Frage war nur, ob sie ernst gemeint war und wie sie umgesetzt werden sollte.

Aber Hitler wiederholte einen Tag später in den Kölner Messehallen seinen Anspruch als Verwalter des Christentums. „Dem Zentrum die Maske herunter" titelte das Massenblatt der Nazis, der Völkische Beobachter.[20] Hitler lobte eingangs den seinerzeit thüringischen Minister Frick, der für „Sauberkeit und Ordnung, für Christentum, für die deutsche Erhebung für Freiheit und Recht" eingetreten sei. „Wie will", so Hitler später, „eine Partei vom Kampf des Christentums reden, die 14 Jahre mit Atheisten und Gottesleugnern zusammensitzt? Haben sie in diesen 14 Jahren für die deutsche Nation, für das Christentum wirklich gekämpft?" Einen Tag später veröffentlichte der Völkische Beobachter einen Aufruf „nationaler Katho-

---

[18] Völkische Beobachter 17.2.1933.
[19] Gerhard SCHÄFER (Hg), Die Evangelische Landeskirche in Württemberg und der Nationalsozialismus, Stuttgart 1971, Bd I: Um das politische Engagement der Kirche 1932-1933, 263.
[20] Völkische Beobachter 21.3.1933.

liken", der bündig erklärte: „Wer den Nationalsozialismus bekämpft, bekämpft das Christentum"[21]. Göring hatte in einer Veranstaltung in Dresden darauf hingewiesen, dass an der Spitze der Regierungen mit Hitler und Papen zwei Katholiken stünden.[22] Der Völkische Beobachter veröffentlichte in diesen Tagen eine Buchanzeige vom Pfarrer D. Julius Kuptsch unter der Überschrift „Christentum im Nationalsozialismus" mit folgender Empfehlung: „Die Weltanschauung des Nationalsozialismus genügt der Schöpfungsordnung Gottes und der Forderung des Christentums. Die Grundsätze des Nationalsozialismus sind praktisches Christentum; der Nationalsozialismus allein ist der wirkliche Kämpfer für das wahre Christentum". Kuptsch war NSDAP-Parteimitglied und Mitbegründer der Deutschen Christen.

Am 25. Februar sprach Hitler vor 30.000 Zuhörern in der Nürnberger Luitpoldhalle und betonte die Partnerschaft der künftigen nationalsozialistischen Regierung mit den christlichen Kirchen beim Kampf gegen die politische Linke: „Und wenn man heute versucht, die Religionen in den Kampf zu stellen, werden wir sagen: Wir schützen die beiden christlichen Bekenntnisse, indem wir den Marxismus vernichten werden. Wir werden die beiden Konfessionen beschützen und beschirmen, aber wir wollen nicht dulden, dass Deutschland erneut durch einen Krieg der Konfessionen zerfällt."[23] In Breslau sagte Adolf Hitler dem Bolschewismus erneut „den Vernichtungskampf" an.[24] „Vernichten" war eines seiner sehr häufig benutzten Lieblingsworte. Hitler machte damit in der Bevölkerung archaische Instinkte populär, die in einer liberalen Zivilgesellschaft längst domestiziert schienen. Im Kampf gegen die Linke im Reich und gegen den Bolschewismus rechnete Hitler fest mit der Unterstützung der Kirchen und hatte Recht behalten.

---

[21] Völkische Beobachter 22.2.1933.
[22] Völkische Beobachter 21.2.1933.
[23] Völkische Beobachter 28.2.1933.
[24] Völkische Beobachter 2.3.1933.

In Königsberg wurde Hitlers Rede am 4. März zum Höhe- und Schlusspunkt der Wahlreise. Begeistert berichtete das führende lutherische Blatt: „Nicht der ‚Parteiführer' Hitler, sondern der von Hindenburg ernannte ‚Reichskanzler' Hitler hielt in der Nacht zuvor seine große Rede an ganz Deutschland durch Rundfunk, und Millionen deutscher Christen hörten mit und sangen das Lied ‚Wir treten zum Beten vor Gott den Gerechten' mit, und als die Glocken des Königsberger Domes läuteten, stiegen in gleicher Stunde weithin Gebete zum Himmel auf, wie es wohl nie in der Geschichte Deutschlands geschah. Es war ein bitterer Tropfen in die Erinnerung dieser ‚Gebetsnacht', als man nachher hörte, das Königsberger Konsistorium habe das Läuten der Glocken untersagt, so dass Goebbels zum Ersatz frühere Schallplatten verwenden musste."[25] In der Kampagne für die Terrorwahl am 5. März 1933 vermittelte Hitler wiederholt den Eindruck des eigentlichen Verteidigers der christlichen Kirchen. In dieser Rolle hoffte Hitler auf die Kirche als Partner bei der Vernichtung des Marxismus, worunter er unterschiedslos Sozialdemokraten, Kommunisten und Demokraten verstand.

Es war für viele leitende Männer der Kirche der erste, und daher tiefer sitzende, nachhaltige, positive Eindruck, den sie von Hitler gewannen und der ihr Hitlerbild für längere Zeit prägte.

Es gab vereinzelte Gegenstimmen zu diesem Hitlerbild. Noch am 28. Februar 1933 wandte sich der Herausgeber der „Christlichen Welt", dem Blatt der Liberalen, Hermann Mulert, gegen den Terror. „Wie muss es auf sozialistische Volksgenossen wirken, wenn viele Zeitungen wegen Beleidigung von Behörden verboten werden, aber diejenigen Blätter, die offen den Verfassungsbruch ankündigen, unverboten bleiben? Und müssen die neueren Polizei- und Hilfspolizei-Erlasse nicht in verhängnisvoller Weise den Schein von zweierlei Recht schaffen? Der vom 22. Februar beruft sich auf Gewalttaten von links; wären nicht solche Tätlichkeiten, wie die in Krefeld von Nati-

---

[25] AELKZ 17. März 1933, Sp 260.

onalsozialisten gegen den Zentrumsführer und früheren preußischen Ministerpräsidenten Adam Stegerwald verübten Anlass genug, auch nach rechts hin vor Verrohung des politischen Kampfes zu warnen und allseitig zu bekämpfen?"[26]

In einem mehrseitigen Brief an seine Pfarrer vom 8. März 1933 nahm auch der märkische Generalsuperintendent Otto Dibelius direkt Bezug auf den Hitlerschen „Vernichtungsfeldzug" vor der Wahl: „Mag die Politik Gräben ziehen, mögen Staatsmänner von Vernichten, Ausrotten und Niederschlagen reden, mögen Hassbotschaften auf Massenaufmärschen einen Beifall finden, ‚der nicht enden will' – wir haben einen andern Geist empfangen! Ich werde von dem Standort niemals abweichen, den uns das Evangelium anweist. Und ich hoffe, Sie werden dasselbe tun. Wo Hass gepredigt wird und nun gar der Hass gegen Glieder des eigenen Volkes, da ist der Geist Jesu Christi nicht."[27]

Agnes von Zahn-Harnack, Tochter des berühmten Professors Adolf von Harnack, protestierte, „dass in steigendem Maße im Wahlkampf der Name Gottes sowie Formeln der christlichen Religion und des christlichen Lebens verwendet oder Wahlreden mit dem Wort ‚Amen' beschlossen" würden.[28] Sie schickte ihren Protest an die damalige Leitung der Deutschen Evangelischen Kirche, an den Kirchenausschuss.

Der 29-köpfige Evangelische Kirchenausschuss, das höchste Beschlussgremium der Deutschen Evangelischen Kirche, trat turnusmäßig am 2. und 3. März 1933 in Berlin zusammen. Ihm gehörten Mitglieder sämtlicher Kirchenleitungen der Deutschen Evangelischen Kirche (DEK) an. Er tagte unter dem Vorsitz des Präsidenten Hermann Kapler und beriet vier Stunden lang über das Thema „Frage einer Stellungnahme zu den gegenwärtigen politischen Verhält-

---

[26] Günther van NORDEN, Der deutsche Protestantismus im Jahr der nationalsozialistischen Machtergreifung, Gütersloh 1979, 42; Christliche Welt Jg. 47, Nr. 5, Sp. 238.
[27] Klaus SCHOLDER, Die Kirchen und das Dritte Reich, Frankfurt 1977, 294.
[28] ebd., 290.

nissen und Bestrebungen".[29] Aber durch das Gremium ging ein Riss:
die einen wünschten eine deutliche Unterstützung der Hitlerregierung, die anderen ein scharfe Abgrenzung.

Der Kirchenausschuss lernte zwischen den beiden Sitzungstagen
noch einen anderen, entschlossenen Nazigegner kennen. August
Hinderer, der mächtige, einflussreiche Mann des evangelischen Pressewesens, der die Tages- und die Kirchenpresse seit vielen Jahren
mit Nachrichten versorgte, hatte die Mitglieder des Kirchenausschusses zu einem informellen „Bierabend" eingeladen. Ein Teilnehmer berichtete davon folgendermaßen: „Er (Hinderer) wollte uns
Kirchenführer vor kommenden Dingen warnen und dadurch verhü-
ten, dass uns die Ereignisse ebenso überraschen wie 1918. Aber die
Kirchenführer standen dem Nationalsozialismus so gutgläubig gegenüber oder waren durch die Deutschen Christen sei es so begeistert, sei es so eingeschüchtert, dass sie Hinderer nicht glaubten und
seine Warnungen mit eisigem Schweigen aufnahmen"[30]. Ein weiterer
Teilnehmer berichtete von einigen Bemerkungen der Ausschussmit-
glieder. So habe der Präses der altpreußischen Generalsynode, Friedrich Winckler, seine Freude darüber ausgedrückt, „dass durch die
Machtergreifung des Nationalsozialismus die Vorherrschaft der SPD
und Zentrum im politischen Leben gebrochen sei". Ein weiterer
Teilnehmer, der Braunschweigische Landesbischof Alexander Bernewitz, habe sich ähnlich geäußert.[31] Hinderer dagegen, so seine
engsten Mitarbeiter, sei „als ein geschlagener Mann" aus dieser Versammlung heimgekehrt. Daher sei der Abend „seinen näheren Mitarbeitern unvergesslich geblieben".[32]

Die politische Situation an jenem Ausspracheabend, dem 2. März
1933, war ausgesprochen gespannt. Die Reichstagsbrandstiftung lag
erst vier Tage zurück. Die Nazipropaganda besetzte die öffentliche

---

[29] ebd., 289.
[30] Simone HÖCKELE, August Hinderer. Weg und Wirken eines Wegbereiters Evangelischer Publizistik, Erlangen 2001, 286f.
[31] ebd., 287.
[32] ebd., 288.

Meinung mit der faustdicken Lüge eines bevorstehenden bolschewistischen Aufstandes. Göring besorgte für diese Lüge das entsprechende angebliche Belastungsmaterial durch die Beschlagnahme der
kommunistischen Zentrale. Dort seien Pläne zur Brandstiftung an
Kirchen und Massenverhaftungen von Pfarrern aufgetaucht. Diese
„Beweise" wurden nie öffentlich gemacht. Aber in der kirchlichen
Presse setzte sich seither für viele Jahre die fatale Redeweise fest,
Hitler habe die christlichen Kirchen vor dem Bolschewismus gerettet.

Am Sonntag nach dem Reichstagsbrand, der auch der Wahltag war,
predigte in der Berliner Annenkirche in Dahlem der Ortspfarrer
Martin Niemöller. Es war der Sonntag Invokavit, der Beginn der
Passionszeit, an dem über die erste Leidensankündigung (Mt.
16,21ff) gepredigt wird. Niemöller sprach über die Verantwortung
eines deutschen Staatsmannes. Der Evangelist Matthäus schildert,
wie Petrus Jesus von seinem Leidensweg abhalten will und von Jesus scharf zurückgewiesen wird. „Hebe dich von mir, Satan". Für
die hellhörigen Gottesdienstbesucher war die Anspielung auf Hitler
deutlich, als Niemöller fortfuhr: „Petrus will in christlicher Politik
machen. Petrus will mit der Parole ‚Christus' Stimmen gewinnen.
Menschen, die seinem Christus zujubeln: ein Kunststück ist das
nicht. Aber hüte dich, Petrus: was kein Kunststück und keine Zauberei ist, ist gleichwohl Satanswerk! Christus will keine Herolde, die
vor ihm her Lärm machen, er will keine Begeisterung für seine Sache
und keinen Jubel um seine Person. Er geht den Weg zum Leiden und
zum Kreuz und wer zu ihm gehört, der muss hinter ihn treten und
ihm nachfolgen". In seinem Amtskalender notierte Niemöller: „eine
politische Predigt".[33]

---

[33] Michael HEYMEL: Martin Niemöller, „Dahlemer Predigten", Gütersloh 2011, 108.

Der Tod als Sensenmann hat sich eine Maske vorgebunden. Die Maske hat die
Gesichtszüge Hitlers. Die Sense hat die Form eines Hakenkreuzes. Damit wird die
im Gleichschritt marschierende deutsche Bevölkerung von Hitler niedergemäht. In:
The Nation, New York 5. April 1933.
Das war ein prophetischer Blick auf Deutschland in den Jahren 1944/45, für den
5. April 1933 ein geschärfter Blick auf die innenpolitische Situation, der dem größten Teil der deutschen Bevölkerung fremd war.

IN DER REICHSTAGSSITZUNG, DEM 23. MÄRZ, ERNEUERT
DER REICHSKANZLER HITLER SEIN ANGEBOT VOM 1. FEBRUAR 1933
AN DIE KIRCHEN ZUR ZUSAMMENARBEIT

Es war die Frage, ob Hitler und die Reichsregierung die Zusagen an
die christlichen Kirchen vom 1. Februar wiederholen und in ein offi-
ziöses Regierungsprogramm aufnehmen würden. Hitler zelebrierte
die Statur des christlichen Staatsmannes feierlich in der zweitägigen
Eröffnung des neuen Reichstages. Der 21. März 1933, der berüchtigte
„Tag von Potsdam", wurde reichsweit von Gottesdiensten eingerahmt. In Potsdam predigte in der Nicolaikirche vor dem Staatsakt
in Anwesenheit von Reichspräsident Hindenburg und Parlaments-
präsident Göring der märkische Generalsuperintendent Otto Dibelius. In Stuttgart fanden sogar zwei Gottesdienste statt: am Vormittag
im Hof des Neuen Schlosses ein von der Reichswehr veranstalteter
Festgottesdienst unter Anwesenheit von Kirchenpräsident Wurm,
am Abend in der überfüllten Stiftskirche ein Dankgottesdienst, über
den ausführlich der NS Kurier berichtete.[34]

Dibelius hatte in seiner Predigt dem nationalsozialistischen Terror im Februar und März 1933 großes Verständnis entgegengebracht:
„Wenn der Staat seines Amtes waltet gegen diejenigen, die die
Grundlagen der staatlichen Ordnung untergraben, gegen die vor
allem, die mit ätzendem und gemeinem Wort die Ehe zerstören, den
Glauben verächtlich machen, den Tod für das Vaterland begeifern –
dann walte er seines Amtes in Gottes Namen."[35] Vorher hatte Dibelius an Luthers Äußerungen gegen die Bauern erinnert: „Wir kennen die furchtbaren Worte, mit denen Luther im Bauernkrieg die
Obrigkeit aufgerufen hat, schonungslos vorzugehen, damit wieder
Ordnung in Deutschland werde." Dibelius fand diesen Predigtpas-
sus auch noch 1961 so zutreffend, dass er ihn kommentarlos in seinen Lebenserinnerungen wiedergab. Der Widerspruch zu seinem
Briefinhalt vom 8. März 1933 (siehe oben) ist so groß, dass Dibelius

---

[34] SCHÄFER, Bd 1, S. 276 f.
[35] Otto DIBELIUS, Ein Christ ist immer im Dienst, Stuttgart 1961, 172.

in diesen zwei Wochen eine politische Wendung vollzogen haben muss, oder war es die politische Gemeinde am 21. März 1933, die ihn zu dieser Absolution des Naziterrors verleitete? Der Hauptverantwortliche dieses Terrors in Preußen, der Ministerpräsident Hermann Göring, drückte Dibelius nach der Predigt freundlich die Hand, es sei die beste Predigt gewesen, die er je gehört habe."[36]

In seiner auf den Tag von Potsdam folgenden Regierungserklärung am 23. März vor den Reichstagsabgeordneten wiederholte Hitler sein Angebot an die Kirchen für ein christliches Nazi-Deutschland. Hitler erklärte, seine nationale Regierung sehe in den beiden christlichen Konfessionen die wichtigsten Faktoren zur Erhaltung des Volkstums,[37] sie sehe im Christentum „die unerschütterlichen Fundamente der Moral und Sittlichkeit des Volkes", die Rechte der Kirche würden nicht angetastet, im Gegenzug erwarte der Reichskanzler, dass die Kirchen eine derartige kirchenfreundliche Regierungsarbeit würdigen. „Die Sorge der Regierung gilt dem aufrichtigen Zusammenleben zwischen Kirche und Staat; der Kampf gegen eine materialistische Weltanschauung, für eine wirkliche Volksgemeinschaft dient ebenso den Interessen der deutschen Nation wie dem Wohle unseres christlichen Glaubens."[38] In der Zusammenfassung am Ende der Regierungserklärung wiederholte Hitler: „Die Rechte der Kirche werden nicht geschmälert und die Stellung zum Staat nicht geändert."[39] Vier Mal hatte sich also Hitler zum Verhältnis seiner Regierungskoalition zu den christlichen Kirchen geäußert und sich als christlicher Staatsmann präsentiert. Das war als ein Angebot an die Kirchen zur Zusammenarbeit zu verstehen.

In sensationellem Tempo wurde von den Ereignissen in Potsdam eine Wochenschau zusammengeschnitten und hunderte von Filmkopien noch am 21. März und am folgenden Tag von Fahrdiensten, Fernzügen und sogar Flugzeugen in viele der 3.000 Kinos im ganzen

---

[36] ebd., 173.
[37] DOMARUS, 232.
[38] DOMARUS, 233.
[39] DOMARUS, 237.

Land gebracht und vorgeführt.[40] Nun waren Millionen mit dabei und sahen im Kino, was sie schon am Radio mitbekommen hatten: den Wunsch eines „aufrichtigen Zusammenlebens zwischen Kirche und Staat," zwischen nationalsozialistischer Reichsregierung und evangelischer Kirche.

Dieser Regierungsantritt mit seinem Angebot an die Kirchen wurde von einer ausladenden reichsweiten Feiertagsstimmung umgeben. Elisabeth Gebensleben von Alten, die Frau des stellvertretenden Braunschweiger Bürgermeisters, schrieb am 22.3. an ihre Tochter in Holland: „Wir stehen heute noch ganz unter dem Erleben des gestrigen Tages. Was wir erlebt haben, kann man gar nicht beschreiben. Ein solcher Jubeltag einer Nation kommt wohl ganz selten vor in der Geschichte eines Volkes; ein Tag solch nationaler Begeisterung, solche aufjauchzender Freude; er ist der Tag, der all das Beste und Heiligste, was im Volke steckt und das in engen Fesseln gelegt war für viele Jahre, nun frei werden ließ und das nun hinausströmt in unbegrenztem Jubel aus tiefster Dankbarkeit. Vati und ich haben den Tag voll und ganz ausgekostet durch Teilnehmen an den Feiern in der Stadt Braunschweig und in ergriffenem Zuhören am Radio, das die erhebenden Feiern aus Berlin und Potsdam übertrug … Das war ein Flaggenmeer in den Straßen der Stadt! Um 12 Uhr läuteten alle Kirchenglocken. Da standen Vati und ich auf dem Schlossplatz, wo der Gottesdienst der Reichswehr war, anschließend große Parade aller Verbände … Mit Freude sahen wir die Trupps vorbeiziehen; zuerst die Reichswehr, dann die Polizei, dann der Stahlhelm, zuletzt kamen die Nationalsozialisten. Als die Hakenkreuzfahnen vorbeigetragen wurden, voran die Kapelle, die das Horst Wessel Lied spielte, da ging die Freude über in Begeisterung und tiefe Ergriffenheit; die Hüte flogen von den Köpfen, Arme hoben sich zum Gruß."[41]

Zwei gleichzeitige Ereignisse hätten den Eindruck einer künftigen einvernehmlichen Zusammenarbeit von Kirche und Staat stören

---

[40] Ralf FORSTER: „Der Tag von Potsdam" und die Medien, in: Manfred Gailus (Hg), Täter und Komplizen, Göttingen 2015, 51-61.
[41] Hedda KARLSHOVEN, Ich denk so viel an Euch, München 1995, 183.

können: In Dachau wurde an diesem prachtvollen „Tag von Potsdam", dem 23.3.1933, ein Konzentrationslager für 5.000 Häftlinge
eingerichtet. Das bedeutete die Einrichtung eines rechtsfreien Raumes neben der ordentlichen Justiz und neben den zahlreichen, von
der Hilfspolizei und SS spontan errichteten „wilden Gefängnissen"
ein staatlich organisiertes wildes Großgefängnis, das zur Abschre-
ckung in der Presse veröffentlicht wurde. – Dazu passte die andere
Meldung: Der Mörder von Potempa, ein SA-Mann, der einen Ge-
werkschaftler im Beisein der Mutter im August 1932 zu Tode geprü-
gelt hatte und dessen Todesstrafe in lebenslange Haft umgewandelt
worden war, wurde von Hitler an diesem Tag begnadigt und freigelassen.

Elisabeth Gebensleben von Alten kam auch auf das KZ zu sprechen, als sie in demselben Brief schrieb: „Und es heißt mächtig auf-
passen für Hitler, dass seine Bewegung nicht in Gefahr kommt. Die
Kommunisten verbrennen schon die roten Fahnen, wollen plötzlich
Nationalsozialisten werden. Das geht natürlich nicht; da müssen sie
erst eine dreijährige Prüfungszeit durchmachen in den Konzentrationslagern. Ähnlich ist es mit den Sozialdemokraten."[42]

Der „nationale Feiertag" war nicht bloß ein städtisches Ereignis,
sondern wurde auch ausgiebig auf dem Lande gefeiert. Davon berichtete der Dorfpfarrer aus dem ostpreußischen Moltainen an seine
Mutter:

„Moltainen 25. März 1933.
Der nationale Feiertag wurde bei uns unter großer Beteiligung gefeiert. Um 7 Uhr abds setzte sich der Fackelzug in Bewegung, voran die Schützen zu Pferde, was besonders fein aussah, dann kam
die Hakenkreuzfahne und Kriegerfahne, Musik der Kriegerverei-
ne, andere Vereine, Schulen und viele andere gingen durchs Dorf,
während die Kirchenglocken läuteten bis zu einer Wiese, wo ein
großes Freiheitsfeuer abgebrannt wurde und ich die Ansprache

---

[42] ebd.,184.

hielt, in der ich vom Sieg der nationalen-revolutionären Bewegung sprach, die das Ende des Marxismus bedeute, aber auch das Ende eines unsozialen Kapitalismus und ihre Fortsetzung finden müsse, in der Revolutionierung der Gewissen. Danach war noch gemütliches Beisammensein im Gasthaus, wozu meine Frau und ich auch hingingen und wo es, ohne Besäufnis mit Tanz, ein richtig ländliches Volksfest war."

REAKTIONEN AUS DER EVANGELISCHEN KIRCHE AUF DAS ANGEBOT DER REGIERUNG HITLER ZUR ZUSAMMENARBEIT

In den Kirchenleitungen wurden die neuen Töne in der Regierungserklärung aufmerksam registriert. Kirchenpräsident Theophil Wurm ermunterte die Pfarrer der württembergischen Landeskirche nur vier Tage nach der Regierungserklärung am Sonntag Lätare, dem 26.3.1933, zur freudigen Mitarbeit mit dieser Regierung und nannte dafür die beiden für ihn zentralen biblischen Stellen. „Das alttestamentliche ,Suchet der Stadt Bestes' und das Pauluswort aus dem Römerbrief ,Jedermann sei untertan der Obrigkeit' (Röm. 13,1) bleiben allezeit in Geltung. Wenn Deutschland heute einer belagerten Stadt gleicht, in der nach einer höchst gefährlichen Zeit der Verwirrung und Spaltung eine einheitliche zielbewusste Führung durch das Zusammenwirken verantwortungsbewusster Männer zustande gekommen ist, der die Volksvertretung in ihrer überwältigenden Mehrheit diese weitgehende Vollmacht erteilt hat, so liegt für die evangelische Kirche wahrhaftig kein Grund vor, abseits zu stehen – vielmehr darf und muss sie dafür danken, dass durch diese Einigung der völlige Zusammenbruch von Volk und Staat und der Sieg zerstörender Mächte im letzten Augenblick verhindert worden ist."[43]

---

[43] AELKZ 7.4. 33 Sp. 334.

Später versicherte Landesbischof Wurm vor der Versammlung des württembergischen Pfarrervereins: „Die Kirche vertraut auf das Wort des Reichskanzlers bei der Reichstagseröffnung".[44]

Die Kirchenleitung der Kirchen der altpreußischen Union (ApU) – dazu gehörten u.a. die Landeskirchen von Ostpreußen, Pommern, Grenzmark Posen-Westpreußen, Schlesien, Mark Brandenburg, Kirchenprovinz Sachsen, Westfalen, Kirchenprovinz Rheinland, Kirchenprovinz Hessen-Nassau, Landeskirche Schleswig-Holstein – erließ Mitte April eine Kanzelabkündigung, die am Osterfest 1933, dem 16. April, verlesen werden sollte. Der Oberkirchenrat nannte den Regierungswechsel eine große Wende durch Gott, einen Aufbruch tiefster Kräfte unserer Nation zu vaterländischem Bewusstsein, „zu echter Volksgemeinschaft und religiöser Erneuerung". Der Oberkirchenrat fühle sich der Führung des neuen Deutschland dankbar verbunden. „Sie [die Kirche der ApU, D.K.] ist freudig bereit zur Mitarbeit an der nationalen und sittlichen Erneuerung unseres Volkes".[45] Diese Kanzelabkündigung übermittelte den Gemeindemitgliedern nach der Predigt am Ostersonntag den Eindruck einer großen Wende. Eine große Wende wünscht keine Rückkehr zu früheren politischen Verhältnissen, zumal diese Wende auf eine religiöse Erneuerung in der deutschen Bevölkerung zielte, wozu der Oberkirchenrat freudige Mitarbeit versprach. Sie vermittelte den Eindruck von der neuen Regierung als einer „christlichen Obrigkeit".[46]

Der Aufruf war keine Berliner Besonderheit für die Kirchen der alt-preußischen Union. In der Kanzelabkündigung der Kirchenleitung der bayrischen Landeskirche hörten die Gottesdienstbesucher am Ostersonntag 1933 in den bayrischen evangelischen Kirchen u.a. folgende Sätze: „Ein Staat, der wieder anfängt, nach Gottes Gebot zu regieren, darf in diesem Tun nicht nur des Beifalls, sondern auch der freudigen und tätigen Mitarbeit der Kirche sicher sein." Dann zählte

---

[44] AELKZ 28.4.33 Sp. 407.
[45] Deutsches Pfarrerblatt, 25. April 1933, 237.
[46] SCHOLDER Bd 1, 299.

der bayrische Landeskirchenrat alle Facetten eines christlichen Deutschland auf: Der neue Staat wehre der Gotteslästerung, gehe der Unsittlichkeit zu Leibe, richte Zucht und Ordnung mit starker Hand auf, rufe zur Gottesfurcht, die Ehe sollte wieder heilig gehalten und die Jugend christlich erzogen werden." [47] Eine solche Kanzelabkündigung wurde nicht als banale Bekanntmachung wahrgenommen, sondern erhielt durch ihren Platz nach der Predigt eine besondere Autorität.

Einige Monate später nannte der neue bayrische Bischof Hans Meiser im großen Hörsaal der Münchner Universität die theologischen Gründe für die fundamentale Zustimmung zum Hitlerstaat.[48] Die Kirche habe sich dem Staat zur Verfügung gestellt, „um mit voller innerer Kraft an dem Neubau des Staates mitzuwirken, damit Staat, Volk und Kirche in innerster Verbundenheit in die neue Epoche deutscher Geschichte eintreten könnten. Indem die evangelische Kirche Würde und Autorität des Staates von Gott herleite, binde sie den Menschen an den Staat und schaffe so eine Gefolgschaft, wie sie treuer von niemand geübt werden kann".[49] Diese von Meiser hervorgehobene „innerste Verbundenheit" mit dem nationalsozialistischen Staat und die daraus abgeleitete Gefolgschaft ist bis zum Kriegsende vom bayrischen Landesbischof nicht widerrufen, aber nach 1945 verdeckt und verdrängt worden.

---

[47] Kurt MEIER, Der evangelische Kirchenkampf, Halle 1976, Band 1, 79.

[48] Über die Rolle Meisers und der bayrischen Pfarrerschaft 1933-1945 vgl. die Arbeit von Björn MENSING, Pfarrer im Nationalsozialismus, Geschichte einer Verstrickung am Beispiel der Evangelisch-Lutherischen Kirche in Bayern, Bayreuth 2001 (3. Auflage), 158-164; 186-194.

[49] AELKZ 28.7.1933, 700.

DIE KIRCHE RECHTFERTIGT DEN BOYKOTT
DER GESCHÄFTE JÜDISCHER INHABER AM 1. APRIL 1933

Besonders machte es Hitler zu schaffen, dass die internationale Presse seit dem Regierungsantritt über ihn und seine Politik lästerte. Die Deutschlandkorrespondenten der internationalen Presse schwärmten im ersten Vierteljahr 1933 im ganzen Reich aus und berichteten wenig schmeichelhaft für ihre Zeitungen in Paris, London und New York über Hitlers Person und Regierung. Hitler bedeutete für einen Teil der französischen Presse eine Erhöhung der Kriegsgefahr in Europa. Hitler wurde eine Lieblingsfigur der politischen Karikatur der ausländischen Presse. Sie berichtete auch über die brutalen Überfälle der SA und der Hilfspolizei. Am Bahnhofskiosk jeder größeren Stadt waren ausländische Zeitungen auch für deutsche Leser erhältlich, die nun erfuhren, was in ihren Zeitungen kaum noch oder nur verkürzt gedruckt werden konnte. So schilderte z.B. der *Manchester Guardian* am 16. März, wie bewaffnete Männer in Straubing in das Haus eines jüdischen Kaufmannes eindrangen, ihn aus dem Bett und in ein Auto zerrten. Draußen wurde er erschossen aufgefunden.[50]

Diese fürchterlichen Überfälle in aller Öffentlichkeit waren für die offiziöse Kirche kein sichtlicher Anlass, bei den Behörden und Parteizentralen Protest einzulegen. Aber im Ausland rührten sich die der evangelischen Kirche verbundenen ökumenischen Kreise aus England, Skandinavien und Amerika mit Protestbriefen an den Kirchenausschuss in Berlin.[51] Andere Protestgruppen riefen Ende März zu einem weltweiten Boykott deutscher Waren auf. Das konnten die deutschen evangelischen Kirchengemeinden als willkommene stellvertretende entlastende Aktion verstehen. Die Reichsregierung erwiderte den Boykott des Auslands mit einem Aufruf zum Gegenboykott jüdischer Geschäfte am 1. April 1933 – mit der unsinnigen Behauptung von „Gräuelpropaganda jüdischer Presse" im Ausland. Es war ein feiger kriegsartiger Schlag gegen einen wehrlosen Geg-

---

[50] KERSHAW, Hitler, Bd 1, 597.
[51] Karl HERBERT, Der Kirchenkampf, Frankfurt 1985, 43.

ner. Schaufensterscheiben wurden beschmiert, beschädigt, eingetreten, Wohnungen mit einem „Judenstern" kenntlich gemacht. Bürger verhaftet. Es war ein plastischer Eindruck jenes am 1. Februar von Hitler angekündigten „unbarmherzigen Krieges". Auffällig indes war, wie weit in der deutschen Bevölkerung die Gefolgschaft für ein staatsterroristisches Vorhaben bereits gediehen war, aber auch, wie der Boykott von wenigen, engagierten Bürgern durchbrochen wurde.

Der Boykott am 1. April wurde regional unterschiedlich energisch durchgeführt, und wegen möglicher negativer wirtschaftspolitischen Folgen noch am selben Tage abgeblasen.

Die evangelische Kirche erwiderte die Protestbriefe des Auslands mit der erbärmlichen Behauptung, dass im Deutschen Reich alles in Ordnung sei und die Berichte der ausländischen Korrespondenten übertrieben und aufgebläht seien. Das Telegramm des Evangelischen Oberkirchenrats, Berlin, lautete: „Warne dringend, übertriebenen und erdichteten Berichten über Terror in Deutschland Glauben zu schenken"[52]. Der Präsident des Kirchenausschusses Kapler verstieg sich in seiner Antwort zu der Behauptung, die Reichsregierung gewährleiste Sicherheit und Ordnung im Deutschen Reich. Die Beteiligung amerikanischer kirchlicher Kreise am Boykott würde der Zusammenarbeit „schweren Schaden" zufügen. In Genf startete bei der Jahrestagung des christlichen Jungmänner-Weltbundes der Reichswart der deutschen evangelischen Jungmännerbünde Reichswart Erich Stange einen geharnischten Protest gegen „die Verleumdungen seines Vaterlandes und seiner Staatsmänner".[53] So rechtfertigten prominente Persönlichkeiten der evangelischen Kirche den Naziboykott jüdischer Geschäfte.

---

[52] ebd.
[53] Alle Zitate in: AELKZ 7.4.1933, Sp. 331, Kirchliche Nachrichten.

Si l'Etranger nous accuse de barbarie, on vous donnera encore un tour de vis !

„Wenn uns das Ausland der Barbarei beschuldigt, wird man die Schraube noch etwas anziehen"!

Eine französische Zeitung veröffentlichte im Mai 1933 zu diesem schauerlichen Bild von ausgepressten Körpern jüdischer Männer und Greise die Erklärung: „Wenn uns das Ausland der Barbarei beschuldigt, wird man die Schraube noch etwas anziehen."

Hitler mit Stock und Peitsche, an der Schraubzwinge zwei lachende SA Männer. Die Auslandskorrespondenten, die in Deutschland herumschwärmten, ließen sich jedoch durch den Boykott nicht beirren und berichteten weiterhin von den zahlreichen barbarischen Übergriffen.

Sehr viele jüdische Familien hatten bereits eine Ausreise beantragt, wohl auch nach Palästina. Die Karikatur stammt aus einer Zeitung in Kairo.

HITLER BETET ÖFFENTLICH
AUF DEM VOLKSFEST AM 1. MAI 1933

Hitler veranstaltete für die deutsche Bevölkerung in diesem ersten Halbjahr emotionale Wechselbäder von Angst und Begeisterung. Mitten in den Schrecken des Frühjahrs bestimmte Hitler den 1. Mai zum klassenübergreifenden Feiertag. Das wurde von der Bevölkerung dankbar aufgenommen, denn in der Weimarer Zeit hatte es außer dem dürftig zelebrierten Verfassungstag, dem 11. August, keine großartigen staatlichen Feiertage gegeben. Das wurde nun anders. Schon der Geburtstag Hitlers, der 20. April, wurde reichsweit aufwändig begangen. Am 1. Mai 1933 wurden zum Berliner Tempelhofer Feld die Arbeitermassen aus den Berliner Betrieben abkommandiert, eine Million sollen es gewesen sein, jedenfalls herrschte Volksfeststimmung. Im ganzen Reich wurden solche Feiern organisiert und alle, alle hörten am Abend über den Rundfunk die sehr lange Rede Hitlers. Hitler verfiel am Ende seiner Rede in die Rolle eines christlichen Staatsmannes. Er wandte sich öffentlich pathetisch vor den Zuhörermassen direkt an Gott. „Wir wollen uns den Wiederaufstieg der Nation durch unseren Fleiß, unsre Beharrlichkeit, unseren unerschütterlichen Willen ehrlich verdienen. Wir bitten nicht den Allmächtigen: ‚Herr mach uns frei!' Wir wollen tätig sein, arbeiten, uns brüderlich vertragen, gemeinsam ringen, auf dass einmal die Stunde kommt, da wir vor den Herrn hintreten können und ihn bitten dürfen", und nun fing Hitler tatsächlich vor dieser Masse an zu beten: „Herr, du siehst, wir haben uns geändert. Das deutsche Volk ist nicht mehr das Volk der Ehrlosigkeit, der Schande, der Selbstzerfleischung, der Kleinmütigkeit und Kleingläubigkeit. Nein, Herr, das deutsche Volk ist wieder stark in seinem Willen, stark in seiner Beharrlichkeit, stark im Ertragen aller Opfer. Herr, wir lassen nicht von dir! Nun segne unseren Kampf um unsere Freiheit und damit unser deutsches Volk und Vaterland!"[54]

---

[54] DOMARUS, 264 (1. Mai 1933).

Was mag Hitler veranlasst haben, vor den Millionen von Zuhörern in Deutschland in diese betende Diktion zu verfallen? Die hunderttausende Zuhörer in Berlin kamen ganz überwiegend aus einem kirchenfremden, kirchenfeindlichen Milieu. Sie kannten nicht jene Bibelstelle, wo Jakob mit Gott ringt (1. Buch Mose 32, 16) und dabei sagt: „Ich lasse dich nicht, du segnest mich denn!" Mit der pathetischen Rhetorik bot sich Hitler den Kirchen als glaubwürdiger Koalitionspartner bei der Bildung eines nationalistisch-christlichen Deutschland an. Später erklärte Hitler öffentlich, dass seine Gebete um die innere deutsche Einheit erhört worden seien.[55]

Das Echo in den Kirchengemeinden war groß. Ein Beispiel für viele: Am 1. Mai sprach auf einem Helmstedter Sportplatz der 52-jährige Stadtpfarrer Fritz Clemen anlässlich eines Feldgottesdienstes. Er wählte das Thema „Ohne Gott alles umsonst": „Von dieser Gewissheit ist unser hochverehrter Herr Reichskanzler aufs Tiefste durchdrungen. Wie oft hat er in seinen Reden Zeugnis abgelegt von seinem tiefen Gottvertrauen, vor wenigen Wochen hat er diesen Gedanken ausgesprochen in dem Psalm-Wort: ‚Wo der Herr nicht das Haus baut, da bauen umsonst, die daran bauen.' Das ist unsere Freude, dass wir wissen dürfen, an der Spitze unseres Volkes steht ein Mann, der sich gebunden fühlt an den allmächtigen Gott und der mit uns eins ist in der Erkenntnis: Ohne Gott alles umsonst."[56]

Fritz Clemen war keineswegs ein Nazi der ersten Stunde, vielmehr ein auf Ausgleich bedachter, treuer, bekenntnisfester gewissenhafter Hirte seiner Helmstedter Stephanigemeinde. Hitlers Reden hatten auf ihn diesen sehr großen Eindruck gemacht. Bei ihm prägte sich ein frommes Hitlerbild ein. Dieses fromme Hitlerbild war keine Ausnahme, sondern in der evangelischen Kirche weit verbreitet.

---

[55] DOMARUS, 264: Hitler am 27. August 1933 am Niederwaldenkmal.
[56] Heimatklänge, Nr. 6, Juni 1933, 82.

DAS FROMME HITLERBILD
IN DEN KIRCHENGEMEINDEN

Folgende Geschichte kursierte 1933/1934 in den Kirchengemeinde-blättern.[57] Eine Gruppe von Diakonissen aus dem Betheler Diakonis-senmutterhaus Sarepta besucht zusammen mit dem bekannten „Po-saunengeneral" Johannes Kuhlo in Berchtesgaden Adolf Hitler. Kuhlo lässt aus seinem Horn deutsche Heimatlieder über die Berge erschallen, Hitler ist entzückt, die Diakonissen werden vorgelassen, und Hitler führt sie in sein Arbeitszimmer. Dort hängen drei Gemäl-de mit den Porträts vom Luther, Friedrich. d. Gr. und Bismarck. Hit-ler erläutert den Diakonissen den Grund. Da fasst sich eine Diako-nisse ein Herz und fragt den Reichskanzler, woher er die Kraft für die gewaltigen Reformen nehme. Der Führer zieht aus der Rock-tasche ein vergilbtes, kleines Büchlein hervor und erwidert: „Aus dem Neuen Testament." Der christliche Staatsmann wird als from-mer, *bibellesender Führer* vorgestellt. Es ist noch nicht erforscht, aus welcher Quelle diese Kitschgeschichte stammt. Aber sie macht beim Gemeindeblatt lesenden, gutgläubigen Kirchenmitglied Eindruck. Ein Indiz für die Popularität einer Person ist der Kitsch, in diesem Fall der kirchliche Kitsch.

Das Bild des bibellesenden, frommen Führers wurde für die evangelische Frauenhilfe vervollständigt durch das des *Saubermanns der Nation*. Schon im April 1933 hatte die Frauenhilfe die verschärf-ten Erlasse von Hermann Göring als Reichskommissar in Preußen gegen die „öffentliche Unsittlichkeit" lebhaft begrüßt. Der Berliner Polizeipräsident ergriff Maßnahmen gegen Animierkneipen und Ab-steigequartiere, gegen Nacktkultur, Prostituierte und homosexuelle Elemente. Die Frauenhilfe hoffte auf eine „wirkliche Säuberung des Straßenbildes"[58] und stellte im November 1933 befriedigt fest: „Der Prozeß der Entschmutzung des Volkslebens ist im vollen Gange.

---

[57] Sonntagsgruß 28.1.1934, 28 f.
[58] Blätter für die Frauenarbeit in der evangelischen Gemeinde April 1933, 127.

Verschwunden sind die geschickt getarnten Unzuchtinserate einer gewissen Großstadtasphaltpresse. Massageinstitute, die nichts waren als mehr oder weniger elegante Lasterhöhlen, sind geschlossen. Private Leihbüchereien sind von Tausenden schmutziger Bücher gesäubert. Aufgehört hat die mit Sitte und Anstand unvereinbare öffentliche Propaganda für empfängnisverhütende Mittel. Energisch vorgegangen wurde gegen Absteigequartiere bordellartigen Charakters, gegen Animierkneipen und Schankbetriebe, die die widernatürliche Unzucht förderten."[59]

Die bunte öffentliche Vielfalt der Weimarer Zivilgesellschaft wurde rigoros auf die Farbe braun und auf eine enge, rigide, unnatürliche Sexualmoral reduziert. Sie überdauerte die militärische Niederlage 1945 und wurde bis in die 1960er Jahre hinein mit einer protestantischen Ethik verwechselt.

---

[59] ebd., November 1933, 330.

The Nation, New-York.

Hitler tönt vom Frieden, aber es klingt wie ein Donner aus einem Kanonenrohr, dem allerdings eine Friedenstaube entfliegt. Hitler hatte im Frühjahr 1933, als diese Karikatur in der
New Yorker Zeitung „The Nation" erschien, tausende Männer zur Hilfspolizei eingesetzt
und war mit ihnen militant gegen Kommunisten und Sozialdemokraten vorgegangen. Im
Hintergrund brennt schon ein Haus. Deutschland – die zum Appell und Befehlsempfang
angetretene Nation.

Der Kirche gefällt ein frommer Führer in der Rolle eines europäischen Friedensstifters

Die ausländische Presse vermutete von Anfang an kriegerische Absichten Hitlers. Um diesem Bild vom kriegslüsternen Hitler zu entgegnen, hielt Hitler am 26.5.33 eine außenpolitische Rede vor dem Reichstag und schlüpfte in die Rolle des Friedensstifters in Europa, die gut zu der des christlichen Staatsmannes passte. Hitler, der nichts als Aufrüstung im Kopf hatte und einen Austritt aus dem Völkerbund plante, wollte den militanten Eindruck seiner Innenpolitik verschleiern und ein Übergreifen auf die Außenpolitik in jedem Fall verdecken. Er spießte in seiner „Friedensrede" die Ungereimtheiten des Versailler Vertrages auf, die auch in Frankreich und England diskutiert wurden, er beklagte den ungleichen Rüstungsstand in den europäischen Staaten und forderte Gleichberechtigung. Wegen der „dauernden Diffamierung Deutschlands" deutete er den Austritt aus dem Völkerbund an. Aber Hitler phantasierte auch schon damals: „Deutschland wäre auch ohne weiteres bereit, seine gesamte militärische Einrichtung überhaupt aufzulösen und den kleinen Rest der ihm verbliebenen Waffen zu zerstören, wenn die anliegenden Nationen ebenso restlos das gleiche tun würden."[60] Zur Sitzung waren die Reichstagsabgeordneten von SPD und Zentrum erschienen, die der Rede ohne Diskussion zustimmten. In der deutschen Bevölkerung fand diese lange, außenpolitische Rede sehr große Zustimmung.

In der Kirche war die Zustimmung groß. Der Herausgeber der AELKZ nannte „die große Rede Adolf Hitlers eine Wendung der gesamten außenpolitischen Lage, ein Meisterstück … Es wird nur wenige vergleichbare Situationen in der Geschichte der letzten Jahre geben, in denen allein eine Rede eine so starke Wandlung der Verhältnisse bewirkt hat. Die glückliche Paarung von Würde, Festigkeit und Mäßigung war es, die ganz abgesehen von allen Einzelheiten in

---

[60] Domarus, 276.

der ganzen Welt diesen ungeheuren Eindruck hervorgerufen hat. In vielen Lagern hat sie geradezu als eine sensationelle Überraschung gewirkt … Mit seiner Reichstagsrede hat er bewiesen, dass er gewiss nicht nur die große Trommel zu rühren versteht, sondern dass ihm auch die Verwendung der feineren Instrumente des politischen Orchesters durchaus geläufig ist."[61]

Anders die auf →Seite 48 abgebildete Karikatur der ausländischen Presse, die den Widerspruch zwischen Friedensrhetorik und Gewaltpolitik aufdeckt.

Das Angebot der Hitlerregierung für die gemeinsame Gestaltung eines nationalsozialistisch-christlichen Deutschland vom 1. Februar und 23. März 1933 erhielt anlässlich des reichsweit gefeierten Lutherjubiläums im November 1933 aparte Züge. Immer wieder wurde Martin Luther mit Adolf Hitler verglichen. Beispielhaft wurde ein Aufsatz des Professors für Kirchengeschichte an der Universität Erlangen, Hans Preuß. Das journalistische Flaggschiff der lutherischen Landeskirchen, die Allgemeine Evangelische Lutherischen Kirchenzeitung (AELKZ), veröffentlichte in zwei Ausgaben einen Aufsatz von Prof. Hans Preuß unter dem Titel: „Luther und Hitler".[62] Preuß verglich beide miteinander und kam zu folgendem Ergebnis:

Luther und Hitler – beide seien deutsche Führer, beide zur Errettung des Volkes berufen, beiden gehe der Schrei nach einem großen Manne der Rettung voraus, beide seien aus dem Bauernstand, beide treten in den 30iger Jahren ihres Lebens als gänzlich unbekannte Leute auf, beide lieben ihr Vaterland, die Frauen treten für beide aus der Öffentlichkeit zurück in die Häuslichkeit, beide lehnen den Parlamentarismus ab und kämpfen einen Zwei-Frontenkrieg, und als leuchtende Schlussparallele: „Luther und Hitler fühlen sich vor ihrem Volke tief mit Gott verbunden". Hitler kenne das Gebet. „Er denkt auch an den Heiland".

---

[61] AELKZ 26.5.1933, Sp. 498.
[62] AELKZ 20. und 27.10.1933.

Überflüssig zu schreiben, dass an diesem Vergleich alles schief und unpassend war. Mit spürbarem krampfartigen Enthusiasmus versuchte Professor Hans Preuß, Hitler die Gesichtszüge von Luther zu verpassen. Mit diesem verdrehten Vergleich sollte Hitler für die lutherische Kirche gewonnen werden.

Das war nicht eine einmalige Entgleisung eines hitlerbegeisterten, protestantischen Theologieprofessors, sondern wuchs sich zu einer Ansteckung aus: Bei der Festversammlung des Martin-Luther-Bundes in Coburg hielt Hans Preuß am 31.10.1933 in Anwesenheit des Coburger Herzogpaares, von Kultusminister Schemm und Landesbischof Meiser den Hauptvortrag und „legte die überraschende Ähnlichkeit Luthers" mit Adolf Hitler dar.[63] Die Infektion breitete sich aus: Prof. Paul Althaus, ein Kollege von Preuß an der Erlanger theologischen Fakultät, pflichtete in einem Artikel Preuß ausdrücklich bei: „Die Deutschen von 1933 haben recht, ihn (Luther) zu preisen als den mächtigen Erwecker unseres Volkes zu sich selbst, als herrliche Verkörperung deutschen Volkstums – und hier darf man seinen und des deutschen Führers Namen wohl zusammenstellen."[64] In einem weiteren Aufsatz in der AELKZ kritisiert zwar Prof. Albrecht Oepke, dass der angefochtene und mit der Bibel verwachsene Luther bei Preuß zu kurz komme. Aber er nahm dessen These positiv auf. Luther sei das Urbild des heldischen, arischen Menschen, ein gewaltiger, deutscher Streiter gegen welsches Wesen, Antisemit, „der erste Nationalsozialist sozusagen. Wer ihn von dieser Seite nicht kennt, der kennt ihn in der Tat nicht."

---

[63] AELKZ 10.11.1933, Sp. 1061.
[64] Evangelisches Gemeindeblatt für Stuttgart 12.11.1933, 370.

DIE KIRCHE STÜTZT DEN RISKANTEN
AUßENPOLITISCHEN KURS HITLERS
Die „Volksabstimmung" am 12. November 1933[65]

Die Zusammenarbeit Hitlers mit der evangelischen Kirche nahm Ende des Jahres 1933 sichtbare Gestalt an. Die evangelische Kirche unterstützte geschlossen den außenpolitischen Kurs Hitlers. Damit erwiderte sie das Angebot Hitlers zur Zusammenarbeit vom März 1933. Das Hitlerbild der Kirche zeigte Züge eines bedingungslosen Gefolgsmannes.

Hitler hatte die Genfer Abrüstungskonferenz sowie den Völkerbund verlassen, um ohne internationale Einschränkungen die Aufrüstung im Deutschen Reich beschleunigen zu können. Er verschwieg diesen Sachverhalt, indem er die Gleichberechtigung Deutschlands unter den Völkern forderte. Diese war teilweise bereits Wirklichkeit geworden, als das Deutsche Reich wieder in den Völkerbund aufgenommen war. Außerdem hatten England, Frankreich und Italien am 11. Dezember 1932 feierlich erklärt, „dass Deutschland die Gleichberechtigung in einem System der Sicherheit für alle Nationen gewährt wird."[66]

Das bedeutete die militärische Gleichberechtigung des Deutschen Reiches und die Streichung der Reparationen. Aber das Medienecho war äußerst gering.

Hitler verstand unter „Gleichberechtigung", dass er genauso zügig aufrüsten konnte wie England und Frankreich. Hitler löste den Reichstag auf, denn in ihm befanden sich noch Mitglieder der SPD und des Zentrum. Die deutsche Bevölkerung sollte nicht bloß zum Verlassen des Völkerbundes, sondern ein Votum zu seiner bisherigen Politik abgeben und folgende Frage mit Ja oder Nein beantworten: „Billigst Du, deutscher Mann und Du, deutsche Frau, diese Politik Deiner Reichsregierung, und bist Du bereit, sie als den Ausdruck

---

[65] KERSHAW Bd 1, 620-626. Paul SCHMIDT, Statist auf diplomatischer Bühne. Bonn 1953, 254-288.
[66] Paul SCHMIDT, 254 und 255.

Deiner eigenen Auffassung und Deines eigenen Willens zu erklären und Dich feierlich zu ihr zu bekennen?"

Die Frage zielte nicht präzise auf den Völkerbundaustritt, sondern war umfassender auf die ganze bisherige Politik Hitlers erweitert. Deutschland hatte sich in diesem Jahr bereits grundlegend verändert. Die Grundstimmung war durch die Terrorakte verängstigter, die Vielfalt der allgegenwärtigen braunen „Gleichschaltung" gewichen. Zahlreiche Intellektuelle und Wissenschaftler hatten das Land verlassen, denen die Nazis hinterher höhnten.

Mit der Abstimmung war außerdem eine deutliche Absage an eine Wiederkehr der Demokratie verbunden. Der Herausgeber der AELKZ schrieb von den „hohlen Reden der Häupter des marxistisch-demokratischen Deutschland … Es sind andere Zeiten gekommen, die, getragen von tiefstem Verantwortungsgefühl für Deutschland, die hohle Phrase der Demokratie verachten, denen die Ehre des deutschen Namens über alles geht, und die darum etwas wagen. Dafür wollen wir ein freudiges Ja sprechen, am 12. November, dem Tag der Entscheidung."[67] Hitler startete eine Wahlkampagne durch die Städte Berlin, Hannover, Köln, Stuttgart, Frankfurt, Essen, Breslau, Elbing, Kiel, Berlin. Das Motto der Kampagne lautete: „Mit Hitler für einen Frieden der Ehre und Gleichberechtigung" und „Hitlers Kampf ist der Kampf um den wirklichen Frieden in der Welt".

Der Austritt aus dem Völkerbund und aus der Abrüstungskonferenz war ein politischer Akt, der keiner kirchlichen Aktivität bedurfte. Auch die Volksabstimmung war eigentlich kein Anlass zu besonderer Äußerung. Aber die evangelische Kirche präsentierte sich in den Wochen vor der Abstimmung als idealer Koalitionspartner. Die deutsch-christlichen Kirchenleitungen riefen zur Stimmabgabe auf. Reichsbischof Müller, der Vertrauensmann Adolf Hitlers, erklärte: „Es ist für uns Dank und Gehorsam gegen Gott, wenn wir mit unserer Regierung fest und unverbrüchlich zusammenstehen im Kampf für unseres Volkes Ehre und Freiheit. Ich fordere daher alle evange-

---

67 AELKZ 10.11.1933, Sp. 1056.

lischen Kirchen und Gemeinden auf, sich der gewaltigen sozialen Aufgabe, die uns obliegt, bewusst zu werden und bei Gelegenheit, auch in Gottesdiensten und kirchlichen Feiern, die Gemeindeglieder zur Erfüllung ihrer vaterländischen Pflicht am 12. November zu rüsten und zu festigen."

Das bereits mit einem ineinander verschränkten Hakenkreuz und Christuskreuz verzierte Kirchliche Gesetz- und Verordnungsblatt der sächsischen Landeskirche veröffentlichte eine Kundgebung des unter deutsch-christlicher Leitung stehenden Bischofs Coch, in der er seine Pfarrerschaft auf ein „klares und unmissverständliches Ja zum Führer des Reiches und zur Außenpolitik seiner Reichsregierung" einschwor: „Die Kirchenregierung erwartet, dass alle Kirchengemeinden des Landes sich bis zum 12. November ganz und gar in den Dienst der Sache des deutschen Volkes stellen, die ebenso sehr eine Sache unserer Kirche ist." „Die evangelisch-lutherische Kirche Sachsens mit ihren 4½ Millionen Lutheranern sagt schon heute ihr klares und unmissverständliches Ja."

Landesbischof Reichardt erließ an die evangelischen Gemeinden Thüringens folgenden Aufruf, in dem es u.a. hieß: „Wie Adolf Hitler allein durch den Glauben an die Macht der ewigen Kräfte und durch die opferbereite Gefolgschaftstreue seiner Anhänger Deutschland vor dem Untergang in Bürgerkrieg und Chaos gerettet habe, so wage er es heute, im Glauben an das göttliche Recht zum Kampf für den Frieden und die Versöhnung der Völker aufzurufen. Schuldige Dankespflicht gegen Gott und Adolf Hitler treibt uns, uns feierlich und einmütig hinter den Mann zu stellen, der unserem Volk und der Welt gesandt ist, die Macht der Finsternis zu überwinden! Wir rufen darum unsere Gemeinden auf, gleichen Sinnes mit uns sich als ein einig Volk von Brüdern hinter den Führer zu stellen …"[68]

Es ging also für den Thüringer Landesbischof gar nicht um ein Ja oder Nein zu einem politischen Sachverhalt, sondern um die Pflicht zur Gefolgschaftstreue. Man solle, statt eine Stellungnahme zum

---

[68] Thüringer Kirchenblatt und Kirchlicher Anzeiger 1933, Nr. 21, 243.

Austritt aus dem Völkerbund zu bedenken, sich „hinter Adolf Hitler stellen".

Das war keine deutsch-christliche Marotte, sondern wurde auch von Landeskirchen propagiert, die sich ausdrücklich von den Deutschen Christen distanziert hatten. Das Evangelische Gemeindeblatt für Stuttgart warb für „ein großes Ja", das heute die geschichtliche Stunde fordert. Sie (die Kirche) solle ihren Gliedern Freudigkeit geben, sich einzusetzen in dem großen Kampf unseres Volkes um Ehre und Freiheit. „Ein großes Ja ist gefordert."[69] Das Stuttgarter Gemeindeblatt verblieb in der Hitlerschen Phraseologie ohne einen selbständigen Gedanken zum Vorgang.

Auffällig war der eindringliche Ton in der Kanzelabkündigung des Hannoverschen Landesbischofs Marahrens. Es war eine sehr ausführliche Kundgebung des Landesbischofs an seine hannoverschen Pfarrer. Es gehe um Wahrheit und Frieden in der Welt, um die Würde und Ehre unserer Nation, um die Gefolgschaftstreue gegen unseren Volkskanzler Adolf Hitler." Vierfach begründete Marahrens im Folgenden ein Ja bei der Volksabstimmung. Es bezeuge den Willen zu einem Frieden, es sei ein Zeugnis echter brüderlicher Gesinnung, und ein Tatbeweis des Dankes an den Führer wie ein Tatbeweis der Treue und der Gefolgschaft, „die wir auch gerade als lutherische Kirche wiederholt gefordert und gelobt haben", und ein „Bekenntnis eines Glaubens, der Leben und Geschichte unseres deutschen Volkes nicht auf Menschenkraft und Waffenrüstung baut, sondern auf Gottes Gnade und Sein gerechtes Walten ... Als betende Christen wollen wir am 12. November zur Abstimmung gehen."[70] Diese Kundgebung war nicht allein für die predigenden Amtsbrüder gedacht, sondern sollte am Wahlsonntag im Hauptgottesdienst von allen Kanzeln verlesen werden. Die bischöfliche Kundgebung sollte also die Gottesdienstbesucher und möglichst alle Kirchenmitglieder der Hannoverschen Landeskirche erreichen.

---

[69] SCHÄFER, Bd 1, 757.
[70] Kirchliches Amtsblatt für die Ev.-lutherische Landeskirche Hannovers, Stück 46 vom 10. November 1933, 213.

1. Hitler – 2. Hitler – 3. Hitler
(‚Die anderen Renner waren am Pflock angebunden und wurden nicht abgelassen.‘)

Die Abstimmung am 12. November 1933 ergab eine sehr hohe Zustimmung für die Politik Hitlers und den Austritt aus dem Völkerbund.
Kein Kunststück, kritisiert die „The Daily Express" am 13. November 1933. Es gab ja keine Alternative. Einziger Reiter im Rennen war Hitler. Der Gaul trägt Stahlhelm. Die deutsche Bevölkerung wird vom Ausland als massenhafte ‚Heil Hitler Brüller‘ wahrgenommen.

Der Bischof stellte den schicksalhaften Charakter des außenpolitischen Schrittes der Reichsregierung heraus und übernahm vollständig die Nazibegründung: Der Austritt aus dem Völkerbund sei ein
„sittlicher Protest gegen Gewalt, Lüge und Unrecht", und er verstehe
ihn als Eintreten für einen Frieden, der schweren Gewissensnot ein
Ende mache „und unser Volk frei und gleichberechtigt mit seinen
Gütern und Gaben am Leben der Völker teilnehmen lässt."

Aber das Gegenteil war auch bei schlichter tagespolitischer Betrachtung richtig: Das Deutsche Reich isolierte sich von der Völkergemeinschaft und schürte das Misstrauen der Nachbarvölker, insbesondere Frankreichs, gegenüber einem militanten Sonderweg
Deutschlands. Marahrens war blind für das allmähliche, schrittweise
Hineinwachsen des Deutschen Reiches in die Völkergemeinschaft
durch die besonnene Außenpolitik Stresemanns. Der Austritt ver-
mehrte die Unsicherheit der Nachbarvölker und die Furcht vor der
Unberechenbarkeit. Der Bischof kombinierte die in der Kirche geläu-
fige Redeweise von der Nachfolge eines Christen mit einer Gefolgschaft hinter dem „Führer", die der Bischof mit dem Begriff der
„Treue!" verband. Die Kundgebung ließ den Hannoverschen Christen keine Wahl, ein „Nein" anzukreuzen, das ja ausdrücklich möglich war, oder Wahlabstinenz zu üben. Ein Nein konnte der bischöf-
lichen Kundgebung zu Folge als Zeichen mangelnder brüderlicher
Gesinnung, des Undankes dem „Führer" gegenüber, der Friedens-
unwilligkeit, ja geradezu ein Bekenntnis mangelnden Glaubens sein.
Den Tag der Abstimmung begleiteten die Landeskirchen mit Fah-
nenhissen und Glockengeläut, und zwar „zum Zeichen, dass die
Kirche an dem Kampf des Führers teilnimmt"[71].

Sogar der Pfarrernotbund schickte an Hitler zum Austritt aus
dem Völkerbund folgendes Danktelegramm: „In dieser für Volk und
Vaterland entscheidenden Stunde grüßen wir unseren Führer. Wir
danken für die mannhafte Tat und das klare Wort, die Deutschlands
Ehre wahren. Im Namen von mehr als 2.500 evangelischen Pfarrern,

---

[71] ebd., 214: Nr. 281 „Beflaggung der kirchlichen Gebäude und Glockenläuten".

die der Glaubensbewegung DC nicht angehören, geloben wir treue Gefolgschaft und fürbittendes Gedenken."[72] – Hinsichtlich ihres Hitlerbildes war sich die evangelische Kirche auch über größte kirchenpolitische wie theologische Gegensätze hinweg einig.

Mit ihren weitgesteckten ökumenischen Erfahrungen hätten die Kirchen wohl die Folgen des Völkerbundaustrittes gerade im Hinblick auf die ausländischen Nachbarländer beschreiben können.

Der Kirchenhistoriker Scholder fasste den Vorgang so zusammen: „Der 12. November brachte noch einmal einen Höhepunkt der protestantischen Illusionen. Und der triumphale Wahlsieg Hitlers schien sie erneut und ausdrücklich zu bestätigen. In Wahrheit hatte ihr Ende längst begonnen."[73]

Nach dem Austritt des Deutschen Reiches aus dem Völkerbund im Oktober 1933 galt die Außenpolitik Hitlers als unberechenbar. Das machte Angst. Amerikanische und englische Politiker blasen beruhigende Töne auf ihrer Flöte, um die Schlange Hitler zu besänftigen. (Karikatur: Review of Reviews New York, Dezember 1933.)

---

[72] HERBERT, 83.
[73] SCHOLDER, 700.

AUF DEM WEG
ZU EINEM CHRISTLICHEN NAZIDEUTSCHLAND

Am Jahresende konnte sich die deutsche Bevölkerung schon auf dem Weg zu einem christlichen Nazi-Deutschland wähnen, denn es waren im Laufe des Jahres 1933: 324.451 Personen in die Kirche eingetreten. Das war die höchste Eintrittsziffer seit 1900.[74] Die Eintritte hielten auch in den nächsten Jahren unverhältnismäßig hoch an.[75] Die Zahl der Austritte nahm entsprechend ab. 1933, 1934, 1935 überstiegen die Eintritte die Austritte.[76] Die Kircheneintritte entsprachen der volkstümlichen Stimmung: „Hitler ist für die Kirche – dann müssen wir als gute Nationalsozialisten auch für die Kirche sein."

Der erste Eindruck ist der nachhaltigste und bleibende, sagt man. Das könnte am Ende des Jahres 1933 für viele Gemeindemitglieder und auch leitende Kirchenmänner bei ihrem Eindruck von Adolf Hitler zutreffen, zumal es ein überraschender war. Hitler, der bis 1932 von vielen vor allem als stimmlich unsympathisch gutturaler Schreihals und Parteiführer empfunden wurde, überraschte mit seinem ersten „Aufruf an das deutsche Volk" am 1. Februar stimmlich und inhaltlich als seriöser Staatsmann, und dazu mit einem für gläubige evangelische Christen unüberhörbaren traditionell christlichen Vokabular. Das kam völlig unerwartet. So hatte vorher noch kein Kanzler gesprochen. Von diesem ersten Augenblick an hatte sich eine Art Verbindung eingefädelt, an die im Laufe der nächsten Jahre von Hitler immer wieder erinnert und von den Kirchenmitgliedern in den folgenden Jahren weitergezogen und somit vertieft und von sehr vielen nicht wieder ausgefädelt wurde und oft auch nicht ausgefädelt werden konnte.

---

[74] Die Kircheneintritte hatten schon seit 1930 folgendermaßen zugenommen: 1930: 37.274; 1931: 42.478; 1932: 50.044.

[75] Eintrittsziffern 1934: 150.275; 1935: 77.131 Personen.

[76] Die Austrittsziffern 1933: A. *57.459*; E. 324.451; 1934: A. *29.331*, E. 150.275; 1935: A. *51.805*; E. 77.131.

Diesen Weg des Abschieds aus der Weimarer Demokratie in ein autoritäres christliches Nazideutschland gingen nicht alle mit. Bis zum Jahresende hatte sich ein spürbarer Fortzug von Wissenschaftlern und Künstlern in die demokratischen Nachbarländer England und die USA vollzogen. Der Hohn der Nazipropaganda auf die „Intellektuellen" war täglich in ihrer Presse zu lesen. Zu ihnen gehörten 313 ordentliche Professoren, 399 außerordentliche Professoren und 322 Privatdozenten – insgesamt 1.684 Wissenschaftler, die aus dem Universitätsbetrieb entlassen worden waren. Es emigrierten außerdem Bert Brecht, Ernst Cassirer, Albert Einstein, George Grosz, Wassily Kandinsky, Paul Klee, Thomas Mann, Carl Mennicke, Max Reinhardt, Karl Ludwig Schmidt, Bruno Walter, Alfred Weber.[77]

IM JAHR 1934 ERNEUERT HITLER SEIN ANGEBOT FÜR EINE ZUSAMMENARBEIT MIT DER KIRCHE

Nach dem für Hitler ohne außenpolitische Komplikationen verlaufenen Austritt aus dem Völkerbund hatte sich die Lage für den Nationalsozialismus in Deutschland zunehmend stabilisiert.[78] Auch das Hitlerbild hatte sich gefestigt. Die süddeutschen Lutheraner hatten bemängelt, dass in der Barmer Theologischen Erklärung vom Mai 1934 von zu viel Abgrenzung gegen die Deutschen Christen und von zu wenig Hinwendung zur nationalsozialistischen Bewegung die Rede war. Im Ansbacher Ratschlag nahmen sie eine Korrektur vor und erklärten: „Als Christen ehren wir mit Dank gegen Gott jede Ordnung, also auch jede Obrigkeit, selbst in der Entstellung, als Werkzeug göttlicher Entfaltung, aber wir unterscheiden auch als Christen gütige und wunderliche Herren, gesunde und entstellte Ordnungen. In dieser Erkenntnis danken wir als glaubende Christen Gott dem Herrn, dass Er unserem Volke in seiner Not den Führer als

---

[77] Wilhelm und Marion PAUCK, Paul Tillich Sein Leben und Denken, Band 1, Stuttgart 1976, 138.
[78] Heinz HÖHNE, Die Zeit der Illusionen, Düsseldorf 1991, 199-220.

„frommen und getreuen Oberherren" geschenkt hat und in der nationalsozialistischen Staatsordnung „gut Regiment", ein Regiment der „Zucht und Ehre", bereiten will."[79] Hitler als „frommen Oberherren" zu bezeichnen, ist der Erklärung Martin Luthers zur vierten Bitte des Vaterunsers entnommen. So zeichnete die Kirche ein Bild vom frommen Hitler, dessen „Regiment", sprich Regierung, für Zucht und Ordnung im Volke sorgt. Dieses Bild wurde beim Putsch Hitlers gegen Bürgertum und SA anschaulich.

Im Frühsommer 1934 gab es aber zwischen den führenden Nazi-Eliten unterschiedliche Vorstellungen über den weiteren Weg. Vizekanzler von Papen wünschte einen „anständigen", national-konservativ nahen Nationalsozialismus, Stabschef Röhm und seine SA hingegen einen eher grobschlächtigen unter dem Stichwort „Zweite Revolution", die Reichswehr fürchtete ein Erstarken der SA, Himmler wünschte mehr Einfluss für seine SS, Göring hielt einen Schlag gegen das nazidistanzierte Bürgertum für überfällig.

HITLERS PUTSCH GEGEN DAS BÜRGERTUM UND DIE SA IM JUNI 1934

Die deutsche Öffentlichkeit war echt überrascht, als sie in ihrer Zeitung am Sonntag morgen, dem 1. Juli 1934, las: „Röhm-Komplott niedergeschlagen. Rücksichtsloses Vorgehen des Führers gegen die Rebellen." Auf der nächsten Seite wurde über die standrechtliche Erschießung von sechs namentlich genannten hohen SA Führern berichtet.[80] Der Völkische Beobachter titelte: „Die Säuberungsaktion des Führers im ganzen Reich durchgeführt. Sieben SA Führer erschossen. Der Führer nach Berlin zurückgekehrt." Zu den „Verschwörern" sollte der Vorgänger Hitlers im Kanzleramt, General Schleicher, gehören; auch seine Frau sei bei der Aktion niedergeschossen worden. Enge Mitarbeiter von Vizekanzler Papen sollten zu

---

[79] Joachim GAUGER, Gotthardt Briefe, 146 bis 158. Brief: 222.
[80] Braunschweiger Tageszeitung 1.7.1934.

der gegen Hitler revoltierenden Gruppe gehören. Zwei waren erschossen worden. Die Verschwörergruppe hätte Sympathisanten im ganzen Reich, bis nach Schlesien und Süddeutschland. In Bad Wiessee hätten sich die SA Führer um ihren Stabschef Röhm verschwörerisch versammelt.

Hitler war mit anderen Begleitern persönlich nach Wiessee gefahren, mit gezogener Pistole in der Morgenstunde in das Schlafzimmer von Ernst Röhm und einiger anderer SA Führer eingedrungen und hatte sie verhaftet. Die SA Führer, die von nichts ahnten und ihre Verhaftung für einen Irrtum hielten, wurden sofort in einem Münchner Gefängnis erschossen. Durch das Reich ging eine Verhaftungswelle. Göring nannte die Verhaftung von über 1124 Personen.[81]

Die Verhaftung zielte auf SA-Mitglieder sowie auf Repräsentanten des Bürgertums, die sich der bedingungslosen Gefolgschaft des Nazisystems noch verweigerten. Dazu hatten Göring und Himmler, die eigentlichen Initiatoren der Mordserie, schon seit Monaten schwarze Listen zusammengestellt, die auch bis zum letzten Augenblick verändert wurden.

Der mächtigste Mann des evangelischen Pressewesens, August Hinderer, war auch auf eine Abschussliste geraten und saß bereits im Berliner Columbiahaus, einem wilden KZ. Nur einem nachdrücklichen Protestieren der Belegschaft des evangelischen Pressedienstes war es zu verdanken, dass Hinderer in letzter Sekunde freigelassen wurde. Dies vereinzelte Beispiel verdeutlicht, wie viele Menschen auch außerhalb der SA in Berlin von dieser Mordserie betroffen waren und Bescheid wussten.

Es fiel auf, dass die Erschießungen ohne Gerichtsurteil und ohne ein Verfahren erfolgt waren.

Die ausländische Presse berichtete ausführlich, auch von der abstoßenden Grausamkeit, mit der die Morde verübt worden waren.

Für die breite deutsche Öffentlichkeit wurde das Hitlerbild ergänzt durch das des entschlossenen Kriegshelden, der persönlich

---

[81] DOMARUS, 400.

tapfer eine Meuterei niedergeschlagen und außerdem einen moralischen Sumpf ausgetrocknet habe. Um den Eindruck einer Säuberung
zu unterstreichen, hob Goebbels in einem Bericht hervor, dass im
Bett eines SA-Führers ein junger Mann ertappt worden sei. Was für
Parteiinsider längst bekannt war, dass Röhm und sein Umkreis
schwule Praktiken bevorzugten, wurde durch Goebbels nun als wi-
derliches, ekelerregendes Verhalten öffentlich gemacht. Hitler also
der Saubermann der Nation, den er schon bei seiner Wahlreise 1933
immer wieder betont hatte. Er werde „die Fäulnis in Kultur und
öffentlichem Leben radikal" beseitigen. Das Nazideutschland sollte
als christliches Deutschland einen sauberen Eindruck hinterlassen.

Als der Zeitungsbericht am Sonntag erschien, sollte die blutige
Niederschlagung der Revolte gegen Hitler schon erfolgreich beendet
gewesen sein. Aber es sickerten immer neue Einzelheiten der schauerlichen Sauberkeitsaktion Hitlers durch, besonders durch die an
jedem Bahnhofskiosk erhältliche Auslandspresse. Offenbar beteiligte
sich ein beträchtlicher Teil der deutschen Bevölkerung am Aufstö-
bern von „Verschwörern", sodass im Völkischen Beobachter auf der
Titelseite am 19. Juli 1934 die Balkenüberschrift erschien: „Aufruf
und scharfer Erlass Lutzes gegen das Denunziantentum". Aus zahlreichen Zuschriften habe er, Viktor Lutze, den Hitler sofort als Nachfolger von Röhm bestimmt hatte, ersehen, dass innerhalb des deutschen Volkes eine ganze Reihe von Menschen sich bemüßigt hielten,
‚die Ehre der anständigen SA-Führer anzugreifen'. Die Mordserie
Görings und Himmlers hatte die Atmosphäre im Reich verändert.

Hitler wartete die Reaktion in der Öffentlichkeit ab und hielt erst
am 13. Juli eine sehr lange Rechenschaftsrede vor dem „Reichstag".
Die Krolloper und die Gänge im Sitzungssaal waren von uniformier-
ten und bewaffneten SS-Männern gegen mögliche militärische Ge-
genreaktionen gesichert. Die Angst ging auch in der Nazielite um.

Loyal support.   Ehrlicher Beistand.

Göring hilft dem altersschwachen Reichspräsidenten Hindenburg beim Hitlergruß. Hitler stemmt seinen rechten Stiefel auf einen SA Helm mit der Aufschrift „Intrige." Hindenburg hatte nach dem Putsch Hitlers gegen die SA im Sommer 1934 auf dessen Wunsch eine Ehrenerklärung für Hitler abgegeben und die Morde der Nazis abgesegnet. Der Karikaturist entlarvt die Erklärung als durchschaubares Manöver Hitlers. (Karikatur in: *Punch* – London, 11. Juli 1934.)

Stimmen aus der Kirche
zum Hitlerputsch gegen Bürgertum und SA

Wie reagierten die Kirchen auf die Nachrichten? Hitler hatte sich vom Reichspräsidenten Hindenburg eine Ehrenerklärung besorgt und am 3. Juli 1934 im Völkischen Beobachter veröffentlicht. Darin hieß es in völliger Verkehrung des Sachverhaltes, Hitler habe durch sein entschlossenes Zugreifen und den tapferen Einsatz seiner eigenen Person alle hochverräterischen Umtriebe im Keim erstickt. „Sie haben das deutsche Volk aus einer schweren Gefahr gerettet. Hierfür spreche ich Ihnen meinen tiefempfundenen Dank und meine aufrichtige Anerkennung aus." Dieser Anerkennung des in der Kirche hochangesehenen Staatsoberhauptes konnte sich die Kirche umgehend anschließen. Hindenburgs Erklärung machte eigene Aufklärungsabsichten überflüssig, obwohl am Beispiel Hinderer ganz offensichtlich war, dass die parteioffiziöse Version falsch war. Das Kabinett hatte das Vorgehen Hitlers als Staatsnotstand legitimiert. Der Völkische Beobachter vom 4. Juli titelte: „Das Reichskabinett dankt dem Führer und gelobt treue Gefolgschaft." Als einem Wort der Obrigkeit konnten sich die Kirchenleitungen diesem Entschluss des Kabinetts, das den Befehlsnotstand festgestellt hatte, unterordnen und den schauerlichen Mordnächten zustimmen.

Schon am Freitag der Mordwoche, dem 6. Juli, berichtete die Allgemeine ev.-luth. Kirchenzeitung ziemlich ausführlich über die Vorgänge. „Ein Gewittersturm ist über Deutschland hinweggebraust mit einer Plötzlichkeit und Gewalt, wie wir Ähnliches noch niemals auch nur annähernd erlebt haben. In uns allen zittern noch die Ereignisse dieses 30. Juni nach, der einen Markstein in der Geschichte des neuen Deutschland bildet. Wie mit glühendem Griffel sind uns die dramatischen Vorgänge von München und Wiessee in Herz und Erinnerung gegraben." Das Danktelegramm Hindenburgs an Hitler sei dem deutschen Volk aus dem Herzen gesprochen und habe ausgedrückt, was „Millionen deutscher Herzen in diesen Tagen bis ins Tiefste bewegte." … „Wieder einmal sehen wir uns Ereignissen ge-

genüber, in denen man den Finger Gottes besonders deutlich zu
spüren meint."

Der Bericht spricht auch die Rivalitäten zwischen SA und Reichswehr als eine der Quellen der traurigen Ereignisse an. Hitler hatte
sofort einen neuen Stabschef der SA berufen und 10 Punkte als
Richtlinien für die SA veröffentlicht, von denen der Bericht die Forderung nach Einfachheit der Lebenshaltung sowie die Kampfansage
gegen alles unsittliche und unwürdige Benehmen hervorhebt und
hinzufügt: „Ich möchte insbesondere, dass jede Mutter ihren Sohn in
SA, Partei oder Hitlerjugend geben kann ohne Furcht, er könnte dort
sittlich oder moralisch verdorben werden."

„Dem Dank gegen den Führer haben wir aus bewegten Herzen
Ausdruck gegeben. Nun wollen und dürfen wir als Christen darüber
nicht den Dank gegen Gott vergessen, der uns sichtlich bewahrte."[82]
Der Bericht der AELKZ machte sich die irreführende Parteierzäh-
lung kritiklos zu eigen, obwohl die ausländische Presse mit Nach-
druck und Ausdauer sich an der Aufdeckung der wahren Sachver-
halte beteiligte.

Kein Wort verlor der Verfasser über die hohen Opfer der betroffenen Familien, die zeitversetzt nun ihre Väter und Söhne wohl
auch unter Beteiligung der Kirche zu Grabe zu tragen hatten.

Die andere reichsweite Kirchenzeitung, *Das Evangelische Deutschland*, liest sich reservierter: Der 30. Juni werde „ein weiterer Gedenk-
tag in der deutschen Geschichte" sein. „Wann hätten wir je deutlicher Verantwortung und Gefahr des zur Führung Berufenen gespürt
– wann aber auch klarer die Schicksalsverbundenheit von Führer
und Volk?" „Wenn der schicksalsschwere Tag alle tragenden und
treibenden Kräfte in zuchtvollem Gehorsam und schlichter Einfachheit erneuert – dann wird der 30. Juni ein Tag des Segens sein". „Aus
allen Kreisen des Volkes sind dem Führer Bezeugungen der Treue
und des Gedenkens, des Dankes und des Gelöbnisses zugegangen;

---

[82] AELKZ 6. Juli 1934, Sp. 642.

auch kirchliche Stellen haben aufs tiefste bewegt dem Führer alle Kräfte für das Wohl des Reiches einzusetzen, neu gelobt."[83]

Der Bericht sieht von einer eigenen Stellungnahme ab. Ihr Herausgeber war der in letzter Minute von der Todesliste gestrichene August Hinderer, aber er unterstreicht das Gelöbnis auch kirchlicher Stellen gegenüber Hitler.

Die Koalition „Naziregierung und evangelische Kirche" wurde besonders anschaulich in den Predigten, die auf den Putsch Hitlers folgten. Ich nenne nur zwei Beispiele. Der Braunschweiger Pfarrer Ernst Brutzer lud zu einem Sondergottesdienst am Dienstag, dem 3. Juli, in die Magnikirche ein. Brutzers Ansprache legte nicht das verlesene Bibelwort „Jedermann sei untertan der Obrigkeit ..." (Röm 13) aus, sondern kreiste allein um die Person Hitlers. Hitler sei der von Gott bestellte Wächter, der über dem Vaterland wache. Er gebe Gott immer wieder die Ehre. Ihm habe Gott beigestanden, ihm Entschluss und Tatkraft verliehen. „Wir danken es in diesem Hause, das uns der Gegenwart Gottes bewusst werden lässt, unserem Führer, dass er sich unter Gott beugt, und in der Vollmacht, die er ihm gegeben hat, im höchsten Verantwortungsbewusstsein vor Gott und vor dem Volk, dessen Schicksal ihm anvertraut ist, getan hat, was er tun musste, ohne Rücksicht auf die Person, um unser Volk vor dem Verderben zu retten und zu bewahren vor fremder Mächte Einmischung in unsere innere Angelegenheiten, die wir Deutschen nach Gottes Willen selbst zu ordnen und zu leiten haben".

Im Rückblick auf die vergangenen 16 Monate stellte Brutzer fest: „Wir freuten uns von Herzen in der Erkenntnis, dass Gerechtigkeit unser Land zu erhöhen begann und dass die volksverderblichen Mächte der Unordnung, Zuchtlosigkeit, des Liberalismus, der Sünde immer mehr an Boden verloren."

Wie Jesus bei der Reinigung des Tempels die Geißel geschwungen habe, so „hat Jesus wieder einmal durch die Hand Adolf Hitlers seine Geißel geschwungen auch über unser deutsches Land". Die

---

[83] Ev. Deutschland, 8. Juli 1934, 235.

Ansprache klang aus in der Freude, dass „in diesem Eingriff Gottes durch unsern Kanzler eine Freundlichkeit und Güte Gottes zum Besten unseres Volkes und Vaterlandes" sichtbar werde.

Der 61 jährige Ernst Brutzer war Balte, zunächst bei der Leipziger Mission tätig gewesen, und seit 1924 Pfarrer an der Magnikirche. Als Balte und Missionsmann brachte er ein geschärftes Gespür für nationale Fragen mit, das sich allerdings auch leicht überreizen konnte. Er hatte sich den Deutschen Christen angeschlossen. [84]

Brutzer vertrat keine Einzelmeinung, denn im Braunschweigischen Volksblatt war am 8. Juli 1934 zu lesen: „Gott hat unser Volk vor namenlosem Leid und unausdenkbarer Zerrüttung bewahrt. Er hat die Gewissen angeschlagen. Adolf Hitler ist entschlossen, mit unnachsichtiger Schärfe in allen Organisationen der Partei aufzuräumen. Deutschland ist im letzten Augenblick von einem unabsehbaren Chaos zurückgerissen worden. Hitler ist zum zweiten Mal Retter unsres Volkes geworden". [85]

An demselben Sonntag predigte in der Martinikirche Pfarrer Grüner anhand von Matthäus 18,1-10 über „Wahre Größe": „Es wird wohl kaum einen hier unter uns geben, der nicht noch heute bis ins Innerste bewegt, den Vorgängen gefolgt wäre, die in Berlin, München und in Bad Wiessee geschehen. Uns allen entringt sich ein Befreiungsseufzer aus dankbewegter tiefer Brust, dass der Führer mit einem persönlichen Mut ohnegleichen Deutschland zum zweiten Mal gerettet hat aus tiefer Schmach und größter Not. In die Annalen deutscher Geschichte wird der 30. Juni 1934 neben dem 30. Januar 1933 für ewige Zeiten eingegraben sein als neues Flurzeichen der Welt. Der Herr hat Großes an uns getan – nun danket alle Gott!"

Wie Jesus sei aber Hitler nicht nur Erlöser und Retter, sondern auch Richter: „Bisher hatte das deutsche Volk in Hitler den Befreier aus nationaler Schande und sozialer Not gesehen; es hatte ihn erkannt als den Erbauer des Dritten Reiches und schenkte ihm darum

---

[84] Der *Sonntagsgruß* vom 8. Juli 1934 veröffentlichte die Ansprache als „Eine Stimme der Kirche zu den Ereignissen des 30. Juni 1934".
[85] Braunschweiger Volksblatt 8. Juli 1934, 108.

sein Herz und seinen Glauben. Am 30. Juni wurde er zum Vollstre-
cker eines Gottesgerichtes – weil er Vollmacht von Gott hatte. Den
Glauben an seine Sendung, den einst schon Luther hatte; nicht nur
vor Kaiser und Reich, Papst und Kirche zu treten, sondern auch in
das aufrührerische Wittenberg zu gehen, als verbrecherische Horden
sein Werk zu zerstören drohten, – diesen Glauben hat auch Hitler,
und darum hat er im Namen und im Auftrag eines Höheren handeln
und siegen können. Fragst du, woher diese Männer solchen unerhör-
ten Mannesmut hernehmen, so gibt die Antwort unser Text im 3.
und 4. Verse: Es ist das kindliche, einfache unkomplizierte Gemüt,
der kindliche Glaube, der Berge versetzen kann. Darum ist er stark
und der Größte im Reich. Und die Vorsehung hält ihre Hände über
ihm und segnet ihn. Nun danket alle Gott."[86] Grüner deutete die
zahlreichen wilden Hinrichtungen als „Gottesgericht" und nahm
vorweg, was Hitler dann in seiner Reichstagsrede von 13. Juli ver-
kündete, nämlich dass er oberster Richter des Dritten Reiches sei.

Die zwei Predigten stammten von überzeugten Deutschen Christen. Charakteristisch ist eine völlig unkritische Beurteilung der Verbrechen Hitlers und eine persönliche Bindung an die Person Hitlers.
Sie überboten die propagandistische Berichterstattung, indem sie die
Person Hitler noch religiös überhöhten, und von der Hand Gottes
sprachen, die am Vorgehen Hitlers anschaulich werde. „Gott war am
Werke", so der einheitliche Tenor, und zwar rettend.

Am Sonntag nach der Rede Hitlers vor den Reichstagsabgeordneten predigte Pastor Alfred Goetze in der Braunschweiger Paulikirche
unter dem Bibelwort: „Ihr gedachtet`s böse mit mir zu machen; aber
Gott gedachte es gut zu machen, dass er täte, wie es jetzt am Tage ist
zu erhalten viel Volks" (1. Mose 50,20). Goetze gehörte zum Pfarrernotbund, also zur Bekennenden Kirche. Auch Pfarrer Goetze verstand, wie schon der gewählte Bibeltext verrät, den Putsch Hitlers als
ein von Gott gelenktes Geschehen. „Unter dem unmittelbaren Eindruck der Sitzung des deutschen Reichstages muss diese Betrach-

---

[86] Hermann GRÜNER, „Wahre Größe", Predigt am 8. Juli 1034: Feierstunde, Erntemond
(August) 1934, 95 ff.

tung geschrieben werden ... Wenn wir, wenn unser deutsches Volk in diesen letzten Junitagen in Aufstand, Blutvergießen, ein entsetzliches Morden zwischen Volksbrüdern, wie in einen Strudel hineingeraten wären?! Wenn die Verräter und Verführer triumphiert hätten, der Führer unseres neugeeinten Volkes ihr Opfer geworden wäre?! Die Nacht des Erzitterns vor solchen Möglichkeiten ist gewichen, ein neuer Morgen ist angebrochen. Deutschland faltet in tiefer Ergriffenheit und Herzensbewegung die Hände: Ihr gedachet's böse mit mir zu machen; aber Gott gedachte es gut zu machen.″[87] Auch Goetze übernahm also unkritisch und ohne Rückfragen die Version Hitlers und ließ keinen Unterschied zu den deutsch-christlichen Predigerbrüdern erkennen.

Die drei Predigten, die aus unterschiedlichen theologischen Lagern kamen, waren sich einig in der engen Bindung an Hitler und in der religiösen Überhöhung der Mordaktion. Dazu missbrauchten sie Bibeltexte, die ihrerseits nun nazifiziert wurden. An der Mordaktion waren viele hundert Täter beteiligt, die sich bedenkenlos und kaltblütig am Verhaften, Töten, Verstümmeln beteiligten und mit dieser seelischen Verstörung wieder nach Hause gingen und als Familienväter und Ehemänner ihre alltäglichen Rollen einnahmen. Hitler, Göring und Himmler hatten eine Gruppenpsychose erzeugt.

Theologisch befanden sich Kirche und Pfarrerschaft im Zustand einer Art Verstockung. In ihren Augen waren die Ermordeten Feinde des Nazistaates und Verächter des Führers.

Der Völkische Beobachter, die offizielle Parteizeitung, war auch im Sommer 1934 noch nicht so kirchendistanziert, dass sie nicht am Wochenende den Kirchenzettel für Großberlin und Umgebung mit den Gottesdiensten für die katholische und evangelische Kirche angab, bei den evangelischen Gottesdiensten auch mit Nennung des Predigers. So wissen wir, wer am 8. Juli 1934 gepredigt hat, und auf die Ereignisse der vergangenen Woche Bezug nehmen konnte. Der Bericht in der AELKZ nannte schon die Bausteine für eine Predigt:

---

[87] Alfred GOETZE, Sonntagsgruß 22. Juli 1934.

1. die Niederschlagung der reichsweiten Meuterei „ein Fingerzeig Gottes", der Fingerzeig einer Abwehr eines Angriffes auf ein nazistisch-christliches Deutschland. 2. Die erneute Bewahrung Deutschlands vor einem „Abgrund", nämlich dem eines Bürgerkrieges zwischen SA und SS und vor einem moralischen Sumpf. 3. Hitler, der Prediger des einfachen Lebensstiles, der seiner SA die Ausrichtung von Festessen und Beteiligung an Festivitäten verbietet. Ein Prediger klarer Worte: „Ich will Männer als SA Führer sehen und keine widerlichen Affen." 4. Ein Gelöbnis der Treue und der Gefolgschaft der Gemeindemitglieder als Predigtschluss.[88]

NACH DEM TOD DES REICHSPRÄSIDENTEN HINDENBURG
AM 2. AUGUST 1934 ERNEUERT HITLER
SEIN ANGEBOT AN DIE KIRCHE ZUR MITARBEIT

Ein bedeutsamer Einschnitt in dem Verhältnis der evangelischen Kirche zu Hitler und seiner Regierung war der Tod des 87 jährigen Reichspräsidenten Hindenburg am 2. August 1934. Hindenburg genoss in der evangelischen Kirche ein besonders hohes Ansehen. Zu Unrecht. Er war am Ende des 1. Weltkrieges ein Versager und Verlierer. Er trug die Mitverantwortung für die jahrelange drastische Irreführung des Kaisers und der deutschen Öffentlichkeit über den tatsächlichen Frontverlauf; obwohl die Niederlage der deutschen Heere längst absehbar war, schickte er in einer sinnlosen Offensive im Frühsommer 1918 Hunderttausende deutscher Männer und Jugendliche an eine Westfront, die nach zwei Monaten bereits wegen massiver Fehlplanung zusammenbrach. Er war zu feige, die Schuld für die militärische Niederlage einzugestehen und den beim Kaiser geforderten Waffenstillstand selber zu unterschreiben. Aber wegen seiner ihm zugeschriebenen Verdienste bei den Kämpfen an der Ostfront in den Jahren 1914/15 galt er in den östlichen Provinzialkir-

---

[88] AELKZ 6.7.1934.

chen als Retter des Abendlandes und wurde auf zahlreichen Gemälden so dargestellt. Hindenburg war ein regelmäßiger Kirchgänger und hatte seinen Stammplatz in der Berliner Kirche am Heilsbronnen. Auf dem Sterbebett soll er einen der Umstehenden gemahnt haben: „Sorgen Sie dafür, dass Christus gepredigt wird". Dieses Zitat sprach sich in Kirchenkreisen rasch herum und wurde zu einem beliebten Thema der kirchlichen volksmissionarischen Arbeit. Hindenburg galt als Garant für den Umbau des Deutschen Reiches zu einem christlichen Staat, zu dem sich Hitler in seiner offiziösen Regierungserklärung im März 1933 bekannt hatte. Würde es eine Veränderung in dieser Absichtserklärung nach dem Tode Hindenburgs geben, zumal Hitler erneut in die Weimarer Verfassung eingriff und das Amt der Reichspräsidenten abschaffte und seine Funktionen selber übernahm?

In einer sogenannten Volksbefragung am 19. August 1934 sollte sich das deutsche Wählervolk dazu zustimmend äußern. Anders als im November 1933 ging Hitler nicht auf „Wahlreisen", sondern benutzte einen Staatsbesuch in der Hansestadt Hamburg am 17. August 1934 vor einem geschlossenen repräsentativen Kreis im Hamburger Rathaus zu einer grundsätzlichen Erklärung. Hitler bekannte sich zum „positiven Christentum" und versprach, „die beiden großen christlichen Konfessionen in ihren Rechten zu schützen, in ihren Lehren vor Eingriffen zu bewahren und in ihren Pflichten den Einklang mit den Auffassungen und Erfordernissen des heutigen Staates herzustellen". – Bischof Franz Tügel saß in der zweiten Reihe unmittelbar hinter den Gauleitern und war tief beeindruckt. Er gab noch zehn Jahre später zu: „Man kann es nicht leugnen, dass wir alle, soweit wir vom Lebensrhythmus der politischen Bewegung ergriffen waren, mit einer starken Gläubigkeit auf die geschichtliche Persönlichkeit schauten, die kein anderer als der Herr der Geschichte selbst unserm Volk zu rechter Stunde, wie es über allen Zweifel erhaben schien, gegeben hatte, um das Reich zu bauen."[89] Die Rede

---

[89] TÜGEL, 273f.

Hitlers wurde über den Volksempfänger reichsweit übertragen. Sehr viele hörten zu oder konnten es im Völkischen Beobachter am 18.8.1934 nachlesen, dass Hitlers Regierungspolitik nach seinem öffentlichen Reden sich keineswegs kirchendistanziert präsentierte, sondern seine offiziöse Erklärung vom März 1933 bekräftigte und seine Politik weiterhin in die Nähe der christlichen Kirchen platzierte.

Hitler markierte den frommen Führer ganz unvermutet auch vor einem parteiinternen Publikum. Am 3. Januar 1935 hatte Hitler die gesamte nationalsozialistische Elite in der Staatsoper unter den Linden u.a. zu einer Art Neujahrsempfang versammelt, um Glückwünsche für das neue Jahr entgegenzunehmen und sich ihrer Gefolgschaft zu versichern. In seiner Erwiderung auf die Glückwünsche schloss er seine Ansprache: „Ich möchte diese Glückwünsche Ihnen, die Sie der Vertreter des ganzen deutschen Volkes sind, erwidern und um einen vermehren: Möge der allmächtige Gott unser Volk und Sie alle nicht nur gesund erhalten, sondern möge er uns auch für dieses kommende Jahr einen ganz starken Geist geben, um allen Aufgaben, die an uns herantreten, gerecht zu werden."[90] Am 4. Januar 1935 konnten die Leser des Völkischen Beobachters die Selbstverständlichkeit, mit der Hitler öffentlich die Anrufung des „allmächtigen Gottes" pflegte, zur Kenntnis nehmen. Hitler hatte eigentlich keinen Anlass, vor dieser geschlossenen parteiinternen Gesellschaft die Rolle eines „christlichen Staatsmannes" zu spielen, aber er tat es ziemlich pointiert.

Hitler markierte den frommen, dem Christentum verbundenen Staatsmann sogar auch als Parteiführer. Diese Rolle nahm er auf dem Reichsparteitag im September 1935 in Nürnberg ein. Die Partei habe weder früher noch heute die Absicht, in Deutschland einen Kampf gegen das Christentum zu führen, sondern im Gegenteil versucht, durch die Zusammenfassung „unmöglicher protestantischer Landeskirchen" eine große evangelische Reichskirche zu schaffen, ohne

---

[90] DOMARUS, 469.

sich dabei im geringsten in Bekenntnisfragen einzumischen […], sie habe sich bemüht, die Organisation der Gottlosenbewegung in Deutschland zu beseitigen, und sie habe auch unser ganzes Leben gesäubert von unzähligen Erscheinungen, deren Bekämpfung ebenso die Aufgabe der christlichen Bekenntnisse ist oder wäre […] Denn wir sehen die jüdisch-bolschewistische Gefahr, wie sie sich über die heutige Welt erhebt, zu klar, um nicht zu wünschen, alle Kräfte zu ihrer Bekämpfung zusammenzufassen."[91]

Diese Textpassage war vor allem im Blick auf die zahlreichen anwesenden ausländischen Diplomaten gesagt. In der ausländischen Presse war Hitlers Politik immer wieder als kirchenfeindlich glossiert worden. Diesem Eindruck wollte Hitler als Parteiführer entgegensteuern.

Der Herausgeber der Allgemeinen Evangelisch-Lutherischen Kirchenzeitung, Wilhelm Laible, druckte diese und noch andere die Kirchen betreffenden Textpassagen ausführlich ab.[92] Auf diese konnten sich die Pfarrer im Konfliktfall auf Ortsebene berufen.

---

[91] Hitler auf dem Reichsparteitag in Nürnberg über Kirche und Christentum, in: AELKZ 20. September 1935, Sp 901 ff 20.
[92] AELKZ 20.9.1935, 901-903: „Der Reichskanzler in Nürnberg über Kirche und Christentum".

THE PAGAN HALF-MAN'S ELECTION!

Die Wahl des heidnischen Centauren!

Mit der August„wahl" nach dem Tode Hindenburgs 1934 war der Vorgang der allmählichen „Machtergreifung" Hitlers abgeschlossen. Aus dem zerstörten Dach einer Kirche flattert die Hakenkreuzfahne. Hitler zertrampelt die vor ihm fliehende Bevölkerung. Die Hitlerbewegung ist, so der *Mirror* (New York) am 20. August, heidnisch und keinesfalls christlich. Dieser Blick des Auslands auf das Naziregime hatte vor allem die nordisch-völkische Seite des Nationalsozialismus im Blick, die von Rosenberg vertreten wurde. Hitler aber verspottete Rosenberg und wollte lange Zeit die christlichen Kirchen in seine Politik einbeziehen.

DIE KIRCHE UNTERSTÜTZT DEN AUßENPOLITISCHEN KURS HITLERS
BEIM EINMARSCH DEUTSCHER TRUPPEN
IN DAS ENTMILITARISIERTE RHEINGEBIET IM MÄRZ 1936
UND ERNEUERT DIE KOALITION MIT DER HITLERREGIERUNG

Die unter dem Einfluss von Alfred Rosenberg stehende Deutsche Glaubensbewegung startete im Frühjahr 1935 eine wüste Kampagne gegen die evangelische Kirche. Die Synode der altpreußischen Union wehrte sich mit einer sehr deutlichen Kanzelabkündigung: „Wer Blut, Rasse und Volkstum an Stelle Gottes zum Schöpfer und Herrn der staatlichen Autorität macht, untergräbt den Staat." Die Kanzelabkündigung wurde sofort vom Innenminister verboten. In einer großangelegten Polizeiaktion wurden mehr als 500 Pfarrer für einige Tage verhaftet, um die Verlesung zu unterbinden, fünf Pfarrer wurden für einige Wochen ins KZ Dachau, 22 Pfarrer in das Schutzhaftlager Sachsenhausen verschleppt.[93] Anfang Juni 1935 waren alle Inhaftierten wieder frei. Aber die betroffenen Kirchengemeinden wurden hellhörig. Die lutherischen Landeskirchen Bayern und Hannover indes fanden die scharfe Kritik unvorsichtig und undiplomatisch und unterließen eine Kanzelabkündigung.

Am 7. März 1936 ließ Hitler deutsche Truppen völkerrechtswidrig in die durch den Versailler Vertrag entmilitarisierte Zone des Rheinlands einmarschieren. Diese entmilitarisierte Zone beiderseits des Rheins war ein wundervolles Friedensprojekt. Zehn Jahre lang, bis 1929, hatten französische, englische und niederländische Truppen den Bereich militärisch beherrscht und waren dann unter dem Jubel der Bevölkerung abgezogen. Die Reichswehr durfte vertragsgemäß nicht nachrücken, sondern das rechts- und linksrheinische Gebiet von Mainz bis Köln blieb entmilitarisiert, ein ideales Gelände für eine Friedensinitiative. Aber „wehrlos sei ehrlos" war das rachsüchtige Schlagwort und schuf eine vergiftete Atmosphäre für eine Änderung der Situation. Wie schon beim Austritt Deutschlands aus

---

[93] Der ganze Vorgang ausführlich bei Wilhelm NIEMÖLLER, Kampf und Zeugnis der Bekennenden Kirche, Bielefeld 1947, 215-218.

dem Völkerbund am Jahresende 1933 war die Reaktion Frankreichs und Englands ungewiss, die im Falle einer militärischen Antwort Englands und Frankreichs zu einer schweren außenpolitischen Schlappe Hitlers und zu einer Regierungskrise hätte führen können, denn die Generäle hatten abgeraten und die Kabinettsmitglieder gezögert.

Am selben Tag, dem 7. März, unterbreitete Hitler vor der braunen Reichstagskulisse sogenannte Friedensangebote. Er schlug Frankreich eine beiderseits des Rheins kontrollierte, entmilitarisierte Zone vor. Das war nach dem Einmarsch deutscher Truppen in das Rheingebiet wenig glaubwürdig. Immer, wenn Hitler vom Frieden redete, dachte er an Krieg. Er brauchte die Entmilitarisierung des Rheinlandes für seine militanten Aufmarschpläne und den freien Zugang zu den Rheinbrücken in Köln, Koblenz und Mainz. Er benutzte einen Freundschaftsvertrag zwischen Frankreich und der Sowjetunion, um vor einer Bolschewisierung Frankreichs und Europas zu warnen. Der Jubel in der deutschen Bevölkerung über den Truppeneimarsch und über die angebliche Wiederherstellung der „deutschen Ehre" war grenzenlos.

Die Reaktionen aus der evangelischen Kirche auf die verlogene Reichstagsrede Hitlers waren positiv. Die evangelischen Kirchen befürworteten ausnahmslos diese riskante Politik Hitlers.

Der Vorsitzende des Reichskirchenausschusses, Generalsuperintendent Zoellner, schickte noch am Tag der Rede Hitlers vor der Reichstagskulisse an Hitler folgendes Telegramm:

„Tief ergriffen von dem Ernst der Stunde und von der festen Entschlossenheit des aus seiner Verantwortung vor Gott handelnden Führers steht die deutsche Evangelische Kirche freudig bis zum letzten Einsatz für des deutschen Volkes Ehre und Leben bereit."[94]

Der Reichsbund der Deutschen Evangelischen Pfarrervereine, deren Vereinsführer sich in Berlin versammelt hatten, unterstützte in einer Entschließung das Telegramm Zoellners. „Sie haben sich die

---

[94] Kurt Dietrich SCHMIDT, Dokumente des Kirchenkampfes II: Die Zeit des Reichskirchenausschusses 1935-1937, Erster Teil 495. AELKZ 13.3 1936, Sp 258.

Treuekundgebung für den Führer in dieser Entscheidungsstunde unseres Volkes vollinhaltlich zu eigen gemacht."[95]

Hitler hatte in seiner Rede am 7. März 1936 die Auflösung des Reichstages und eine „Abstimmung" der deutschen Bevölkerung am 29. März angekündigt.

Mit einem beispiellosen Aufwand überzog die Nazi-Elite die deutsche Bevölkerung mit einem Propagandagetöse und schwärmte drei Wochen lang in die Hauptstädte aus und suchte sie in Massenversammlungen für die Gewaltpolitik Hitlers, die als Friedenspolitik vorgetäuscht wurde, zu überzeugen. Aus Betrieben, Vereinen, den Formationen der Partei wurden die Menschen zusammengezogen und zu Zehntausenden in berauschende, für Viele unvergessliche Gruppenerlebnisse versetzt. Die Reden Hitlers wurden durch Lautsprecher auf Plätze und Straßen übertragen, um die sich Menschentrauben bildeten und in einem „Gemeinschaftsappell" den Tiraden Hitlers lauschten und sich betäuben ließen.

In dieses Rauscherlebnis wurden auch weite Kreise der kirchlichen Bevölkerung hineingesogen.

Die Leitungen der in den betroffenen Gebieten gelegenen Landeskirchen sprachen Empfehlungen für ihre Gemeindemitglieder aus.

Der Landesbischof der pfälzischen Landeskirche Diehl schrieb zur Abstimmung: „Wir, die wir die Jahre harter Knechtschaft und fremder Bedrückung erlebt haben, danken aus übervollem Herzen dem ewigen Gott, dass er dieses Wunder vor unseren Augen dem Führer hat gelingen lassen, und bitten um seinen Segen auch weiterhin für Führer und Volk. Alle Glieder der protestantischen Kirche der Pfalz stehen wie bisher so auch am 29. März und in der Zukunft in unerschütterlicher Treue und Opferbereitschaft hinter dem Führer in der Gewissheit, damit Gottes Willen zu erfüllen".[96]

---

[95] Fritz KLINGLER, Reichsbundesführer: ebd. AELKZ 1936, Sp 306.
[96] Evangelium im Dritten Reich, 29.3.1936.

L'homme au double visage et aux déclarations contradictoires.

Der Mann mit dem Doppelgesicht
und mit den widersprechenden Erklärungen.

Die auffälligste Wandlung Hitlers im Frühjahr 1933 war für
Außenstehende die eines schrecklich grölenden Parteifüh-
rers, gelegentlich mit einer Hundepeitsche, zu einem seri-
ösen Politiker, sogar im „Stresemann", wie man damals
die gestreiften Hosen nannte. Hitler säuselte vom Frieden
in Europa. Säbel, Gewehr, Stiefel, Gasmaske, eine zur
Kralle mit Patronen entstellte rechte Hand und der kom-
mandierende, weit geöffnete Mund waren die Ausrüstung
des furchterregenden „Friedensstifters". Wer war der wahre? Diese Frage stellte die Pariser Zeitung „Le Rempart"
im November 1933.

Der Landeskirchenausschuss der evangelischen Kirche von Hessen-Nassau ließ verlauten: „Kaum ein anderes Gebiet des Vaterlandes hat die Schmach der Besatzungszeit so durchlitten wie das unserer evangelischen Landeskirche Hessen-Nassau. Unsere Pfarrer und Gemeinden wissen, was uns Gott durch den Führer damit geschenkt hat, dass die Wacht am Rhein wieder vom deutschen Heere gehalten wird. Sie werden am 29. März ihre Dankbarkeit beweisen. Der Landeskirchenausschuss der ev. Kirche von Hessen-Nassau".[97]

Der Landeskirchenausschuss der sächsischen Landeskirche erließ am 18. März 1936 folgende Verordnung: „Der Führer hat in einer Stunde weltpolitischer Entscheidung das Deutsche Volk aufgerufen, sich erneut hinter ihn und sein Werk zu stellen. Mit selbstverständlicher Treue leistet die evangelisch-lutherische Landeskirche Sachsens diesem Ruf Folge. Sie bittet Gott, dass er dem Führer in seinem schweren Kampfe um Deutschlands Freiheit und Ehre wie bisher Kraft und Gelingen schenke und erwartet von ihren Gliedern, dass jeder seine Stimme dem Führer gibt."[98]

Der Landesbischof von Schleswig-Holstein Paulsen bekundete, dass die Gemeinden ihre Treue und Dankbarkeit gegen den Führer erweisen werde: „Wir haben seit Beginn des Dritten Reiches in Frieden und Sicherheit neue Kirchen bauen können. Auf den großen Tag, der Deutschlands Recht und Ehre und Freiheit von den letzten Schatten befreite, wird jeder echte Christ am 29. März antworten, wie der Führer es erwartet. Gott segne unsern Führer und den Tag, da das ganze Volk den Dank für solche Führung kundgeben kann und wird."[99]

In der thüringischen Landeskirche hörten die Gottesdienstbesucher folgende Kanzelabkündigung: Jeder wahlberechtigte Mann und jede deutsche Frau habe vor der ganzen Welt ein freudiges Zeugnis abzulegen, und zwar in persönlicher Verantwortung für Deutsch-

---

[97] Evangelium im Dritten Reich, 29.3.1936.
[98] Kirchliches Gesetz- und Verordnungsblatt der ev.-luth. Landeskirche Sachsens 21.3.1936, Nr. 6, 25.
[99] Evangelium im Dritten Reich, 29.3.1936.

land, „dem in Nacht und Not durch Gottes Gnade ein wirklicher Führer zu neuem Aufstieg zu Freiheit und Ehre geschenkt wurde." Die Gottesdienstbesucher sollten bezeugen, dass „Adolf Hitler Deutschland und Deutschland Adolf Hitler sei."[100] Dem Landesbischof August Marahrens waren von einigen Hannoverschen Pfarrern Bedenken vorgetragen worden: eine Zustimmung könnte von Parteikreisen als Zustimmung zu kirchenfeindlichen Bestrebungen auf dem Gebiet der Schule missverstanden werden oder auch von solchen, die die Kirche bewusst ablehnten und die Kirche aus der Öffentlichkeit ausschalten wollten.[101] Marahrens versprach seinen Amtsbrüdern, diese persönliche Not durch den Kirchenminister dem Führer vorzutragen. Im übrigen aber war Marahrens beeindruckt von dem „groß angelegten Friedensplan" des Führers. Die Kirche könne sich „mit freudigem Wollen dankbar zu dem Ruf unseres Führers stellen, der vorbildlich in der selbstlosen Hingabe an sein eigenes Volk erneut erklärt hat, auf der Grundlage der Gerechtigkeit, der Ehre und Freiheit den Frieden zu wollen."[102]

Auch der württembergische Landesbischof Wurm empfahl seinen Pfarrern in einem Schreiben zwar eine Zustimmung am 29. März, denn der Entschluss des Führers sei mutig, er bejahe auch den „großzügigen Plan zur Befriedung Europas", und die warnenden Worte gegenüber dem Bolschewismus, aber Wurm sprach auch von den „mannigfachen schweren Angriffen auf die christliche Kirche und den christlichen Glauben, wie sie in Wort und Schrift heute geschehen", ebenfalls von einer Schulung der Jugend, die in einem scharfen Gegensatz zu den Grundwahrheiten des Evangeliums gestellt werde.[103]

---

[100] Evangelium im Dritten Reich, 29.3.1936.
[101] Thomas Jan KÜCK, Zur Lage der Kirche, Die Wochenbriefe von Landesbischof August Marahrens 1934-1947, Göttingen 2009, 490.
[102] ebd., 491.
[103] Kurt Dietrich SCHMIDT wie in Anmerkung 94: Der württembergische Landesbischof an die Geistlichen aus Anlass der Reichstagswahl am 29. März, 20. März 1936, 508.

Hitler war in alle Großstädte Deutschland gereist und hatte zu Hunderttausenden gesprochen, ebenso wie die gesamte Naziprominenz. Er beschloss seine Propagandareise am 28. März 1936 in den Kölner Messehallen. Bei Eintritt läuteten die Glocken des Kölner Domes. Hitler beendete seine Rede wieder ausdrücklich in der Sprache eines christlichen Staatsmannes:

„Meine deutschen Volksgenossen, wir haben vor unserer eigenen Geschichte und auch vor unserem ewigen Herrgott sehr viel wieder gut zu machen. Die Vorsehung hatte uns ihren Schutz entzogen. Unser Volk ist gestürzt, so tief gestürzt, wie kaum ein zweites Volk zuvor. In dieser schweren Not, da haben wir wieder beten gelernt, da haben wir gelernt, unsern Herrgott zu achten, da haben wir wieder geglaubt an die Tugenden eines Volkes … Dieses Volk kann heute nicht mehr verglichen werden mit dem Volk, das hinter uns liegt … Die Gnade des Herrn wendet sich jetzt uns wieder langsam zu. – In dieser Stunde, da sinken wir in die Knie und bitten den Allmächtigen, er möge uns die Kraft verleihen, den Kampf zu bestehen für die Freiheit und die Zukunft und die Ehre und den Frieden unseres Volkes, so wahr uns Gott helfe."[104]

Das war auf den Schluss der Massenveranstaltung abgestimmt, denn mit dem Ende der Rede Hitlers setzten erneut die Glocken des Kölner Doms ein, und ein großer Männerchor sang den Choral „Wir treten zum Beten vor Gott, den Gerechten", alle drei Strophen. Die Zeitungen hatten den Text ausgedruckt mit dem Vermerk „Bitte ausschneiden und aufheben", denn nun sollten alle Zuhörerinnen und Zuhörer auf den Straßen und Plätzen mit einstimmen und das Gefühl haben, zusammen mit dem Führer vor Gott, den Gerechten zu treten. „67 Millionen singen das Niederländische Dankgebet", titelte der Völkische Beobachter noch am 29. März. Offensichtlich wurde auf den Straßen und Plätzen, in denen die Partei die unifor-

---

[104] DOMARUS, 616. Das Frontblatt der Lutheraner druckte diese Geste Hitlers ohne einen kritischen Kommentar ab. Dieser Schluss ist abgedruckt in: AELKZ 1936, Sp 473 (15.5.1936).

mierten Mitglieder zum Gemeinschaftsempfang hinbestellt hatte, der Choral mitgesungen.

Goebbels notierte in seinem Tagebuch die Stimmung folgendermaßen: „Fahrt zur Messehalle. Alles noch überboten. Dann spricht der Führer. Ein ergreifendes Glaubensbekenntnis. Zum Schluss Anrufung Gottes. Das Dankgebet. Von der ganzen Nation gesungen. Machtvoll und groß. Dazwischen die Glocken. Mir rinnen die Tränen. Große Stunde! Große Zeit! Großer Führer!"[105]

Die zahlreichen „Wahl"empfehlungen der Kirchenbehörden und die Aufrufe in den Gemeindeblättern waren ein Hinweis, dass sich die evangelische Kirche lückenlos hinter die außenpolitischen Ziele Hitlers stellte. Kirchenpolitische Gegensätze verschwanden hinter diesem Hitlerbild. Jenseits der kirchenpolitischen Gegensätze fand sich die evangelische Bevölkerung im Aufblick zu dem „christlichen Staatsmann" Adolf Hitler in der breiten „volksgemeinschaftlichen" Mitte zusammen. Die evangelische Kirche erwies sich als stabile Säule der Hitlerherrschaft und Hitlergesellschaft.

Der Reichskirchenausschuss ordnete für Dienstag nach der „Wahl", den 31. März 1936, von 12.00 bis 13.00 Uhr ein allgemeines Kirchengeläut an.[106] Generalsuperintendent Zoellner lud zu einem Dank- und Bittgottesdienst in den Berliner Dom am 2. April ein. Domprediger Martin, Magdeburg, interpretierte in seiner Predigt den Schlusssatz Hitlers in Köln als eine Geste großer Demut in einer Stunde vor seinem höchsten Triumph".[107] „Wir, die wir hier im Gotteshaus versammelt sind, danken dem Führer besonders für dieses Wort. Es hat ihn uns nicht kleiner, sondern noch viel größer gemacht. Wir wollen das Große, das in diesen Tagen geschehen ist, demütig hinnehmen aus Gottes Hand als Zeichen seiner Gnade und Barmherzigkeit [...] Aus der demütigen Haltung gegen Gott haben wir Kraft genommen, fest zu stehen und nicht zu verzweifeln. Und

---

[105] Tagebücher von Dr. J. GOEBBELS, Teil I: Bd 3/II (März 1936-Februar 1937), S. 51: 29. März 1936.
[106] Kurt Dietrich SCHMIDT, 528 (Anm. 94).
[107] Evangelisches Deutschland 1936, 124.

wer das Leben und den Kampf des Führers verfolgt hat, der weiß es: aus dieser Haltung hat der Führer Kraft geschöpft, der Verzweiflung eines ganzen Volkes zu wehren."[108]

EIN KRITISCHES HITLERBILD IN DER KIRCHE

Es gab auch andere Stimmen. Im Juni 1936 stieß aus dem Raum der evangelischen Kirche eine ungeschminkte Protestaktion mit einem völlig anderen Hitlerbild bis in die Reichskanzlei vor.

Am 4. Juni 1936 wurde eine scharfe, kritische Denkschrift für Hitler an den Leiter der Präsidialkanzlei übergeben.[109] Sie war von den Pfarrern Friedrich Müller (Dahlem) und Martin Albertz (Spandau), Hans Böhm, Bernhard Forck und Otto Fricke als den geistlichen Mitgliedern der Vorläufigen Leitung der DEK sowie von den Pfarrern Hans Asmussen, Karl Lücking, Middendorf, Martin Niemöller und Reinhold von Thadden-Trieglaff als dem Rat der DEK unterzeichnet. Alle Unterzeichner gehörten dem linken Flügel der Bekennenden Kirche an, die aus den sogenannten „zerstörten" Kirchen stammten, wo eine deutsch-christliche Mehrheit regierte. Sie repräsentierten also einen nur kleinen Teil der gesamten damaligen evangelischen Kirche. Die Bischöfe der großen lutherischen Kirche Meiser, Wurm und Marahrens hatten nicht unterzeichnet. Sie gehörten zu den sogenannten „intakten Landeskirchen".

In der Denkschrift wiesen die Verfasser auf die Gefahr der Entchristlichung hin: „Wir erleben aber, dass der Kampf gegen die christliche Kirche, wie nie seit 1918 im Deutschen Volke, wirksam und lebendig ist." Hohe Stellen in Staat und Partei griffen den Christenglauben öffentlich an. Sollte das deutsche Volk entchristlicht werdeb? Die Verfasser kritisierten die verschiedenen Definitionen des Begriffes „Positives Christentum" aus dem NSDAP Parteiprogramm sowie „die Zerstörung der kirchlichen Ordnung" und zähl-

---

[108] ebd., 125.
[109] Martin GRESCHAT, Zwischen Widerspruch und Widerstand, München 1987.

ten dazu u.a. die Einsetzung von Staatskommissaren und eine Reihe von Gesetzen auf. Ein weiterer Abschnitt beschäftigte sich mit dem Programm der „Entkonfessionalisierung des öffentlichen Lebens", das besonders Alfred Rosenberg betrieb, sowie mit der übertriebenen Wertschätzung von „Blut, Rasse und Volkstum, die durch die nationalsozialistische Weltanschauung den Rang von Ewigkeitswerten" erhielten. „Wenn dem Christen im Rahmen der nationalsozialistischen Weltanschauung ein Antisemitismus aufgedrängt wird, der zum Judenhass verpflichtet, so steht für ihn dagegen das Gebot der christlichen Nächstenliebe." Unter 6. beklagten die Verfasser die Bewertung der Stimmzettel bei der letzten Reichstagswahl und „Willkür in Rechtsdingen". Die Einrichtung von Konzentrationslagern belaste das evangelische Gewissen „aufs härteste". Der letzte 7. Abschnitt enthielt am Ende eine Kritik am Führerkult:

„In diesem Zusammenhang müssen wir dem Führer und Reichskanzler unsere Sorge kundtun, dass ihm vielfach Verehrung in einer Form dargebracht wird, die allein Gott zukommt. Noch vor wenigen Jahren hat der Führer es selbst missbilligt, dass man sein Bild auf evangelische Altäre stellte. Heute wird immer ungehemmter seine Erkenntnis zur Norm nicht nur der politischen Entscheidungen, sondern auch der Sittlichkeit und des Rechtes in unserem Volke gemacht und er selber mit der religiösen Würde des Volkspriesters, ja des Mittlers zwischen Gott und Volk umkleidet." Dazu folgte ein Goebbelszitat. Dieser letzte Abschnitt beschäftigte sich ausdrücklich mit dem populären übersteigerten Hitlerbild, das besonders von den Deutschen Christen inszeniert wurde und oft Zielscheibe der politischen Karikatur der ausländischen Presse war. Der Inhalt der Denkschrift war ein mutiges und unerschrockenes Meinungsbild, das die Verfasser Hitler entgegenhielten. Sie nahmen den bekannten „Wächterdienst" der Kirche gegenüber der Obrigkeit in Anspruch. Dabei konfrontierten sie Hitler mit seinen Zusagen vom 23. März 1933 und widersprachen deutlich der Rolle einer christlichen Obrigkeit. Die Denkschrift wurde Hitler in der Hoffnung überreicht, dass er die vorgebrachten Beschwerden zur Kenntnis nehmen und gegebenenfalls hier und da Besserung zusagen würde. Die Verfasser hatten sich für eine Antwort Hitlers eine Frist von 14 Tagen gesetzt. Aber Hitler reagierte nicht. Die Reichskanzlei schickte auch keine Bestätigung für den Erhalt der Denkschrift. Eine Abschrift der Denkschritt gelangte gegen die Absicht der Verfasser an die Presse. Ein deutsches Blatt hätte vermutlich keine Zeile drucken können, aber die ausländische Presse griff die Nachricht begierig auf. Sie erschien erstmals am 16. Juli 1936 in der *New York Harald Tribune* als Nachricht und am 28. Juli im vollen Wortlaut auf Seite eins. Vorher hatten die Basler Nachrichten am 23. Juli den vollen Wortlaut abgedruckt zusammen mit den zahlreichen Anlagen, die die Verfasser der Denkschrift beigefügt hatten. Die Londoner „The Times" und „Morning Post", die Pariser „Le Temps" und weitere holländische, schwedische und finnische Zeitungen veröffentlichten Texte aus der Denkschrift. Alle diese Zeitungen waren an jedem größeren Hauptbahnhof im Deutschen Reich zu kaufen, zumal im August 1936 die Olympiade in Berlin stattfand, von der die Auslandspresse ausführlichst berichten wollte. Eigentlich ein unvorhergesehener Glücksfall, denn nun war die Denkschrift international bekannt. Aber die Verfasser reagierten fassungslos, denn nun war eine erhoffte positive Reaktion Hitlers völlig ausgeschlossen. Die Enttäuschung in der Bekennenden Kirche ging so weit, dass sie eine unappetitliche Suche nach der undichten Stelle begann. Es kam daraufhin zu mehreren Verhaftungen. Der verdienstvolle Justitiar der Bekennenden Kirche, Dr. Friedrich Weissler, der als undichte Stelle vermutet wurde, wurde ins KZ Sachsenhausen verschleppt und dort im Februar 1937 zu Tode getrampelt. Eine grausige Bestätigung für den Inhalt der Denkschrift.

Da die Reichskanzlei nicht antwortete, planten die Verfasser, an die kirchliche Öffentlichkeit zu gehen und ein „Wort an die Gemeinden" zur Kanzelabkündigung an einem der nächsten Sonntage vorzubereiten. Der Text der Kanzelabkündigung war vom beurlaubten Generalsuperintendent Otto Dibelius formuliert und enthielt die wesentlichen Beschwerden der Denkschrift. Er entlarvte die Rolle Hitlers als vermeintliche christliche Obrigkeit nunmehr vor den Ohren der Kirchengemeinden. Diese werden aufgemerkt haben, als sie hörten: „Wir müssen das Recht haben, dem deutschen Volk den Glauben seiner Väter in aller Öffentlichkeit zu bezeugen. Die fortgesetzte Bespitzelung der kirchlichen Arbeit muss aufhören. Die Verbote kirchlicher Versammlungen in öffentlichen Räumen muss fallen. Die Fesseln, die der kirchlichen Presse und der christlichen Liebestätigkeit angelegt sind, müssen gelöst werden. Es muss vor allem aufhören, dass staatliche Stellen sich unausgesetzt in das innere Leben der Kirche zugunsten derer einmischen, die durch ihr Lehren und Handeln die Zerstörung der evangelischen Kirche bewirken. Es muss aufhören, dass durch Aufmärsche, Festzüge, Kundgebungen und sonstige Veranstaltungen gerade am Sonntagvormittag der Besuch des Gottesdienstes vielen evangelischen Christen unmöglich gemacht wird. Es muss gefordert werden, dass die deutsche Jugend nicht durch politischen und sportlichen Dienst so in Anspruch genommen wird, dass das christliche Familienleben darunter Schaden leidet und für die kirchliche Betreuung kein Raum mehr bleibt."[110]

Das war deutlicher und für die zuhörende Gemeinde auch verständlicher als der Text der Denkschrift. Den letzten Abschnitt über die übertriebene Verehrung Hitlers hatte Dibelius allerdings weggelassen. Durch die deutliche Sprache von Dibelius schimmerte auch die Enttäuschung über die im März 1933 noch gehegten Erwartungen an das neue Regime.

Die Kanzelabkündigung zeichnete mitten in der Deutschlandbegeisterung anlässlich des Medaillensegens für die deutschen olympischen Mannschaften und der allgemeinen Hitlerbegeisterung sowie der besonderen wegen der zeitweisen Liberalisierung des öffentlichen Lebens für die ausländischen Mannschaften in der Reichshauptstadt und Umgebung ein düsteres Gegenbild vom angeblichen christlichen Deutschland. Der angeblich so weltoffene Nationalsozialismus wurde von der Kanzelabkündigung nach seiner fanatischen, engen, kirchenabweisenden, grausamen Alltagsseite bloßgestellt.

---

[110] ebd., 196.

Indestructible   Unzerstörbar

Der Hitlerismus will sich die Kirche unterwerfen und besteigt das Kirchen-
dach, um ein Hakenkreuz auf der Turmspitze zu montieren. Die *„Harald Tribune"* in New York vom 26. August 1934 hält dagegen das Christentum im
Zeichen des Kreuzes für unzerstörbar.

Es war riskant und überaus tapfer, dass alle Berliner Kirchengemeinden mit Ausnahme von 17 die Abkündigung am 23. August
1937 verlasen. Im ganzen Reich wurde in denjenigen evangelischen
Kirchengemeinden, die sich der Bekennenden Kirche angeschlossen
hatten, der aufsehenerregende Wortlaut verlesen, also in Osnabrück,
in Essen, Barmen und Bielefeld, in Sachsen, Schlesien und Pommern.
Aber das war eine Minderheit. Die mitgliedsstarken lutherischen
Landeskirchen Hannover und Bayern verweigerten sich einer gemeinsamen Aktion.

Über der Denkschrift wie über der Kanzelabkündigung wird bei
einem zweiten Blick ein kräftiger Schatten sichtbar. Beide Vorhaben
gingen davon aus, dass Hitler und seine Naziregierung die vorge-
tragenen Beschwerden abstellen, die Kirchen schützen und in ihrem
erheblichen gesellschaftlichen Gewicht stützen würden. War das
nicht die Optik eines „christlichen Staates", eine Sicht, die Hitler seit
dem Februar 1933 entworfen und genährt hatte? Der damalige Präses der Bekenntnissynode Berlin, Pfarrer Gerhard Jacobi, beschäftigte
sich in einem Schreiben an die preußischen Bruderräte mit eben diesem Einwand: Die Kanzelabkündigung gehe von der illusionären
Schau aus, als gäbe es christliche Staaten und als ob ein Staat die
Verpflichtung habe, kirchliche Belange zu fördern und christliche
Unternehmungen gegen Angriffe zu schützen … „Woher nehmen
wir das Recht, im Namen Gottes den Staat aufzurufen, die christliche
Kirche gegen Verhöhnungen in Schutz zu nehmen? Die Gemeinde
Jesu hat nur das Recht: den unteren Weg zu gehen und das Kreuz
auf sich zu nehmen".[111]

Einen ganz ähnlichen Einwand äußerte Pfarrer Günter Jacob, der
die Kanzelabkündigung „trotz schwerer Bedenken" doch verlesen
hatte: „In allen ihren Teilen ist die Kanzelabkündigung von der Voraussetzung eines ‚christlichen Reiches' getragen. Dieses ‚christliche
Reich' zu bewahren ist ihr Ziel. Diese Voraussetzung ist aber in den
Anfechtungen der Zeit von den Grundwahrheiten der Heiligen

---

[111] ebd., 205.

Schrift als ein Trugbild erwiesen. Mit der Aufrichtung eines solchen Zieles sperrt sich die Kirche nur gegen den Ruf Gottes zu einer Umkehr von Grund auf. Diese Verstockung komme in dem Grundakzent selbstgerechter Empörung an den Tag."[112]

Es war ein total anderes Bild von der Kirche, das sowohl Gerhard Jacobi und Günter Jacob dem Verfasser der Kanzelabkündigung, Otto Dibelius, entgegenhielten. Beide hielten die Figur eines christlichen Staates im Kern für völlig verfehlt. Sie war für sie ein Rückfall in Denkstrukturen des 19. Jahrhunderts. – Keine andere Berufsgruppe hatte sich derart kritisch und öffentlich zu Hitler und seiner Regierung geäußert. Der Vorgang ist leider auch nach 1945 nicht in das kirchliche Bewusstsein gedrungen.

HITLER – DER ANTICHRIST?

Von einer anderen Seite kam eine grundsätzliche Überlegung, Hitler vollständig abzulehnen und jeden Gehorsam zu verweigern. Der 36-jährige Pfarrer Heinrich Schlier veröffentlichte 1936 einen Aufsatz unter der Überschrift *„vom Antichrist"* und analysierte dazu das 13. Kapitel der Apokalypse des Johannes.[113] Dieses Kapitel beschreibt das Aufkommen von gräulichen, entstellten, gewalttätigen Tieren am Ende der Zeiten, die die Erde und die Menschen beherrschen und war als scharfe Abrechnung mit der Religionspolitik des römischen Kaisers Domitian und dem von ihm eingeführten Kaiserkult gemeint. Unter ihm hatten die kleinen Christengemeinden schwer zu leiden, weil sie die Anbetung des Kaiserbildes verweigerten. Das

---

[112] ebd., 211.
[113] Heinrich Schlier war Bultmannschüler und hielt im Wintersemester 1935/36 über die Apokalypse eine zweistündige Vorlesung an der Kirchlichen Hochschule Wuppertal. Siehe Hartmut ASCHERMANN, Heinrich Schlier in Wuppertal, in: Werner Löser/ Claudia Sticher (Hg), Gottes Wort ist Licht und Wahrheit, Würzburg 2003, 47-61. Aschermann schildert die dramatischen Ereignisse um die Kirchliche Hochschule in Wuppertal, die das Wort „Kirchenkampf" verdienen. Auf diesen Aufsatz in der Barth-Festschrift geht Aschermann nicht ein.

grässliche Tier stelle eine entartete, politische Macht dar und erwecke den Anschein von Ewigkeit. Die ganze Erde gerate vor solcher imperialen Majestät in Erstaunen. Das Tier sei groß im Reden, aber verlästert ständig den Namen Gottes. Das Tier betreibe Krieg gegen die Heiligen, die Kirche. Krieg sei „die einzige Form politischen Verkehrs von Seiten des entarteten Staates". Das Tier erscheine als ein Wunder, wie ein Werk Gottes, das die Gläubigen in ihnen geläufigen biblischen Gebetswendungen anbeten. Es gelten für den Kult der faszinierenden politischen Allmacht neue Formen. Ein zweites Tier erscheine als Pseudoprophet: „eine religiöse, ja priesterlich sich gebärdende und wirkende Macht". Dieser erzeuge einen Irrglauben an ein entartetes politisches Reich. Das Wort des falschen Propheten, des Staatspriesters, verlocke die Menschen, sich ein Bild von dem „ewigen" Tier zu machen. Das Bild des neuen Glaubens beginne zu sprechen, es berausche das Volk, fordere Anbetung. Wer die Anbetung verweigert, habe kein Lebensrecht in diesem religiösen Imperium. Die priesterliche Propaganda der antichristlichen Macht erzwinge als Kennzeichnung in der Öffentlichkeit die Anbringung eines Stempels an Hand und Stirn. Das Tier brauche „den Anblick gerade seiner großen, reichen und freien Gläubigen".

Heinrich Schlier veröffentlichte diesen Aufsatz 1936 in einer Festschrift anlässlich des 50. Geburtstages von Karl Barth[114], der wegen Verweigerung des Eides auf Hitler und des Hitlergrußes zu Beginn seiner Vorlesungen die Universität Bonn 1934 hatte verlassen müssen. Schlier war Mitglied der Bekennenden Kirche, Dozent für Neues Testament in Marburg und an der Kirchlichen Hochschule in Wuppertal gewesen, deren Leiter er 1935 wurde und die 1936 von der Gestapo geschlossen wurde. Der Aufsatz mit seinen zahlreichen Anspielungen auf die Deutschen Christen und auf Erscheinungen des Nationalsozialismus und Adolf Hitler entwarf 1936 ein diametral anderes Hitlerbild als es in der evangelischen Kirche üblich war, das Bild von Hitler als Antichristen.

---

[114] Heinrich SCHLIER, Vom Antichrist, in: Theologische Aufsätze. Karl Barth zum 50. Geburtstag, München 1936, 110-123.

Pfarrer Johannes Koch-Mehring verglich diese Schliersche Version in einem Vortrag vor der Pfarrerbruderschaft Braunfels/Lahn 1938 mit den Aussagen im 13. Kapitel des Römer-Briefes, die durchaus nicht total gegensätzlich seien, denn die Aussage, jeder Staat sei „von Gott" heiße „bestimmt nicht, dass die jeweilige Staatsordnung gleich Gottes Ordnung" sei. Jeder Staat gehöre zum Kosmos, und „der Kosmos ist von Gott abgefallen, ist böse." „Der Staat ist ein Stück dieser argen, vergehenden Welt, von der die Gläubigen wissen, dass ihr Ende nahe ist, deren Finsternis bald dem anbrechenden Tage weichen wird." Die „Unterschiede zwischen beiden Formen des Staates seien in der Welt der politischen Wirklichkeit ständig gleitende." Es gebe für den Christen ein Hin und Her zwischen Röm 13 und Apk 13.[115].

Im Umkreis der Geschwister Scholl wurde diese Überlegung fortgeführt. Im Flugblatt vier der Weißen Rose 1943 heißt es: „Jedes Wort, das aus Hitlers Mund kommt, ist Lüge. Wenn er Frieden sagt, meint er den Krieg, wenn er in frevelhaftester Weise den Namen des Allmächtigen nennt, meint er die Macht des Bösen." Es gelte „ein Kampf wider den Dämon, wider den Boten des Antichrists". Es ist noch nicht erforscht, ob in der Pfarrerschaft und in Gemeinden diese Auslegung aufgenommen und weiter verbreitet wurde.

---

[115] Johannes KOCH-MEHRIN, Die Stellung des Christen zum Staat nach Röm 13 und Apok 13: Evangelische Theologie 1947/48, 378-401.

DIE FORTSETZUNG DES ANGEBOTES HITLERS
AN DIE KIRCHEN ZUR MITARBEIT –
DIE KIRCHE BILLIGT DEN MILITÄRISCHEN ÜBERFALL
AUF ÖSTERREICH IM FRÜHJAHR 1938

Die Durchsetzung seiner Reden mit religiösen Vokabeln war keine Angewohnheit Hitlers in den Anfangsjahren seiner Regierungszeit. Er setzte sie auch in den nächsten Jahren bis 1945 fort. Hitler hätte Gründe gehabt, auf kirchliche Vokabeln zu verzichten. Er tat es nicht, obwohl er spätestens seit 1937 die evangelische Kirche als untergeordnete Stütze seiner Hitler-Herrschaft abgeschrieben hatte.

Aber Hitler umgab seine öffentlichen Auftritte gezielt wie bereits in der Vergangenheit mit kirchlichen Instrumenten, mit Glockengeläut und Chorälen. Das konnte als Hinweis verstanden werden, dass er seine feierlichen Zusagen vom März 1933, seine Politik auf dem Fundament der Kirchen zu errichten, auch einhalten wolle.

HITLER DER „WIEDERVEREINIGER"

Am 9. April 1938 wurden die Landeskirchen per Schnellbrief des Reichskirchenministers angewiesen, nach einer Rede Hitlers in Wien und beim Absingen des Chorals „Wir treten zum Beten vor Gott den Gerechten" in ganz Deutschland und Österreich die Glocken ihrer Kirchen läuten zu lassen. Die deutsche Wehrmacht hatte Österreich am 12. März überfallen, die Republik militärisch besetzt und das Gebiet am nächsten Tag dem Deutschen Reich als „Ostmark" eingegliedert. So wurde aus Deutschland Großdeutschland, und der Jubel war grenzenlos. Eigentlich wollte der österreichische Bundeskanzler Schuschnigg eine Volksabstimmung am 13. März in Österreich über die Frage abhalten, ob die Bevölkerung einen Anschluss an das Deutsche Reich wünsche. Das wollte Hitler auf jeden Fall verhindern und ließ das Militär einmarschieren. Vom 13. März datiert auch sein Gesetz über die „Wiedervereinigung Österreichs mit dem Deutschen

Reich."[116] Das war wieder mal eine verlogene Wortwahl, die er auch bei der Übernahme des österreichischen Heeres benutzte.[117] Es hatte in der Geschichte niemals einen selbständigen Staat Österreich gegeben, der von Deutschland getrennt worden war und nun „wiedervereinigt" wurde. Im Versailler Vertrag war eine Vereinigung ausdrücklich ausgeschlossen worden, es gab eine lange zurückreichende deutschfreundliche Bewegung in Österreich, die von einem Anschluss träumte, zu der auch Hitler in seiner Jugendzeit gehört hatte, aber nach dem Zusammenbruch des alten österreich-ungarischen Kaiserreiches 1918 wurden aus dem ehemaligen Vielvölkerstaat verschiedene Staaten, darunter auch der Staat Österreich gebildet. Aber Hitler brach erneut den von Deutschland unterzeichneten Friedensvertrag, löschte den Namen Österreich aus und nannte das Gebiet „Ostmark". Unter der anderen Bezeichnung „Anschluss Österreichs" ging dieser außenpolitische Handstreich in die Geschichtsbücher der Nachkriegszeit ein. Hitler hatte den Reichstag aufgelöst und den 10. April zum „Wahltag" bestimmt. Bis dahin unternahm Hitler wie 1936 eine „Wahl"reise, dieses Mal durch acht deutsche Großstädte (Königsberg, Leipzig, Berlin, Hamburg, Köln, Frankfurt. Stuttgart, München) und sechs österreichische Städte (Graz, Klagenfurt, Innsbruck, Salzburg, Linz, Wien). Hitler versetzte sich und seine hingerissenen Massen in eine Art kollektive Ekstase und phantasierte von einer „heiligen Wahl", „einem Wunder unserer Geschichte"[118], einem „heiligen Zeichen", vom Wahlakt als einer „Wallfahrt der Nation": „Wer an Gott glaubt, der muss bekennen: Wenn sich in drei Tagen ein Völkerschicksal wendet, dann ist das ein Gottesgericht."[119] „Wir alle müssen uns glücklich fühlen, dass uns die Vorsehung auserwählt hat, diesen Tag zu gestalten."[120]

---

[116] DOMARUS, 820.
[117] DOMARUS, 821.
[118] DOMARUS, 838.
[119] DOMARUS, 845.
[120] DOMARUS, 846.

The war god:
"My hope"

Der Kriegsgott:
„Meine Hoffnung"

Abb. 26
„The Herald News",
den 22 September 1933

Hitler hatte im Ausland im Jahr 1933 eine miserable Presse. Seine Politik wurde beständig mit einem kriegerischen Konflikt in Europa verbunden. Diese Gefahr wurde besonders drastisch durch den Austritt des Deutschen Reiches aus dem Völkerbund. Der Völkerbund galt als ausgleichendes, außenpolitische Auswüchse bezähmendes Instrument. Die gefühlte Kriegsgefahr in Europa war für das Ausland seit dem Regierungsantritt Hitlers Anfang 1933 gestiegen. Dies entsprach nicht einer allgemeinen Stimmung in der deutschen Bevölkerung, die durch die Goebbelsche Propaganda vernebelt war.
(Karikatur: *The Herald News*, 23. September 1933)

Am Sonnabend vor dem „Wahlsonntag", von der Propaganda zum „Großdeutschen Tag" bestimmt, hielt Hitler noch einmal von Wien aus eine vom Rundfunk auf Straße und Plätze übertragene Rede, und am Ende sollten unter Glockengeläut alle drei Strophen von „Wir treten zum Beten" von allen Zuhörern gesungen werden wie nach dem bewährten Muster von 1936. In Wien setzte Hitler, so Max Domarus, durch folgenden Redeschluss, „seinen religiös-mystische Beteuerungen die Krone auf": „Ich glaube, dass es auch Gottes Wille war, von hier einen Knaben in das Reich zu schicken, ihn groß werden zu lassen, ihn zum Führer der Nation zu erheben, um es ihm zu ermöglichen, seine Heimat in das Reich hineinzuführen. Es gibt eine höhere Bestimmung, und wir alle sind nichts anderes als ihre Werkzeuge. Möge am morgigen Tag jeder Deutsche sich in Demut verbeugen vor dem Willen des Allmächtigen, der in wenigen Wochen ein Wunder an uns vollzogen hat."[121]

Lange beherrschten nach 1945 die Propagandajubelbilder auf dem Heldenplatz in Wien die allgemeine Optik, sie sind ein sehr kleiner Ausschnitt der Vorkommnisse in jenen Tagen: ein Sonderkommando der SS ermordete den Sekretär von Hitlers Sondergesandten Franz v. Papen und warf die Leiche in die Donau. 7.800 Österreicher wurden ins KZ Dachau verschleppt, Österreich bekam wenige Monate später ein eigenes Konzentrationslager in Mauthausen, eine wüste antisemitische Hetzkampagne wütete in Wien, der eine spezifische österreichische antisemitische Stimmung entgegenkam; nach offiziellen Angaben übten 95 Wiener Suizid, aus Wien flohen 80.000 Juden in die Tschechoslowakei und die Schweiz, ein enorme Kapitelflucht setzte ein. Die deutsche Reichsbank „ergänzte" ihren mickrigen Bestand von 76 Millionen RM mit den österreichischen Gold- und Devisen Werten in Höhe von 1,4 Milliarden Reichsmark.[122]

In diesen Jubelschrei über das neue Großdeutschland mischte auch die Kirche ihre Töne. Die staatsnahe Kirchenkanzlei betonte in

---

[121] DOMARUS, 849. 850.
[122] Marlis STEINERT, Hitler, München 1994, 270.

einem Telegramm an Hitler noch am 13. März „in der Stunde der Schicksalswende" die „unlösbare Verbundenheit mit des deutschen Volkes Geschichte" und erbat „den Segen für den Führer und sein Werk".[123] Bischof Marahrens verfügte für den bevorstehenden Passionssonntag Okuli folgendes Gebet: „Wir sagen Dir Lob und Dank, himmlischer Vater, dass Du unserem Volke einen Tag der Freude geschenkt hast: den Tag, an dem wir die Vereinigung mit denen begehen dürfen, die durch menschliche Willkür lange von uns getrennt waren. Behalte in Deiner Obhut unser ganzes Volk und Reich, unseren Führer und alle seine Ratgeber. Lass die Stunden völkischer Gemeinschaft Herzen finden, die zu Dir, als dem Herrn aller Völker dankerfüllt aufblicken."[124] Dieser Ton des Gebetes, dem sich viele andere Landeskirchen angeschlossen hatten, war noch relativ zurückhaltend. Er verzichtete auf die Vokabel „Großdeutschland" und auf eine nähere Beschreibung der Leistung Hitlers. In einem persönlichen Vorwort sprach Marahrens von der „Wiedererrichtung des volksdeutschen Reiches", und dass die Gottesdienstbesucher mit den evangelischen Brüdern und Schwestern des österreichischen Landes die gnädige Güte Gottes preisen sollten, die so sichtbar in dieser Woche unser deutsches Volk gesegnet habe. Etwas fülliger hörte sich die Kanzelabkündigung in den Mecklenburger Gemeinden an: „Gottes gnädiger Wille hat dem unsagbaren Leiden unserer österreichischen Leidensgenossen durch die Tat des Führers ein Ende bereitet. Der evangelische Oberkirchenrat ruft das evangelische Mecklenburg auf, mit frommen Herzen Gott dafür zu danken, daß er dem Führer Weisheit und Kraft verliehen hat, zusammenzuführen, was getrennt war und das große deutsche Reich zu gründen. Gott sitzt im Regimente und führet alles wohl."[125] Der zitierte Vers aus dem bekannten Paul Gerhardt Lied „Befiehl du deine Wege" sollte der Gemeinde einen Glauben akzeptabel machen, dass hinter dem Geschehen in Österreich Gottes guter Wille stünde. Im Amtsblatt der

---

[123] Gesetzblatt der Deutschen Evangelischen Kirche 15. März 1938, 21.
[124] Kirchliches Amtsblatt der ev.luth. Landeskirche Hannovers 18. März 1938, 47.
[125] Nr. 3: *Kirchliches Amtsblatt für Mecklenburg*, Mittwoch den 16. März 1938.

evangelisch-lutherischen Kirche in Bayern erweiterte Bischof Meiser den zurückhaltenden Ton des gemeinsam verantworteten Gebetes: „Wir danken Dir dafür, daß Du dem Führer und Reichskanzler gnädiges Gelingen zu seiner entschlossenen Tat gegeben und zur Freude unseres Volkes wieder zusammengefügt hast, was Menschen getrennt hatten. Wir bitten Dich, laß Deine Gnade auch weiterhin über unserem Volke walten ... Schütze und erhalte den Führer auch weiterhin durch Deine starke Hand; verleihe ihm weise Gedanken und erleuchte ihn, daß er in Deiner Furcht unser geeintes Land regiere. Wir bitten Dich auch für die Söhne unseres Volkes, die für das Vaterland die Waffen tragen."[126] Man kann sich kaum des Eindrucks erwehren, daß hier der Lieblingsbischof Hitlers betet.

Österreich war ein ganz überwiegend römisch-katholisches Land. Die evangelische Diaspora betrug 270.000 Mitglieder.[127] Von den 126 Pfarrern gehörten 72 der NSDAP an und hatten nach einem Bericht des Vorsitzenden der Pfarrervereine Kirchenrat Fritz Klingler wegen ihrer nationalsozialistischen Betätigung allerlei Strafen erhalten (Gefängnis, Hausarrest, Entfernung aus dem Schuldienst, Geldstrafen). „Wahrlich, das österreichische Pfarrhaus war mit ein besonderer Hort für die nationalsozialistische Erhebung der Ostmark".[128] Die großen kirchlichen Verbände (Evangelischer Bund, Innere Mission, Gustav Adolf-Verein) erinnerten in einem gemeinsamen Aufruf an eine „jahrhundertelange Geschichte voll Leid und Tränen, die nun zu einer jubelnden Erfüllung gefunden" habe. Alle Schichten und kirchenpolitischen Richtungen hätten zusammengefunden und seien nun mit dem ganzen großdeutschen Volke eins im Lobpreis Gottes und im heißen Dank an den Führer, der Gottes Stunde und Auftrag spürte und erfüllte." Unterzeichnet von den

---

[126] Amtsblatt der Evangelisch-Lutherischen Kirche in Bayern rechts des Rheines 18. März 1938, 43.

[127] Nach *Kirchlichem Jahrbuch* 1930, 529 hatte die österreichische Diaspora 270.000 Mitglieder, die von einem fünfköpfigen Oberkirchenrat geleitet wurden. Die Diaspora war in 10 Seniorate gegliedert, in denen 131 Pfarrer amtierten.

[128] Fritz KLINGLER in: Lutherische Kirche 15.10.1938.

drei Präsidenten Bornkamm, Frick, Gerber. [129] Die Kollekte für den Wahlsonntag, den Sonntag Palmarum, ist für die österreichische Diaspora bestimmt, die Konfirmationen, die für diesen Sonntag üblicherweise geplant waren, wurden verschoben, und in Wien plante die Gustav Adolf Stiftung den Bau einer „Befreiungs-Gedächtniskirche."[130] Für diesen Sonntag erbat der Hamburger Bischof Tügel, Gott möge auch „ferner unser Volk und seinen geliebten Führer" in seinen allmächtigen Schutz nehmen.[131] Davon merkten, wie oben geschildert, Tausende von österreichischen Bürgern nichts.

In diesem Frühjahr 1938 erneuerte die evangelische Kirche ihre Koalition enthusiastisch mit der nationalsozialistischen Regierung auf der Grundlage der Zusagen vom 23. März 1933 und beteiligte sich mit allen ihren Möglichkeiten wie Glockengeläut, kirchlichem Choral, Gottesdiensten, Gebeten an einer Art „unauflösbarer Zusammenarbeit". Dieses Gefühl verströmte sie in die meisten Kirchengemeinden, deren Gemeindemitglieder sich dieses Glücksgefühl möglichst lange bewahrten. Wer jetzt nicht mitlief, musste Gegengründe nennen oder stellte sich außerhalb dieser nationalsozialistisch-christlichen Jubelbevölkerung.

---

[129] Die evangelische Diaspora. 1938, 191.
[130] Die evangelische Diaspora März 1938, 65.
[131] Gesetze, Verordnungen und Mitteilungen aus der Hamburgischen Kirche 1938, 31.

The German National Church is designed to be the religious implement of Hitlerism
Die Deutsche Volkskirche ist bestimmt, das religiöse Werkzeug des Hitlerismus zu sein

Die Deutschen Christen, die Hitler hörig waren, hatten nach den Kirchenwahlen im Sommer 1933 die überwältigende Mehrheit in fast allen Landeskirchen gewonnen. Das Hakenkreuz auf der Spitze des auf die Walze montierten Kirchleins symbolisiert die Hörigkeit der Deutschen Christen. Hitler walzt mit ihrer Hilfe, vor allem mit der der NSDAP die bestehende Kirche nieder. – So die Karikatur des *Collier* in New York vom 29. Juli 1933.

Die Karikatur erhielt im Frühjahr 1935 erneute Aktualität, als die unter dem Einfluss von Alfred Rosenberg stehende deutsche Glaubensbewegung eine wüste Kampagne startete, die die evangelische Kirche niederwalzen wollte. Die Synode der altpreußischen Union wehrte sich mit einer sehr deutlichen Kanzelabkündigung: „Wer Blut, Rasse und Volkstum an Stelle Gottes zum Schöpfer und Herrn der staatlichen Autorität macht, untergräbt den Staat." Die Kanzelabkündigung wurde sofort vom Innenminister verboten. In einer großangelegten Polizeiaktion wurden mehr als 500 Pfarrer für einige Tage verhaftet, um die Verlesung zu unterbinden, fünf Pfarrer wurden für einige Wochen ins KZ Dachau verschleppt, 22 Pfarrer in das Schutzhaftlager Sachsenhausen. Anfang Juni waren alle Inhaftierten wieder frei. Aber die betroffenen Kirchengemeinden wurden hellhörig.
Die lutherischen Landeskirchen Bayern und Hannover indes fanden die scharfe Kritik unvorsichtig und undiplomatisch.

Der Lieblingschoral Hitlers
aus den evangelischen Gesangbüchern

Niederländisches Dankgebet

Wir treten zum Beten vor Gott den Gerechten,
Er haltet und waltet ein strenges Gericht.
Er lässt von den Schlechten die Guten nicht knechten,
Sein Name sei gelobet, er vergisst unser nicht.

Im Streite zur Seite ist Gott uns gestanden.
Er wollte, es sollte das Recht siegreich sein.
Da war kaum begonnen der Streit schon gewonnen.
Du Gott warst ja mit uns. Der Sieg er war dein.

Wir loben dich droben du Lenker der Schlachten
Und flehen mögst stehen uns fernerhin bei.
Dass deine Gemeinde nicht Opfer der Feinde.
Dein Name sei gelobet, oh Herr mach uns frei.

Der Text des Liedes greift zurück auf Anschauungen vom Heiligen Krieg, wie sie im Alten Testament immer wieder beschrieben, aber im Neuen Testament nicht wiederholt, sondern vollständig überwunden worden sind.

Das Lied wurde der Lieblingschoral Kaiser Wilhelm II. Der Text passte gut zur militanten Entstehung des Deutschen Kaiserreiches durch die sogenannten Einheitskriege (1864; 1866; 1870/71). Die Dänen, Österreicher und Franzosen als die „Schlechten" sollten über die Guten, nämlich den Kaiser und seine Deutschen nicht herrschen. Und 1914 wieder, aber Kaiser Wilhelm II., seine Generale und die deutschen Soldaten hatten 1918 eine unerwartet fürchterliche Niederlage erlitten. Die Franzosen wollten über den Rhein nach Süddeutschland einmarschieren. War Gott eher „gegen uns" als „mit uns"?

Auch nach dem 1. Weltkrieg blieb dieser schauerlichen Text in zahlreichen Gesangbüchern erhalten. (Die Gesangbücher der Landeskirchen von Baden, Brandenburg, Bremen, Hessen, Oldenburg, Provinz Sachsen, Freistaat Sachsen, Schlesien enthielten diesen „Choral".)

Hitler und Goebbels erkannten den Wert dieses Chorals für ihre Propaganda und setzten ihn immer wieder ein. Zum ersten Mal am Ende der Wahlrede Hitlers am 4. März 1933 in Königsberg. Die lutherische Zeitung (AELKZ) schrieb von einer „Gebetsnacht": „Herr, mach uns frei", nämlich von der Demokratie, von den Kommunisten und Juden, konnten sie denken. Nach der „Wahl"rede in Köln im März 1936 wieder, aber anders. Dieses Mal sollte es die ganze Bevölkerung mitsingen. Der „Lenker der Schlachten" hatte die deutschen Truppen in das entmilitarisierte Rheinland einmarschieren lassen. Nach dem Überfall auf Österreich und am Ende der Rede Hitlers in Wien Anfang April 1938 wieder: Alle, alle singen „Wir treten zum Beten", alle drei Strophen. Die Zeitungen druckten den Text zum Mitsingen: „Herr mach uns frei." Schon Tage später wurden die österreichischen Juden von ihrem Besitz „befreit", Monate später die deutschen Juden ausgeplündert und die Städtebilder von dem Anblick der Synagogen „ befreit". Nach dem Waffenstillstand in Frankreich im Sommer 1940 wieder ein Männerchor im Volksempfänger: „Wir treten zum Beten." Mit diesem Lied hatten Hitler und die Kirchen ihre Gemeinden und die Bevölkerung in den Blutsumpf des 2. Weltkrieges begleitet. Klammheimlich verschwand der „Choral" nach 1945 allmählich aus den Gesangbüchern, ohne ein bußfertiges Wort. Die Melodie wurde weiterhin von dem Bundeswehrorchester beim Abspielen des Großen Zapfenstreiches bei festlichen Anlässen, etwa der Verabschiedung von Staatsoberhäuptern abgespielt. Vielleicht verzichtete Gustav Heinemann aus diesem Grund beim Abschied aus dem Amt des Bundespräsidenten auf dieses Zeremoniell.

*

Zwei neue von Hitler
entworfene Hitlerbilder:
Der Patenonkel, der Kirchenfinanzierer

Die Parteizentrale in München wurde durch einen Bericht über die Taufe von Edda Göring aufgeschreckt. Hermann Göring hatte viel Parteiprominenz in seinen Privatpalast „Carinhall" nördlich von Berlin zur Feier der Taufe seiner ersten Tochter Edda am 4. November 1938 eingeladen. Der Kirchenkurs der Münchner Parteizentrale war auf Konflikte mit der evangelischen Kirche ausgerichtet. Die Partei hatte festlich ausgestattete Feiern auf den Rathäusern als braune Alternative zu den kirchlichen Amtshandlungen angeboten. Dazu passte nicht die Nachricht von einer Taufe im Hause Göring, die vom abgehalfterten Reichsbischof Müller gehalten wurde, den das Ehepaar Göring schon von ihrer kirchlichen Trauung im Berliner Dom kannte. Pate bei der Taufe war der Katholik und Führer Adolf Hitler. Die Presse verbreitete ausführlich Bilder von der Zeremonie, und wie der Patenonkel mit dem Täufling schäkert. Das war Wasser auf die Mühlen der zahllosen registrierten „volkskirchlichen" evangelischen Christen, die eine aktive Mitarbeit in einer Kirchengemeinde verschmähten, jedoch Kirchensteuer bezahlten und dafür die kirchlichen Dienste zur Ausgestaltung festlicher häuslicher Gelegenheiten benutzten.

Was mochte Hitler veranlasst haben, sich als Förderer jener immer noch weit verbreiteten Sitte von Volkskirche abbilden zu lassen? Es passt zu jener anfangs berichteten Kitschgeschichte vom Besuch der Diakonissen auf dem Obersalzberg. Sollte der verheerende Eindruck der nur wenige Tage später reichsweit brennenden. Synagogen verdeckt werden? Einem Patenonkel vermochte der leichtgläubige evangelische Kirchenchrist die Rolle eines Brandstifters nicht zuzutrauen. Für aufmerksame Zeitgenossen mochte die Zeremonie wenig Glaubwürdigkeit erzeugen. Hitler aber lag offenbar an diesem volkskirchlichen „frommen" Hitlerbild.

HITLER BIETET
IN SEINER REICHSTAGSREDE AM 30.1.1939
DEN KIRCHEN RHETORISCH DIE
TRENNUNG VON KIRCHE UND SEINEM STAAT AN

Von einer ganz anderen Seite zeigte sich Hitler zwei Monate später bei seiner traditionellen Rede vor der Reichstagskulisse anlässlich der Feierlichkeiten zum Regierungsantritt am 30. Januar. Mit dem 30. Januar begann der alljährliche braune Festtagskalender, gefolgt vom 20. April („Führers Geburtstag"), dem 1. Mai, der Sommersonnenwende, dem Erntedankfest, das Hitler als Staatsfeiertag erst eingeführt hatte, am 9. November die düstere „Gefallenenehrung" der Toten des gescheiterten Hitlerputsches 1923. Der 30. Januar ragte von diesen Festen als „Tag der Machtergreifung" hervor, an dem Hitler regelmäßig in der Krolloper zur politischen Lage vor den Reichstagsabgeordneten sprach. 1939 waren es 884 „Abgeordnete", und Hitler sprach, vielleicht von seinem Leibarzt mit Drogen munter gemacht, knapp drei Stunden lang. Die Rede ist deshalb bekannt, weil Hitler die Vernichtung „der jüdischen Rasse" ankündigte. Ansonsten fehlt, abgesehen von den gründlichen Anmerkungen von Max Domarus, eine Analyse dieser Rede. Sie ist für die Kirchengeschichte wichtig, weil Hitler darin die Trennung von NS-Staat und der Kirche anbietet.

Hitler hatte sich Jahre lang über die anhaltenden abfälligen Reaktionen der ausländischen Presse über die Situation der evangelischen Kirchen in Deutschland geärgert, so z.B. über die Wiedergabe der Denkschrift an Hitler im Sommer 1936 in der ausländischen Presse. Repräsentativ für die evangelische Kirche galt im Ausland vor allem der linke Flügel der Bekennenden Kirche und nicht der vom sogenannten Kirchenkampf wenig berührte übliche volkskirchliche Alltag mit Gottesdiensten und kirchlichen Amtshandlungen. In seiner Reichstagsrede am 30. Januar 1939 beschränkte sich Hitler nicht auf christliche Floskeln am Ende seiner Rede, sondern widmete sich

ausführlich im ersten Teil[132] dem Verhältnis seines „Dritten Reiches"
zu den auswärtigen Staaten, insbesondere mit den Demokratien, die
er scharf von dem Typus autoritärer Staaten abhob. Dabei befasste er
sich höhnisch mit der Verweigerung von England und den USA,
jüdische Flüchtlinge in unbegrenzter Zahl aufzunehmen. Danach
kam Hitler auf die Kirchen zu sprechen und wählte dazu eine pathe-
tische Einleitung: „Zu den Vorwürfen, die in den sogenannten Demokratien gegen Deutschland erhoben werden, gehört auch der, das
nationalsozialistische Deutschland sei ein religionsfeindlicher Staat.
Ich möchte dazu vor dem ganzen deutschen Volk folgende feierliche
Erklärung abgeben: 1. In Deutschland ist niemand wegen seiner
religiösen Einstellung bisher verfolgt worden, noch wird deshalb
jemand verfolgt werden. 2. Der nationalsozialistische Staat hat seit
dem 30. Januar 1933 an öffentlichen Steuererträgen durch seine
Staatsorgane folgende Summen den beiden Kirchen zur Verfügung
gestellt: Im Rechnungsjahr 1933: 130 Millionen RM, im Rechnungsjahr 1935: 250 Millionen RM, im Rechnungsjahr 1936: 320 Millionen
RM, im Rechnungsjahr 1937: 400 Millionen RM, im Rechnungsjahr
1938: 500 Millionen RM." Es sei eine Unverschämtheit, wenn besonders ausländische Politiker sich unterstehen, von Religionsfeindlich-
keit im Dritten Reich zu reden. Wenn die deutschen Kirchen diese
Lage für unerträglich hielten, dann sei der nationalsozialistische
Staat jederzeit bereit, eine klare Trennung von Kirche und Staat vor-
zunehmen, wie dies in Frankreich, Amerika und anderen Ländern
der Fall sei.

Hitler erweckte trotz einer falschen Aufzählung von Einnahmen
durch die staatlich eingezogenen Kirchensteuern den allerdings zu-
treffenden Eindruck von jährlich steigenden Einnahmen der katholischen und evangelischen Kirchen. Das war die Folge seiner Zusagen
als Reichskanzler vom März 1933, wonach die Rechte der Kirchen
unangefochten erhalten blieben. Tatsächlich sicherten die in ihrer
Höhe staatlich genehmigten und durch die Finanzämter eingezoge-

---

132 DOMARUS, 1047-1067.

nen Kirchensteuern die nicht unbeträchtlich hohen Personalkosten in den Kirchen und auch den Unterhalt von Kirchen und Gemeindehäusern. Das konnte gegenüber der ausländischen Presse tatsächlich ein starkes Argument sein.

Wer die Finanzpolitik der Hitlerregierung gegenüber den Kirchen von innen her kannte, der wusste, dass durch die Einrichtung von Finanzabteilungen in einigen Landeskirchen und ihre personelle Besetzung durch Parteileute auf die Finanzlage der Landeskirchen ein starker Druck ausgeübt werden konnte und auch ausgeübt wurde.

Im Rahmen dieser Arbeit genügt die Feststellung, dass sich Hitler vor dem Reichstag als finanzieller Förderer der christlichen Kirchen darstellte und nicht als atheistischer Kirchenfeind.

Hitler beendete auch diese sehr lange Rede mit einer Anrufung Gottes: „Indem wir sie [die Kaiser, Könige und Feldherrn der vergangenen Geschichte D.K.] in diesem großen Reich in dankbarer Ehrfurcht umfangen, erschließt sich uns der herrliche Reichtum deutscher Geschichte. Danken wir Gott, dem Allmächtigen, dass er unsere Generation und uns gesegnet hat, diese Zeit und diese Stunde zu erleben."[133] Das übliche „Sieg Heil!" überließ Hitler dem Reichstagspräsidenten für dessen Schlussansprache.

---

[133] DOMARUS, 1067.

Art for Nationalism's Sake—The Königliche Museum in Berlin as It May Be.

Kunst für völkische Zwecke — Das Königliche Museum in Berlin wie es sich gestalten könnte.

Die Karikatur zeichnet die seit Frühjahr 1933 im Reich anlaufende Gleichschaltung des öffentlichen Lebens als Langeweile und Ödnis am Beispiel eines Museumsbesuches: „Kunst für völkische Zwecke. – Das Königliche Museum in Berlin wie es sich gestalten könnte." heißt es im Untertitel. Es hängen ausschließlich Bilder von Hitler in verschiedenen Stellungen. Der Hitlerkult hatte seit der Ausgestaltung des 20. April 1933, des „Führergeburtstages", enorme Ausmaße angenommen. Der Hitlergruß hatte sich eingebürgert. In der Bevölkerung hatte sich eine maßlose Verherrlichung verbreitet, die vom Ausland mit Spott und Gelächter bedacht wurde.

DIE KIRCHE STRÖMT HITLER ENTGEGEN.
DAS HITLERBILD IN DER DEK BEKOMMT HÖCHSTEN GLANZ
ANLÄSSLICH HITLERS 50. GEBURTSTAG

Seit 1933 war es der Goebbels-Propaganda gelungen, um Hitler einen Personenkult zu installieren, der in den folgenden Jahren in eine Massenhysterie mündete. Die Propaganda fiel auf einen dafür höchst empfänglichen Boden. Es hatte in der Weimarer Republik keine staatlichen Feste gegeben. Das sollte nun kräftig nachgeholt werden.

Für die Kirche war ein Kanzlergeburtstag in der Weimarer Zeit kein Anlass zu besonderen Äußerungen. Aber es war für sie 1933 ein Anlass und auch ein Bedürfnis, sich nicht nur zu Hitlers Politik, sondern auch zu seiner Person zu äußern. Es hatte aus Parteikreisen Kritik daran gegeben, dass sich die Kirche nicht sofort offiziös noch im Februar zustimmend zum Regierungswechsel geäußert hatte. Es bestand für die Kirchenleitungen offenbar Nachholbedarf. Die Kirchenleitungen hätten Hitler schriftlich gratulieren und diese Gratulation über die Kirchenpresse veröffentlichen lassen können. Aber die Kirchenleitungen wählten in den nächsten Jahren regelmäßig einen anderen Weg: den Weg der Fürbitte in einem Gottesdienst am Sonntag.

Für die Hannoversche Pfarrerschaft ordnete der Präsident des Landeskirchenamtes, Schnelle, ein spezifisches Kirchengebet am Sonntag Misericordias Domini, „Barmherzigkeit des Herrn", dem 23. April 1939 an, sowie die Verlesung einer Kundgebung aus der Feder von Landesbischof Marahrens. Sie hat folgenden Wortlaut:

„Der 20. April dieses Jahres ist für uns alle ein Tag besonderen Gedenkens. Adolf Hitler, der unbekannte Soldat des Weltkrieges, der als unser Führer die Fesseln von Versailles von unserm Volk abgeschüttelt und seine Heimat wieder in den Verband des Reiches zurückgeführt hat, vollendet das 50. Lebensjahr. Dass ihm der allmächtige Gott bis zu dieser Stunde Leben und Gesundheit bewahrt hat, dass Er ihm Kraft gegeben hat, die Last einer Verantwortung für

80 Millionen Menschen zu tragen, dass die Aufbauarbeit dieser Jahre durch die Erhaltung des Friedens an unsern Grenzen möglich geworden ist, und zwar inmitten einer Welt von Feinden, denen jedes Mittel recht schien, Deutschlands Aufstieg zu hemmen, diese große Erfahrungen der letzten Jahre erfüllen jedes deutsche Herz in dieser Stunde mit tiefer Dankbarkeit. Als lutherische Christen erinnern wir uns der Mahnung der Heiligen Schrift, dass man vor allen Dingen zuerst tue Bitte, Gebet, Fürbitte und Danksagung für alle Menschen, für die Könige und alle Obrigkeit (1. Tim. 2,1-2). In der Stille des Hauses und ebenso inmitten der gottesdienstlichen Gemeinde soll diese Mahnung bei uns allen Erfüllung finden. Wie viel bewegt uns nicht an diesem Tag im Hinblick auf die Zukunft des Volkes, seine Wohlfahrt, seine Einheit, seine Bewahrung vor zerstörenden Mächten, seinen Frieden. Darum ist unser gemeinsames Gebet, dass Gott dem Führer weiterhin Kraft und Gesundheit, Weisheit des Herzens und treue Ratgeber schenke, das ihm aufgetragene Werk zum Segen für unser Volk zu vollenden. Wir legen das Geschick unseres deutschen Volkes in Gottes Hand und befehlen den Führer der Gnade Gottes. Gott segne ihn! D. Marahrens."[134]

Bischof Marahrens lag viel daran, dass die gesamte Hannoversche Pfarrerschaft sich an einer gottesdienstlichen Überhöhung des Geburtstages Hitlers beteiligte. Schon am 12. April 1939 hatte der Bischof seine hannoverschen Amtsbrüder an diese Kundgebung erinnert. „Vielleicht gibt schon der kommende Sonntag da und dort Gelegenheit, auf das besondere Ereignis hinzuweisen," jedenfalls am Sonntag darauf, wenn nicht am 20. April Sondergottesdienste gehalten würden.

Marahrens lag viel daran, „an gottesdienstlicher Stätte betende Hände zu erheben". Und er gab auch den Inhalt von Predigt und Gebeten vor: „Leben und Gesundheit des Führers befehlen wir der Gnade dessen, der ihn in diesen Jahren durch schwerste Not und Gefahren hindurch zu gewaltigen Erfolgen geführt hat. Er geleite

---

[134] Hannoversches Amtsblatt 6.4.1939, 39.

unser Volk und seinen Führer auch in den vor uns liegenden Jahren nach seiner Barmherzigkeit."[135]

Mit dieser Kundgebung ließ der Bischof die Gottesdienstgemeinde an seiner Bewunderung für Hitler teilhaben. Bischof August Marahrens, vierzehn Jahre älter als Hitler, hatte noch persönliche Erinnerungen an den ersten Weltkrieg. Dass der Gefreite Hitler nun Führer und Kanzler war, erfüllte ihn offenbar mit Bewunderung. Gott habe ihn sein Leben lang begleitet. Da sollte die Gottesdienstgemeinde nicht abseits stehen.

Die Pogromnacht von 9./10. November lag erst gut sieben Monate zurück, Hunderte von benachbarten Mitbürgern in den Dörfern und Städten waren ins KZ Buchenwald verschleppt und allmählich, mit einem eisernen Schweigegebot versehen, wieder in ihre Nachbarschaften zurückgekehrt. 1.700 Österreicher übten vor dem Einmarsch der deutschen Wehrmacht Selbstmord. Es war bei den vielen Betroffenen vom Frieden und seiner Erhaltung im Alltag wenig zu spüren. Daran sollte in diesem Augenblick nicht gedacht werden. Das Gefühl der Verbundenheit mit Hitler und mit seiner Politik der Vernichtung sollte noch weiter vertieft werden. Der Bischof war wie ein Garant gegen möglicherweise aufkommende Zweifel. Die Abkündigung ließ keinen Raum für Nazidistanz und Nazizweifel, die es in den Gemeinden gewiss auch gab.

Auch die badische Landeskirche dankte Gott, der uns durch Adolf Hitler aus Not und Schande, Zerrissenheit und Ohnmacht zu Freiheit und Ehre, Einigkeit und Stärke geführt habe. Mit den Worten *„In bedingungsloser Gefolgschaftstreue stehen wir einsatzbereit hinter unserm Führer"* werden die Pfarrer der Landeskirche in das Nazisystem eingereiht.[136]

Zum Festtag des 50. Geburtstages strömte die Kirchen Hitler geradezu entgegen. Der 20. April 1939 war ein Höhepunkt der Füh-

---

[135] Thomas KÜCK (Hg), Die Lage der Kirche. Die Wochenbriefe von Landesbischof D. August Marahrens 1934-1947. Bd. 2, 2009, 1128.

[136] Nr. 7: Gesetzes- und Verordnungsblatt für die Vereinigte Evangelisch-protestantische Landeskirche Badens Karlsruhe, 18. April 1939, 39.

rerverehrung der Kirche und der Verbindung zu ihm und seinem Wirken. Die Deutsche Evangelischer Kirche schenkte Hitler ein seltenes Faksimile von Luthers Septemberbibel von 1522 samt einem Bildband über die Reformationsgeschichte, der die Reformation „als deutsche Volksbewegung darstellte"[137]. Der Vorsitzende der deutschen Pfarrervereine, Fritz Klingler, gratulierte Hitler im Namen von 16.000 Pfarrern: „Am heutigen Tag vereinen wir uns mit allen unseren Gemeinden in dem Gefühl demütigen Dankes vor dem lebendigen Gott, dass er uns zur rechten Stunde den Führer geschenkt und durch ihn den Weg des deutschen Volkes aus der Tiefe der Ohnmacht und der Schmach in machtvollem Aufschwung zur leuchtenden Höhe Großdeutschlands gelenkt hat. Es bleibe auch in Zukunft unser und unserer Gemeinden allsonntägliches Gebet, Gott wolle uns den Führer erhalten, ihn schützen und segnen und das Werk seiner Hände fördern."[138]

Es gab zu dieser Zeit noch Zehntausende von Gemeindebriefen in den Landeskirchen, die mit einem Bild oder einem Zitat sich in die Geburtstagsschlange einreihten.

---

[137] AELKZ 1939, Sp 16.
[138] Günter BRAKELMANN, Kirche im Krieg. München 1979, 104. Brakelmann bearbeitet in Kap. 4 das Hitlerbild zu Beginn des 2. Weltkrieges, 98-115.

Schillers „Lied von der Glocke" gehörte zum eisernen Bestand der deutschen Schulbildung. „Fest gemauert in die Erde ...", so fängt die Ballade an, und die beiden letzten Zeilen lauten: „Freude dieser Stadt bedeute / Friede sei ihr erst Geläute." Aber am Glockenstrang, den Hitler zieht, hängt keine Glocke, sondern eine Kanonenmündung.

Diese Karikatur aus dem Amsterdamer „De Telegraf" glossierte am 19. Oktober 1933 Hitlers Außenpolitik als Kriegsgeläut.

WÄHREND DES KRIEGES VERTIEFT SICH DAS NEBENEINANDER
VON NATIONALSOZIALISMUS UND EVANGELISCHER KIRCHE

Das enthusiastische Nebeneinander von Kirche und Nationalsozialismus im Frühjahr 1939 erfuhr während des Krieges einen weiteren Höhepunkt. Hitler setzte dabei sein volkskirchliches Vokabular fort bis zum Kriegsende. Auch während des Krieges gab es keine einheitliche nazistische Kirchenpolitik. Eine möglicherweise koordinierende Kabinettsarbeit gab es nicht mehr. Hitler rief das Kabinett nicht mehr zusammen. Allmählich näherte sich die Hitlerregierung einer Regierungsanarchie. Die Parteizentrale im Braunen Haus in München blieb auch in Kriegszeiten bei ihrer kirchenfeindlichen Parteipolitik, konnte allerdings von Rosenberg nicht mehr unterstützt werden, der eine neue Aufgabe im Kriegseinsatz erhielt. Kirchenminister Kerrl hielt an seinem Konzept des illusionären Nebeneinanders von Nationalsozialismus und Christentum bis zu seinem Tode im Dezember 1941 fest. Sein Posten wurde nicht mehr besetzt. Der neu eingesetzte Staatssekretär Hermann Muhs allerdings wurde eine Stütze der Parteipolitik des Braunen Hauses. Hitler ließ wie bisher die rivalisierenden Kräfte gewähren und behielt sich im Konfliktfall die letzte Entscheidung vor.

So bediente sich Hitler während des Überfalls auf die polnische Republik dieses volkskirchlichen Instrumentariums und ordnete nach der Eroberung der polnischen Hauptstadt Warschau im September 1939 an, sechs Tage lang von 12.00 bis 13.00 Uhr die Kirchenglocken zu läuten. Die Anordnung Hitlers wurde reichsweit von den Kirchen begrüßt und befolgt. Aber sie bedurfte für die Kirchengemeinden einer Erklärung. Das Evangelische Gemeindeblatt Nürnberg erklärte seinen Lesern den Sinn des Geläutes: „In dieser Woche läuten alltäglich zur Mittagsstunde unsere Glocken. Es dringt ihr Klang uns tief ins Herz: Sieg! Das deutsche Heer, gerüstet mit Tapferkeit und Ausdauer bis zum Letzten, hat den Feldzug in Polen in wenigen Wochen beendigt. Und es drängt ihr Klang uns, die Hände zu falten: ‚Herr Gott, Dich loben wir; wir preisen Deine Güte / wir rühmen Deine Macht mit herzlichem Gemüte'."[139] In einer gehobenen Stimmung von Schlachten-Sieg und Gotteslob konnten die bayrischen Gemeindeblattleser dem Glockenklag lauschen.

Das Hamburger Kirchenblatt „Der Nachbar" erläuterte seinen Hamburger Christen: „Vom 4.-10. Oktober haben in den Mittagsstunden von allen Kirchen die Glocken täglich eine Stunde lang geläutet. Dieses tägliche Läuten hat uns nicht nur an den Ernst der Zeit gemahnt, sondern auch daran erinnert, was unsere Braven da draußen in Polen in den letzten Wochen geleistet haben, und mit wie viel Mut und Tapferkeit sie unsere Heimat verteidigten, zugleich aber auch unseren bedrängten Landsleuten im Osten halfen und sie von der Not der Polenherrschaft befreiten … Uns ist das Glockenläuten aber nicht nur ein Siegesläuten, sondern auch ein Dankesläuten dafür, dass Gott unsere Wege gnädig geleitet hat und dass wir den Polenfeldzug in kürzester Zeit beenden konnten …"[140]

Durch diesen bisher einzigartig massiven Einsatz der oft noch von Hand bedienten Kirchenglocken entartete das Glockengeläut zu einer Geräuschkulisse, der sich kaum jemand entziehen konnte, die alle traf, siegesbegeisterte und distanzierte Mitläufer.

Vielleicht stellte sich bei manchem Pfarrer auch die klammheimliche Freude ein, dass die Kirchen doch noch gebraucht würden. Wie tief gingen diese Eindrücke und wie lange blieben sie haften? Der flüchtige Eindruck von Vielen in der deutschen Bevölkerung mochte gewesen sein: „Hitler braucht die Kirche." „Die Kirche läutet und folgt Hitler."

Am Ende seiner Reichstagsrede am 6. Oktober 1939 dankte Hitler dem Herrgott, „dass er uns in dem ersten schweren Kampf um unser Recht so wunderbar gesegnet hat", und bat ihn, „dass er uns und alle andern den richtigen Weg finden lasse, auf dass nicht dem deutschen Volk, sondern ganz Europa ein neues Glück des Friedens zuteil werde."[141]

---

[139] Ev. Gemeindeblatt Nürnberg 46. Jahrgang, Nr. 41, 8. Oktober 1939.
[140] Der Nachbar, 15.10.1939.
[141] DOMARUS, 1393.

Hitler hatte der deutschen Bevölkerung die Vorstellung eines neuen glücklichen Europa vorphantasiert, eines braunen Europas natürlich und unter seinem Kommando. Nach einem christlich-braunen Deutschland nun also die „Vision" eines christlich-braunen Europas?

Günter Brakelmann bemerkt dazu: „Christen fühlten sich durch die Passagen der Reden und Ansprachen abgeholt, in denen religiöse Überzeugungen Hitlers anzuklingen schienen … Dass er um Hilfe und den Segen Gottes für den Abwehrkampf Deutschlands bat, sicherte ihm die Hilfe und den Segen der Kirche."[142]

HITLER NIMMT DIE KIRCHE AUF SEINEN POLITISCHEN UND MILITÄRISCHEN GIPFEL JUNI 1940 MIT

Der Frankreichfeldzug bescherte Hitler den Gipfel seiner Popularität im Deutschen Reich. Während einer Pause im Kampf gegen Frankreich proklamierte Hitler am 5. Juni 1940 aus dem Führerhauptquartier: „Deutsches Volk! Diese geschichtlich glorreichste Tat haben deine Soldaten unter dem Einsatz ihres Lebens und ihrer Gesundheit mit beispiellosen Anstrengungen blutig erkämpft. Ich befehle deshalb, von heute ab in ganz Deutschland auf die Dauer von acht Tagen zu flaggen. Es soll dies eine Ehrung unserer Soldaten sein. Ich befehle weiter, auf die Dauer von drei Tagen das Läuten der Glocken. Ihr Klang möge sich mit den Gebeten vereinen, mit denen das deutsche Volk seine Söhne von jetzt an wieder begleiten soll."[143] Bischof Marahrens kommentierte die Proklamation Hitlers im persönlichen Brief vom 5.6.1940 an die Hannoversche Pfarrerschaft: „Von heute Mittag dürfen unsere Glocken wieder aus Anlass des umfassenden Sieges im ersten Abschnitt der Westoffensive erklingen – das ist gewiss wahr, dass wir mit ganzem Ernst unsere Gebete für

---

[142] BRAKELMANN, 124/125.
[143] DOMARUS Bd II, 1520.

die zu neuen Kämpfen angetretenen Brüder an der Front mit ihren Klängen vereinigen wollen. Gott wolle ihnen in Gnaden beistehen in dem Kampf, der nun zur letzten siegreichen Entscheidung führen soll. Am Sonntag hoffen wir, alles, was uns bewegt, vor der Gemeinde unter Gottes Wort stellen zu können."[144] Der Bischof übernahm die Deutung Hitlers, der Glockenklang möge eine Gebetsaufforderung sein, und fügte die Bitte um den Beistand Gottes an.

Noch deutlicher, und zwar deutlich frommer, wurde Hitler nach der Kapitulation Frankreichs im Juni 1940. Die Allgemeine Evangelische Lutherische Kirchenzeitung begann ihren Bericht mit der wörtlichen Wiedergabe des Tagesbefehls Hitlers: „Deutsches Volk! Deine Soldaten haben in knapp sechs Wochen nach einem heldenmütigen Kampf den Krieg im Westen gegen einen tapferen Gegner beendet. Ihre Taten werden in die Geschichte eingehen als der glorreichste Sieg aller Zeiten. In Demut danken wir dem Herrgott für seinen Segen. Ich befehle die Beflaggung des Reiches für zehn, das Läuten der Glocken für sieben Tage." Der Bericht der Allgemeinen Ev. Lutherischen Kirchenzeitung fährt fort:

„Es waren feierliche Augenblicke als nach der Bekanntgabe dieses Aufrufes im Rundfunk der Choral von Leuthen erklang [d.i. ‚Nun danket alle Gott‘, D.K.] und als in der Nacht darauf um 1.35 das Signal ‚Das Ganze halt!‘ ertönte, sich das Niederländische Dankgebet anschloss." Dem Führer sei zu danken und nicht zuletzt dem „Herrn, von dem wir als Lenker der Schlachten singen, vor dem von jeher deutsche Soldaten sich gebeugt haben, aus dessen Händen der Sieg kommt".

Statt Parteigesängen ließ Goebbels im Radio aus rauen Männerkehlen den „Choral von Leuthen" anstimmen, und danach „Wir treten zum Beten". Wer mochte dem tief sitzenden religiösen Eindruck widerstehen, dass dieses – gemäß irreführender Propaganda als Tilgung der „Schmach von Versailles" verstandene – Ereignis von Gott selber komme?

---

[144] Thomas KÜCK, Zur Lage der Kirche Bd 3, 1349.

Goebbels hatte die Entstehung der Sendung in seinem Tagebuch so festgehalten: 23. Juni 1940. „Wir sollen die Meldung vom Waffenstillstand groß aufmachen. Ich wünsche dem Führer vor allem Gesundheit. Möge Gott ihn behüten. Dann kommt die Meldung über alle Sender. Mit Dankgebet. Ganz groß und feierlich".[145] Die Sendung machte sogar auf Goebbels selber tränenreichen Eindruck: „25. Juni 1940. Magda und Ello kommen noch heraus nach Lanke. Dazu ein kleiner Kreis von Mitarbeitern. Wir hören nachts um 1.35 die Sendung des Rundfunks zum Beginn des Waffenstillstandes, die ich sehr wirkungsvoll zusammengestellt habe. Sie macht auf uns und auf das ganze Volk den tiefsten Eindruck. Ich bin wie benommen. Soweit haben wir es also schon gebracht. Die Tränen kommen mir, als die Glocken erklingen. Welch eine gesegnete Stunde. Man möchte sie feiern und nicht wieder loslassen. Der Mond steht still hoch über dem Bogensee."[146] Die fromme Redeweise drang bis in die private Tagebucheintragung ein.

Das Blatt der Lutheraner schrieb: „Was wir erlebt haben in diesen 45 Tagen, was auf uns hereinstürmte in unfassbar schneller Folge: Worte vermögen nicht das wiederzugeben, was der Herr Großes an unserm Volk getan hat."[147]

Zwei tiefe seelische Verwundungen in der deutschen Bevölkerung schienen sich durch den Sieg über Frankreich geschlossen zu haben: die angeblich demütigende Behauptung von der Schuld Deutschlands am Ausbruch des 1. Weltkrieges und die Frage, ob der Tod der Soldaten – und kaum eine Familie war davon unberührt geblieben – irgendeinen Sinn haben könnte.

Bischof Marahrens beschäftigte sich in einem Wochenbrief ausführlich mit der „Kriegsschuldlüge" des Friedensvertrages, gegen die die evangelische Kirche in der Weimarer Zeit ständig angekämpft habe und die nun durch die Beseitigung des Versailler Ver-

---

[145] Die Tagebücher des Dr. Goebbels Teil I: Bd 8. München 1998, 189.
[146] ebd., 193.
[147] AELKZ 5.7.1940, Sp. 298.

trages widerlegt sei.[148] Marahrens füllte die Rolle Hitlers mit der ethischen Statur eines „‚Erlösers' von der ‚Kriegsschuldlüge'" aus. Diese vergiftete, süßliche Botschaft wurde von großen Teilen der Hannoverschen Pfarrerschaft – und nicht nur der Hannoverschen – in Predigten und Gebeten und Dankgottesdiensten aufgesogen und den Gemeindemitgliedern weitergereicht. Keine Entnazifizierung vermochte eine Entgiftung der evangelischen Kirche von dieser Vergiftung herbeizuführen. Anhaltende, jährliche Bußgottesdienste wären nach 1945 dazu angetan gewesen, wurden aber geradezu für abwegig gehalten.

Nicht nur der Versailler Friedensvertrag war ausgelöscht, sondern den Toten des ersten Weltkrieges, diesem grauenhaften, sinnlosen Massensterben, wurde ein „Sinn" angedichtet. „Nun hat sich die deutsche Schmach gewendet, und Versailles ist endgültig ausgelöscht. Die Saat, die aus den Blutopfern des Weltkrieges aufgegangen ist, ist reif geworden zur Ernte, und die Söhne haben heimbringen dürfen, was den Vätern einst versagt war. Wundersam sind Gottes Wege; anbetend beugen wir uns vor der Größe seiner Majestät, von der wir in solchen gewaltigen Geschehnissen etwas ahnen dürfen," so deutete der Bischof predigend seiner Pfarrerschaft die Niederlage Frankreichs. Die Kirche hatte Anteil an der Masseninfektion mit Verstockung in der deutschen Bevölkerung.

---

[148] KÜCK, Zur Lage Bd 3, 1361.
[148] Sonntagsgruß für die Braunschweiger Stadtkirchen, 28.1.1934.

KEINE WARTHEGAU-REGELUNG
IM „ALTREICH"

Hitler hatte der polnischen Regierung keinen Friedensvertrag angeboten, sondern teilte Polen in zwei Gebiete auf, ließ Tausende der
führenden, bürgerlichen Schicht ermorden und richtete im nördli-
chen Teil den sogenannten Warthegau ein, in dem der Reichsstatthalter Artur Greiser und sein Stellvertreter August Jäger als Regierungspräsident ein Vernichtungsprogramm gegen die gefestigten
vorhandenen kirchlichen Strukturen durchexerzierte, der Kirche die
Körperschaft öffentlichen Rechtes entzog, aber auch Vereinsbeiträge,
Kollekten und Sammlungen verbot, Taufe und Konfirmation als Eintritt in die Kirche untersagte, sondern stattdessen den Eintritt durch
eine Erklärung vom 18. Lebensjahr an einrichtete.[149] Das zielte auf
eine völlige Entchristlichung des Warthegaus. Das Kirchenministerium, der Geistliche Vertrauensrat, vor allem aber die betroffenen
Kirchengemeinden im Warthegau mit ihrem hochverdienten und
beliebten Generalsuperintendenten Paul Blau, der seit 1913 die dor-
tige Kirche leitete, schlugen immer wieder Alarm.

In einigen evangelischen Landeskirchen im „Altreich" löste das
Vorgehen Greisers große Ängste für eine siegreiche Nachkriegszeit
aus. Unter der Leitung des württembergischen Landesbischofs
Wurm sammelten sich Bischöfe, kirchenleitende Persönlichkeiten sowie Gruppen der Bekennenden Kirche zu einem Abwehrblock für
den Fall, dass die Greisersche Kirchenpolitik auch im „Altreich" an-
gewendet würde. Dazu hatte Bischof Wurm einige Grundsätze formuliert.[150] Die Ängste schienen nicht unberechtigt. Denn 1940/41
plante das Braune Haus in München zusammen mit dem Ministerpräsident Dietrich Klagges in der Braunschweigischen Landeskirche
‚Warthegau-Verhältnisse' im Ansatz durchzuprobieren und der
Landeskirche die Körperschaft Öffentlichen Rechts abzuerkennen.

---

[149] Paul GÜRTLER, Nationalsozialismus und evangelische Kirche im Warthegau, Göttingen, 195.
[150] Kurt MEIER, Der evangelische Kirchenkampf Bd 3, 161-165.

Zwar lehnte das Kirchenministerium den zugesandten Gesetzesentwurf ab, aber Bormann befürwortete den Entwurf und drängte bei Hitler auf Zustimmung. Staatssekretär Lammers legte den fertigen Gesetzesentwurf vor, aber Hitler lehnte ab. Bormann wurde erneut im März 1941 vorstellig. Es sei keine Beunruhigung zu erwarten, man wolle „auch im Altreich unter ganz anderen Voraussetzungen als im Warthegau" Erfahrungen gewinnen. Das Gesetz sei daher „kriegswichtig". Bormann bekam umgehend einen ablehnenden Bescheid zurück mit dem Bemerken[151], „der Führer habe persönlich entschieden". [152] Mit dieser persönlichen Entscheidung Hitlers waren alle Pläne, Warthegauverhältnisse im Altreich durchzusetzen, vorerst gescheitert.

Wie weit sich das Vorgehen Bormanns in den Landeskirchen herumgesprochen hatte, ist noch nicht erforscht. Die Sammelaktion von Bischof Wurm zerbröckelte im Laufe der nächsten Jahre an Führungsfragen. Die Kriegsereignisse beendeten das Experiment. Generalsuperintendent Blau starb 82-jährig im Dezember 1944. Der ehemalige Reichsstatthalter Greiser wurde nach der Kapitulation der deutschen Wehrmacht vor ein polnisches Gericht gestellt, 1946 zum Tode verurteilt und aufgehängt. Sein Stellvertreter, August Jäger, seinerzeit wegen seiner brutalen Eingliederungskampagne im Sommer 1934 von Hitler entlassen, wurde 1948 von der britischen Regierung an Polen ausgeliefert, vor Gericht gestellt und in Posen aufgehenkt.

---

[151] GÜRTLER: Dokument 44, 277.
[152] Dietrich KUESSNER, Geschichte der Braunschweigischen Landeskirche 1930-1947 im Überblick, Blomberg 1981, 112.

Hitler in der Rolle eines Verteidigers
europäisch-christlicher Kultur,
oder: Die christlich-nazistische Koalition
gegen den Bolschewismus[153]

Ein Höhepunkt im nazistisch-christlichen Koalitionsgeflecht war der Überfall der deutschen Wehrmacht auf die Sowjetunion. Dieser Eroberungskrieg war inhaltlich gut vorbereitet durch eine damals weit verbreitete Broschüre von Karl Richard Ganzer mit den Titel „*Das Reich als europäische Ordnungsmacht*". Ganzer stellte das Hitlerreich als die künftige europäische Ordnungsmacht dar, die einen behutsamen Umgang mit den dem Reich natürlich zugeordneten und ihm angegliederten Völkern pflege: „Wenn sich das deutsche Volk zur Führung Europas bestimmt glaubt, so ist dies nur die legitime Erneuerung einer natürlichen Gegebenheit, die sich seit einem Jahrtausend in der biologischen, geschichtlichen und kulturellen Wertigkeit unsres Volkes kundtut."[154] Die Geschichte Europas läuft also nach Ganzer auf das „Dritte Reich" zu. Damit definierte Ganzer das Kriegsziel des vom „Reich" begonnenen Weltkrieges. Seit tausend Jahren stoße das Reich „in den chaotisch gelockerten Ostraum hinein", nicht um ihn zu unterdrücken, sondern um ihm die Form zu geben, die er vom Haus aus nicht besitze … „In allen Jahrhunderten hat der Deutsche diesen labilen, aus eigenen Kräften unvermögenden Osten nicht als Raum imperialistischer Verzwängung und als Zone der Ausbeutung, sondern als das Feld fordernder Aufgaben

---

[153] Diese Koalition hatte eine lange Vorgeschichte, die im Zusammenhang noch nicht dargestellt ist. In diesen Zusammenhang gehört die Rede von Prof. Paul Althaus vom 4. September 1937 auf der 4. *Generalversammlung des Evangelischen Bundes* in Frankfurt. Althaus referierte im letzten Teil über die politische Verantwortung der evangelischen Kirche und sagte: „Die Kirche weiß, daß ihre von Gott gegebene politische Verantwortung sie heute wie gestern in den Kampf gegen den Bolschewismus, gegen das schauerliche Gift der Zerstörung aller würdigen Ordnung, aller Menschlichkeit hinweist. Sie gehört an die Seite aller, die diesen Kampf mit Ernst führen". In: Paul Althaus, Verantwortung und Schuld der Kirche, Berlin 1937, 14.
[154] Karl Richard Ganzer, Das Reich als europäische Ordnungsmacht, 133.

gesehen."[155] Ganzer ist ein Beispiel für die Chancen eines intellektuellen, formulierfreudigen Aufsteigers im Hitlerreich. Ganzer, Jahrgang 1909, wurde mit 31 Jahren bereits kommissarischer Nachfolger in der Leitung des Reichsinstituts für Geschichte des neuen Deutschland, allerdings 1943 in den „Ostraum" eingezogen und starb an der Front. Seine Leiche wurde posthum mit einem hohen Orden behängt, ein Hinweis, dass sich die Regierung von ihm für die Gestaltung des Dritten Reiches viel erhoffte.

Die Kirche erklärte diesen Krieg im Osten in ihrer Verblendung zu einem Kreuzzug gegen den Atheismus. Sie war blind für die Tatsache, dass in Russland eine jahrhundertealte orthodoxe Kirche mit einer reichen Liturgie trotz ihrer furchtbaren Unterdrückung fortlebte. Der Überfall Hitlers auf die Sowjetunion löste also einen Krieg von Christen untereinander aus.[156]

Der Schluss von Hitlers Rede zum Überfall der deutschen Wehrmacht auf die Sowjetunion im Sommer 1941 – Gott möge „gerade in diesem Kampf" helfen"[157] – wurde nicht als fromme Phrase überhört, sondern in der Predigt aufgenommen und gedeutet. Der Leipziger Pfarrer Fiebig begann seine Predigt mit Bezug auf dieses Hitlerwort: „Tage liegen hinter uns, die uns alle aufs tiefste bewegt haben. Das schlug wie ein Blitz ein, als uns bekannt gegeben wurde, daß sich der Krieg nun auch noch nach Osten ausweitet. Wenn irgend einmal, dann möge uns Gott in diesem Kampfe zur Seite stehen. Mit diesem Gebetswort hat unser Führer die Ankündigung des Ringens mit Rußland geschlossen und hat damit jedem ernsten, nachdenkenden Menschen aus dem Herzen gesprochen." Es handle sich in diesem Krieg nun nicht mehr um Land- und Weltbesitz, sondern er habe einen „Ewigkeitswert" bekommen, „daß es sich darum handelt, ob Gott oder Gottlosigkeit die Herrschaft in Zukunft haben soll", es sei ein der Kirche „befohlener Kampf gegen die dämonischen Kräfte des

[155] ebd., 65.
[156] Dietrich KUESSNER, Die evangelische Kirche und der Russlandfeldzug, Eigendruck 1991.
[157] DOMARUS 1732.

Unglaubens"[158]. Pastor Fiebig deutete den kommenden Russlandfeldzug als Glaubenskrieg, und so wurde er auch von vielen Feld-
geistlichen an der Front gepredigt.

Der Hamburger Bischof Franz Tügel zitierte ausführlich aus der
Proklamation Hitlers, machte sich dessen verlogene Begründung für
den Überfall auf die Sowjetunion zu eigen und Hitlers verräterisch-
gräuliches Ziel: „die Sicherung Europas und die Rettung aller". „Wir
zweifeln nicht, daß diese weltgeschichtliche Stunde für den Todfeind
völkischen Lebens, aber auch der Kultur und Gesittung, des Glaubens und des Christentums geschlagen hat. Mit Gottes gnädiger
Hilfe wird unsere siegreiche Wehrmacht das Werkzeug des Gerichts
über den Bolschewismus und der Gnade über unser heiß geliebtes
Volk und alle Völker sein, die im Frieden leben und arbeiten wollen."[159]

Hitler hatte sich in den Kirchen nicht getäuscht. Seit dem Frühjahr 1933 erhoffte er sich die Kirchen als Mitstreiter im Kampf gegen
den Kommunismus und die gesamte politische Linke. Die Kirchen in
ihrer Gesamtheit hatten seinerzeit auf einen lautstarken Protest gegen den innenpolitischen „Vernichtungsfeldzug" des Kanzlers Hitler
verzichtet. Nun ging es im Sommer 1941 gegen den Bolschewismus.
Die provisorische, vorübergehende Gesamtkirchenleitung der Evangelischen Kirche, der Geistliche Vertrauensrat, nahm in seinem Telegramm am 30.6.1941 darauf Bezug:

„Sie haben, mein Führer, die bolschewistische Gefahr im eigenen
Land gebannt und rufen nun unser Volk und die Völker Europas
zum entscheidenden Waffengang gegen den Todfeind aller Ordnung
und aller abendländisch-christlichen Kultur auf. Das deutsche Volk
und mit ihm alle seine christlichen Glieder danken Ihnen für diese
Ihre Tat."[160]

---

[158] Predigt bei Ausbruch des Krieges mit Russland über 1. Thess.5, 1-10, in Pastoral-
blätter 1942/43, 528.
[159] Gesetze, Verordnungen und Mitteilungen aus der Hamburgischen Kirche Nr. 14,
Hamburg den 25. Juni 1941.
[160] Gesetzblatt der Deutschen Evangelischen Kirche Nr. 7, Berlin den 9. Juli 1941.

Kurt Reuber, ein an die Front kommandierter Arzt und Theologe, zeichnete in einem Bunker im Kessel von Stalingrad für seine Mitsoldaten auf die Rückseite einer Landkarte mit Kohlestift die „Madonna von Stalingrad". Ein ergreifendes Andachtsbild, das heute in der Berliner Kaiser-Wilhelm-Gedächtniskirche aufgestellt ist. Reuber zeichnete auch zahlreiche russische Menschen, die ihm an der Front begegnet waren. Es sind nachdenkliche Gesichter, die den Betrachter fragen: Was habt ihr bei uns gesucht? Es ist ein stiller Protest gegen die ordinäre Nazipropaganda vom ‚russischen Untermenschen'.

Hitler als der Verteidiger der europäischen Kultur komplettierte und erhöhte in den Augen der evangelischen Kirche das Bild als eines von Gott gesandten Staatsmannes, der sich an die Spitze eines christlichen Kreuzzuges stellte.

Die „Hilfe Gottes" beim Kreuzzug gegen den Bolschewismus, wie sie Hitler beschworen hatte – und er meinte damit ein siegreiches Ende seines „Blitzkrieges" gegen die Sowjetunion – , stockte allerdings schon nach fünf Monaten im Dezember 1941, obwohl Hitler und die deutsche Presse bereits von dem Fall Moskaus gefaselt hatten. Ausgeruhte und für den Winter gut ausgerüstete sibirische Truppen warfen die von vorneherein auf einen russischen Winter gar nicht eingestellten deutschen Truppen zurück. Die militärische Entscheidung musste also auf das nächste Jahr verlegt werden, wozu Hitler wieder die Hilfe Gottes anrief. Am Schluss seiner Neujahrsansprache 1942 rief er zum Gebet auf, dass der Allmächtige dem deutschen Volk und seinen Soldaten die Kraft geben möge, das mit Fleiß und tapferem Herzen zu bestehen, was erforderlich ist, um uns Freiheit und Zukunft zu erhalten." Das Jahr 1942 solle, „darum wollen wir alle den Herrgott bitten, die Entscheidung bringen zur Rettung unseres Volkes und der mit uns verbündeten Nationen."[161] Aber der Aufruf klang zurückhaltender. Hitler hatte am 11. Dezember 1941 den USA den Krieg erklärt, und das musste für alle, die das Ende des ersten Weltkrieg durch den Eintritt der USA selbst erlebt hatten, ein unüberhörbares Warnsignal sein.

Bischof Marahrens nannte in seinem Brief an die Pfarrerschaft vom 13. Januar 1942 Gottes Weg durch die Geschichte der Völker einen „im Augenblick mehr denn je einen verborgenen Weg". Das mochte mit dem unerwartet anderen Verlauf des Rußlandfeldzuges, aber auch mit der Kriegserklärung Hitlers an die USA im Dezember 1941 zusammenhängen.[162] „Ein Verhängnis, das nun seinen Lauf nehmen müsse", urteilte Marahrens wenig vorher, als ein Kirchenmann, der den kriegsentscheidenden Eintritt der USA in den ersten

---

[161] DOMARUS, 1821.
[162] Thomas KÜCK, Zur Lage der Kirche Bd 3, 1535.

Weltkrieg 1918 noch selber erlebt hatte. Ein „Verhängnis" vollzog sich in Stalingrad, wo 200.000 deutsche Soldaten eingekesselt und 110.000 in Gefangenschaft abgeführt wurden (von denen 5.000 eine Rückkehr erlebten) und weit über 300.000 russische Soldaten fielen und ebenso viele verwundet wurden, um die deutsche Bevölkerung von Hitler zu befreien. Bald danach beschlossen Roosevelt und Churchill in Casablanca, den Krieg nur durch eine bedingungslose Kapitulation Deutschlands zu beenden. Damit war jede Hoffnung auf ein Kriegsende durch Verhandlungen ausgeschlossen.

DIE KIRCHE SCHWEIGT ZUR LETZTEN REDE HITLERS IM REICHSTAG IM APRIL 1942

Auch vor den Reichstagsabgeordneten wollte Hitler auf den Hinweis auf seine religiöse Erwählung und auf eine Bitte an Gott, den Allmächtigen, nicht verzichten. Vermutlich hatte er die gesamte deutsche Öffentlichkeit dabei im Sinn. Die Absicht der Sitzung war die Zustimmung zu einer Art „Überermächtigungsgesetz". Dazu hatte er die Reichstagsabgeordneten zu einer Sitzung am 26. April 1942 nach Berlin zusammengerufen.[163] Hitler nannte als ,Alleinschuldige am Krieg' die Juden, tobte gegen die „widernatürliche Koalition" von plutokratischen Erzkapitalisten und dem bolschewistischen Staat, „jene[r] Masse einer vertierten Menschheit", gegen englische Erzbischöfe, die die „blutigen Bestien des bolschewistischen Atheismus innig umarmen"; berief sich zwischendurch auf die Vorsehung, die die „schwerste Prüfung nur denen auferlege, die zu Höchstem berufen seien" (das waren natürlich die Nazis), und auf den Segen, den der Herrgott nur demjenigen gebe, „der im Unmöglichen stand halte". Er stellte wütend die Tapferkeit der Frontsoldaten den Beamten in der Heimat gegenüber, die auf wohlerworbene Rechte in die-

---

[163] DOMARUS, 1865-1885. KERSHAW, Hitler II, 672-675.

ser Notzeit und auf Genehmigung von zustehendem Urlaub pochten. Zum Schluss verfiel Hitler in die ordinäre Propagandasprache des ‚Stürmers', nannte Roosevelt einen Geisteskranken, Churchill weinselig; man könne das „Schicksal der Völker nicht zynischen Trinkern und Geisteskranken anvertrauen". Die deutsche Bevölkerung an der Heimatfront kam kaum vor, sondern der Großdeutsche Reichstag bezeichnete Hitler in einer summarische Aufzählung als „Führer der Nation, als obersten Befehlshaber der Wehrmacht, als Regierungschef und als obersten Inhaber der vollziehenden Gewalt, als obersten Gerichtsherr und als Führer der Partei" und stellte ihm eine Generalvollmacht aus, in Zukunft zuhandeln „ohne an bestehende Rechtsvorschriften gebunden zu sein". – Der Beschluss sei nur notwendig gewesen, „um Hitlers Machtdurst zu stillen und seine krankhafte Gier nach absoluter Willkürherrschaft zu befriedigen", urteilt Domarus.[164] Am Ende dieses sprachlichen Wustes zum „Überermächtigungsgesetz" berief sich Hitler auf die Erwählung durch die Vorsehung und trug vor: „Ich habe an den Allmächtigen keine andere Bitte zu richten, als uns in Zukunft genau so wie in der Vergangenheit zu segnen und mir das Leben so lange zu lassen, als es für den Schicksalskampf des deutschen Volkes in seinen Augen notwendig ist."

Einen Tag später schrieb Bischof Marahrens an die Hannoversche Pfarrerschaft seinen traditionellen Wochenbrief und würdigte Hitlers Reichstagsrede ganz gegen seine Gewohnheit mit keiner Silbe. Die Rede löste keine große Begeisterung in der deutschen Öffentlichkeit aus. Aber Paul Tillich, der von den USA aus Rundfunkreden an die deutsche Bevölkerung richtete, unterzog die Rede Hitlers einer scharfen Analyse unter der Überschrift „Die Verzweiflung des Deutschen Volkes".[165] Die letzte Rede und Nachrichten aus allen Teilen Deutschlands hätten den Eindruck erweckt, dass wachsende Verzweiflung viele Deutsche ergriffen habe. Um der Freiheit willen

---

[164] DOMARUS, 1878.
[165] Paul TILLICH, An meine deutschen Freunde. Politische Reden, Ergänzungs- und Nachlassbände Bd III. Stuttgart 1973, 33-37.

dürften die Deutschen den Sieg nicht wünschen. Während für alle am Krieg beteiligten Völker Sieg und Freiheit das gleiche bedeutete, wäre für sie ein Sieg die Verlängerung der selbstverschuldeten Knechtschaft. Die Verzweiflung werde weichen, wenn die Deutschen ihr ins Gesicht sähen, ein schwerer Weg, der durch eine Zeit der Leiden und der Demütigungen gehen werde. Diese Optik jenseits des Atlantik wurde kaum verstanden von der Öffentlichkeit, die sich nicht wie in einer Knechtschaft fühlte, die es abzuschütteln gelte, verstanden auch nicht von der volkskirchlichen Öffentlichkeit.

DIE IM VERNICHTUNGSKRIEG
MIT ORDEN GESCHMÜCKTE PFARRERSCHAFT

Es blieb nicht bei einer nur seelischen Stärkung, sondern es gab eine messbare militärische an der Front. Die Landeskirchen veröffentlichten in ihren kirchlichen Amtsblättern auf Ehrentafeln die „ausgezeichneten" Mitglieder ihrer Pfarrerschaft. Ab 1942 war fast die Hälfte der aktiven Pfarrerschaft aus ihren Kirchengemeinden zum Kriegseinsatz herausgezogen worden, und viele wurden mit Orden geschmückt. Im Oktober 1943 veröffentlichte die Evangelische Kirchenkanzlei die folgende Anzahl von Ordensträgern unter den Pfarrern, Vikaren und Kandidaten der Theologie: 12 Theologen erhielten das deutsche Kreuz in Gold, 392 das Eiserne Kreuz 1. Klasse; 1435 das Eiserne Kreuz 2. Klasse; 608 das Sturm-und sonstige Kampfabzeichen, 567 das Verwundetenabzeichen, 56 das Kriegsverdienstkreuz I. Klasse mit Schwertern, 774 das Kriegsverdienstkreuz II. Klasse mit Schwertern, sowie später weitere Orden mit Bezeichnungen wie den rumänischen Orden „Kreuzzug gegen den Bolschewismus".

Die amtliche Auflistung der kirchlichen Ordensträger aus dem Jahre 1943 sollte die Naziführung von der Gefolgschaftstreue der kirchlichen Mitarbeiterschaft überzeugen in der Hoffnung einer entsprechenden Berücksichtigung nach dem Endsieg.

Es ist noch heute durchaus eher das Gefühl verbreitet, dass solche Orden den Pfarrern und der Kirche insgesamt zur Ehre gereichen als jene andere Überzeugung, dass Geistliche die Annahme von Orden grundsätzlich verweigern sollten.

Der Karikaturist der *New York Times* vom 2. April 1933 sieht Deutschland als gealterte Frau an der Leine Hitlers, der sie düsteren Zeiten entgegenführt. (*To the Dark Ages*). Diese und andere Karikaturen wurden im Goebbelsschen Ministerium genau beobachtet.

EIN BISCHOF UND „DER FÜHRER" TEILEN AM KRIEGSENDE
DAS TRUGBILD VOM „SIEGREICHEN FRIEDEN"

Es klang wie ein Appell an seinen christlichen Koalitionspartner, als sich Hitler im November 1943 vor seinen alten Kameraden im historischen Münchner Löwenbräukeller ausdrücklich zu seinen religiösen Gefühlen äußerte. Die Rede wurde über den Rundfunk übertragen. „Auch ich bin religiös", rief er seinen Parteigenossen zu, „und zwar tief innerlich religiös, und ich glaube, dass die Vorsehung die Menschen wägt und denjenigen, der vor der Prüfung der Vorsehung nicht bestehen kann, sondern in ihr zerbricht, nicht zu Größerem bestimmt". „Wir haben von der Vorsehung nichts als Segen empfangen. Was hat sie uns nicht an Erfolgen gegeben." Hitler zählte nun einiges auf und schloss: „Ich beuge mich in Dankbarkeit vor dem Allmächtigen, dass er uns so gesegnet hat und dass er uns nicht schwerere Prüfungen, den Kampf auf deutschem Boden, geschickt hat, sondern dass er es fertigbringen ließ, gegen eine Welt der Übermacht diesen Kampf erfolgreich weit über die Grenzen des Reiches hinauszutragen."[166]

Hitler folgte inhaltlich dem Text (→Seite 101) von „Wir treten zum Beten": „Da war kaum begonnen der Streit schon gewonnen. Du warst ja mit uns. Der Sieg, er war dein." Es war also Gott selber, der gegen die Übermacht der Feinde für den Sieg sorgen würde. Statt Lob auf die siegreichen deutschen Truppen nunmehr die Zuversicht auf den Sieg, der in den Händen Gottes läge und natürlich den Deutschen zufallen würde.

Da sich die Nachrichten von der Front verdüsterten, versteifte sich Hitler auf die fromme Wahnidee eines Gottes, der den „Guten" den Sieg verleiht. In seinem Neujahraufruf 1944 an die Soldaten prahlte Hitler, er werde dem Gegner solange zusetzen „bis endlich die Stunde kommt, da die Vorsehung dem Volke den Sieg geben kann, das ihn am meisten verdient. Das deutsche Volk werde „die

---

[166] DOMARUS, 2057/58.

Gnade vor demjenigen finden, der als gerechter Richter zu allen Zeiten immer noch dem den Sieg gab, der seiner am meisten würdig war. In diesem Kampf um Sein und Nichtsein wird am Ende Deutschland siegen."[167] Hitler rettete sich in das Bild von Gott als dem abwägenden Richter. „Er haltet und waltet ein strenges Gericht", hieß es in *„Wir treten zum Beten"*, wonach die Schlechten von den Guten getrennt sind, Krieg gegeneinander führen, und Gott die Guten, hier: die Nazis, von den Schlechten nicht „knechten" lässt, das hieß: den Guten gehört der Sieg. Der von den Guten an Gottes Seite erkämpfte Sieg gehört dem Richter, der zugleich Lenker der Schlachten war.

Mancher volkskirchliche evangelische Christ mochte sich an jenen ergreifenden Augenblick im März 1936 erinnern, als die Massen zu den Glocken des Kölner Doms dieses Lied auf den Straßen und Plätzen sangen, oder zwei Jahre später im April 1938 nach der Entstehung „Großdeutschlands" alle drei Strophen, oder nach dem Sieg über Frankreich im Sommer 1940; immer wieder: „Wir treten zum Beten […] der Sieg er war dein." Das verheerende religiöse Weltbild Hitlers stammte von diesem evangelischen Choral. Dieser Unchoral fand ab 1938 Eingang in viele Gesangbuchanhänge, eine Schande für die Gesangbuch-Geschichte. Heute noch wird es völlig gedankenlos beim sogenannten Großen Zapfenstreich von einem Bundeswehrorchester gespielt.

---

[167] DOMARUS, 2076.

Ein gemeinsames religiöses Verständnis
des gescheiterten Attentats vom 20. Juli 1944

Am 20. Juli 1944 explodierte in einem Bunker des Führerhauptquartieres bei Rastenburg anlässlich einer Lagebesprechung eine von Oberst Stauffenberg ganz in der Nähe Hitlers deponierte Bombe, bei der es einen Toten, mehrere Schwer- und Leichtverletzte gegeben hatte. Hitler aber erlitt nur einige Prellungen und Hautabschürfungen und empfing, wie vorgesehen, wenige Stunden später den italienischen Duce, Mussolini. Im Gespräch mit ihm sprach Hitler, er sei auf wunderbare Weise dem Tode entronnen und sei nach seiner Errettung aus der Todesgefahr mehr denn je von seinem politischen Auftrag überzeugt. Der Duce pflichtete bei: „Das war ein Zeichen des Himmels".[168] Um Mitternacht sprach Hitler über den Rundfunk zur deutschen Bevölkerung und dankte in der kurzen Ansprache der Vorsehung und seinem Schöpfer vor allem, dass er seine politische Arbeit fortsetzen könne. Es sei ein „Fingerzeig der Vorsehung".[169] Auch in einem Tagesbefehl an das Heer deutete Hitler das Attentat religiös: „Die Vorsehung hat das Verbrechen missglücken lassen."[170]

Wie schon nach dem gescheiterten Attentat am 8. November 1939 in München breitete sich in allen kirchenpolitischen Gruppen auch im Juli 1944 Entsetzen über das Attentat und Erleichterung über das Misslingen aus. „Die Deutsche Evangelische Kirchenkanzlei und der Geistliche Vertrauensrat der Deutschen Evangelischen Kirche haben nach dem Anschlag auf das Leben des Führers in Treuetelegrammen an ihn dem Dank gegen Gott für die gnädige Bewahrung Ausdruck verliehen. Zugleich wurde dabei von dem Geistlichen Vertrauensrat zur Kenntnis gebracht, dass am Sonntag nach dem Mordanschlag allgemein in den evangelischen Gottesdiensten des Reiches fürbittend des Führers gedacht worden ist."[171] „Mit Dank gegen Gott für

---

[168] DOMARUS, 2124.
[169] DOMARUS, 2128.
[170] DOMARUS 2129.
[171] Das Evangelische Deutschland, 30. Juli 1944.

gnädige Errettung grüßt den Führer mit dem Gelöbnis hingebenden Einsatzes und weiterer treuer Fürbitte in diesen entscheidungsvollen Stunden des Krieges", telegrafierte für die Kirchenleitung der Pommerschen Evangelische Kirche D. Wahn.

„Über die wunderbare Errettung des geliebten Führers bringt die evangelisch-lutherische Landeskirche Sachsens durch mich ihre herzliche Freude zum Ausdruck. In unerschütterlicher Siegeszuversicht. Heil dem Führer!", so der Präsident der sächsischen Landeskirche Klotsche, der seinen politischen Orden, Ehrenzeichenträger, zufügt.

Landesbischof Tügel verstand das Misslingen des Attentats als Gebetserhörung. Er schrieb im 59. Kriegsbrief an alle Geistlichen in Hamburg am 31. Juli 1944: „… So haben wir Christenleute aus allen Gauen des Vaterlandes an diesem 20. Juli mit dem ganzen Volk der Deutschen dem Herrn der Geschichte danken dürfen und dieser Dank wird am darauf folgenden Sonntag durch alle Gottesdienste im Reich und an den Fronten hindurchgeklungen sein … Die christliche Gemeinde ist dessen gewiss, dass das Gebet für den Führer und das Vaterland, das sie übt und mit Treue durch jede Versammlung hindurchträgt, bis an Gottes Thron, ja an Gottes Herz reicht und nicht vergeblich ist …"

„Die evangelische Kirche des Rheinlandes wird durch die wunderbare Errettung unseres Führers ihre stete und treue Fürbitte für den Führer, die Wehrmacht, das Volk und das Reich noch inniger gestalten und in herzlicher Verbundenheit hinter den schwerringenden Fronten draußen und in der Heimat ungebrochen und ungebeugt stehen: Gott der Allmächtige segne unsere gerechte Sache!" So das Evangelische Konsistorium der Rheinprovinz Dr. Koch.

Da das Erscheinen der kirchlichen Gemeindebriefe seit Juni 1941 eingestellt worden war, blieb die evangelische Kirche vor dem Erscheinen weiterer massenhafter Glückwunschäußerungen bewahrt.

Im Kirchlichen Amtsblatt der Hannoverschen Landeskirche veröffentlichten einen Tag nach dem Attentat Landesbischof und Landeskirchenamt ein Gebet, das folgendermaßen begann: „Heiliger, barmherziger Gott! Von Grund unseres Herzens danken wir Dir, dass Du unsern Führer bei dem verbrecherischen Anschlag Leben und Gesundheit bewahrt und ihn unserem Volk in einer Stunde höchster Gefahr erhalten hast. In Deine Hände befehlen wir ihn. Nimm ihn in Deinen gnädigen Schutz. Sei und bleibe Du sein starker Helfer und Retter." Bischof Marahrens vertiefte öffentlich und dienstlich ein Hitlerbild, dem zufolge der ‚Führer' von Gottes gnädigem Schutz umgeben und bewahrt sei. Das ließ wenig Raum für abweichende und zurückhaltendere Anschauungen über Hitler, die es in der Hannoverschen Pfarrerschaft gewiss auch gab.

Als ein Beispiel für eine zurückhaltende Äußerung sei die Notiz aus dem *Evangelischen Deutschland* vom 30. Juli 1944 genannt. Zwar wurde eingangs von der Empörung und dem Abscheu des deutschen Volkes gesprochen, doch dann fuhr der Autor des Textes folgendermaßen fort: „Aus tiefstem Herzen danken wir dem Allmächtigen für die Errettung des Führers und bitten ihn, er möge ihn weiterhin in seinen Schutz nehmen …". Das klingt ähnlich den oben genannten Ergebenheitstelegrammen, aber diese Notiz wurde auf der dreispaltigen letzten Seite platziert, und zwar auf einem Drittel der ersten Spalte, umgeben von Nachrichten über Freikirchen, der katholischen Kirche, einer Hundertjahrfeier in Dornfeld in Anwesenheit des Generalsuperintendenten Paul Blau und Nachrichten aus der Diaspora. Wenig patriotisch also.

Das Attentat war unpopulär, auch weil es die jahrelange Verbindung der Kirche mit dem Hitlerregime verletzte. Vielen erschien es als ein Bruch des Hitler gegebenen Eides.

Die Kirchenbehörden klammerten sich an das von ihnen bisher festgehaltene Bild Hitlers als einer von Gott gewollten, christlichen Obrigkeit. Die evangelische Kirche erwies sich im Juli 1944 als eine massive Stütze der Hitlergesellschaft und verführte die Kirchengemeinden zu falschem Dank und fataler Fürbitte.

Hitler und ein großer Teil der evangelischen Kirche waren sich darin einig, dass das Attentat im Führerhauptquartier deshalb misslungen war, weil Gott selber mit seiner Hand es verhindert hatte.

Kirchliches Amtsblatt

für die
Evangelisch=lutherische Landeskirche Hannovers

1944	Ausgegeben zu Hannover, den 21. Juli 1944	Stück 11

Dank für die gnädige Errettung des Führers.

Hannover, den 21. Juli 1944.

Tief erschüttert von den heutigen Nachrichten über das auf den Führer verübte Attentat ordnen wir hierdurch an, daß, soweit es nicht bereits am Sonntag, dem 23. Juli, geschehen ist, am Sonntag, dem 30. Juli, im Kirchengebet der Gemeinde etwa in folgender Form gedacht wird:

„Heiliger barmherziger Gott! Von Grund unseres Herzens danken wir Dir, daß Du unserm Führer bei dem verbrecherischen Anschlag Leben und Gesundheit bewahrt und ihn unserem Volke in einer Stunde höchster Gefahr erhalten hast. In Deine Hände befehlen wir ihn. Nimm ihn in Deinen gnädigen Schutz. Sei und bleibe Du sein starker Helfer und Retter. Walte in Gnaden über den Männern, die in dieser für unser Volk so entscheidungsschweren Zeit an seiner Seite arbeiteten. Sei mit unserem tapferen Heere. Laß unsere Soldaten im Aufblick zu Dir kämpfen; im Ansturm der Feinde sei ihr Schild, im tapferen Vordringen ihr Geleiter. Erhalte unserem Volke in unbeirrter Treue Mut und Opfersinn. Hilf uns durch deine gnädige Führung auf den Weg des Friedens und laß unserem Volke aus der blutigen Saat des Krieges eine Segensernte erwachsen. Wecke die Herzen auf durch den Ernst der Zeit. Decke zu in Jesus Christus unserm Herrn alles, was wider Dich streitet. Gib, daß Dein Evangelium treuer gepredigt und williger gehört werde, und daß wir unser Leben in Liebe und Gehorsam tapfer und unverdrossen unter die Zucht Deines Heiligen Geistes stellen."

Der Landesbischof.
D. Marahrens.

Das Landeskirchenamt.
J. V.: Stalmann.

Mein Vater, Theo Kuessner, wetterte am Sonntag nach dem Attentat ganz auf der Linie von Bischof Marahrens von der Kanzel des Mutterhauses Bethanien in Lötzen gegen die Attentäter. Sie hätten den Offizierseid gebrochen und Gottes Hand habe den Führer beschützt. Nach dem Gottesdienst öffnete sich die Tür zur Sakristei und der leitende Verwaltungsmann des Mutterhaus, Dr. Helmut Bruckhaus, meinte, seiner Ansicht nach könnte es auch die Hand des Teufels gewesen sein. Zwei fromme Männer in einer diakonischen Einrichtung in gegensätzlicher Meinung über das Attentat. Wenige Tage später schrieb der Vater an seine Familienangehörigen u.a.:

„Ebenso werde ich mit dem Attentat nicht fertig. Abgesehen davon, daß es nicht nur ein Sprichwort, sondern geschichtliche Wahrheit ist ‚Untreue schlägt ihren eigenen Herrn‘, so ist mir die Dummheit doch unfassbar, daß Männer im Range von Generälen meinen können, mit solch einem Attentat die Regierungsgewalt eines modernen Staates übernehmen zu können. Wie ist es möglich, abgesehen vom moralischen, 1941 Panzerführer zu sein, wie es der Generaloberst Hoepfner doch war, und 1944 einen Putsch zu machen im Stil wie ihn etwa Fritze Großschnauz am Stammtisch im Krähenwinkel sich ausdenken könnte.“[172]

Das Attentat blieb unpopulär, besonders bei den Soldaten an der West- und Ostfront. Noch nach sechs Jahrzehnten erklärte mir ein damaliger Frontsoldat: „Man wechselt nicht im Strom die Pferde.“ Das geringe Ansehen der Attentäter blieb bis weit nach 1945 in der deutschen Bevölkerung und auch in der Kirche erhalten.

---

[172] Im Besitz des Verfassers.

Zweiter Hauptteil:
Die Kirchliche Mitte

Hitler hatte den christlichen Kirchen bei seinem Regierungsantritt das Angebot einer Zusammenarbeit vor allem zum fortwährenden innen- wie außenpolitischen Kampf gegen die politische Linke und den Bolschewismus gemacht. Er hatte den Kirchen beträchtliche Versprechungen gemacht, die er in seiner Regierungszeit niemals widerrufen hat. Außerdem benutzte er – selten, aber immer wieder – eine mit volkskirchlichen Vokabeln durchsetzte, gelegentlich sogar gebetsartige Redeweise. Bei herausragenden Ereignissen griff Hitler sogar auf protestantisches Liedgut zurück und ließ die deutsche Bevölkerung öffentlich gemeinsam einen Choral singen. Diese seine Vorgehensweise gibt keine Auskunft über ein persönliches Glaubensleben Hitlers, weckte aber in den ersten fünf Jahren des „Dritten Reiches" die Vorstellung eines nationalsozialistisch-christlichen Deutschen Reiches. Hitler behielt diese Redeweise auch nach 1937 bei, als er die Hoffnung auf eine Unterordnung der Kirchen unter sein Regime aufgegeben hatte.

Diese Vorstellung ist vereinzelt kirchlicherseits zurückgewiesen, aber vor allem von großen Teilen der Kirche und ihren Kirchenleitungen zustimmend erwidert worden. Sie erlaubte der Kirche zwar scharfe Kritik insbesondere an den kirchenfeindlichen Agitationen der Münchner Parteizentrale, die vom Rosenberg-Ley-Bormann-Flügel der Partei vorgetragen wurden. Aber diese Kritik der Kirche blieb innerhalb einer grundsätzlichen Zustimmung zum Nazisystem. Hitlers Angebot zur Mitarbeit an seiner Regierung, und die positiven Reaktionen führender Kirchenleitungen schufen den Freiraum für eine sogenante „Kirchliche Mitte".

DIE KIRCHLICHE MITTE

Die kirchengeschichtliche Forschung war jahrzehntelang beherrscht von der Entstehung der Deutschen Christen (DC) sowie der Gegenbewegung der Bekennenden Kirche (BK) und den schweren Auseinandersetzungen zwischen beiden vor allem in den Jahren 1933-1936. Aber BK und DC repräsentierten nicht die Gesamtheit der evangelischen Kirche. Wenn man die Kirchengeschichtsforschung von der Engführung des Gegensatzes Deutsche Christen – Bekennende Kirche befreit, stößt man auf den großen Bereich der sogenannten Kirchlichen Mitte, also auf jene Kirchengemeinden, die sich weder den Deutschen Christen noch der Bekennenden Kirche anschließen wollten. Das war die große Mehrzahl der damaligen evangelischen Kirchengemeinden und ihrer Mitglieder. Sie wollten weder in eine übertriebene Begeisterung für Hitler (wie die DC) noch in den möglichen Widerstand gegen den Nationalsozialismus geführt werden, sondern von ihren Pfarrern gesagt bekommen, wie man als evangelischer Christ im „Dritten Reich" leben kann. Sie hatten sich grundsätzlich mit dem Bestehen des Nationalsozialismus abgefunden. Die ‚Kirchliche Mitte' umfasste vor allem den kirchlichen Alltag und ist begreiflicherweise nicht so „interessant" wie ein heftiger Kirchenstreit zwischen den beiden gegensätzlichen Gruppen.

DC und BK gaben Mitgliederkarten aus und verstanden sich jeweils als verbindliche organisierte Gruppe. Um diese verbindliche Gruppe bildeten sich lockere Kreise ohne strenge Gruppenbildung. Die Gruppen bildeten auch jeweils gemäßigte und extreme Flügel, zu denen sich bei der BK die sogenannten „Dahlemiten" zählten, die auf die strikte Durchführung der Beschlüsse der Bekenntnissynode von Berlin Dahlem im Oktober 1934 bestanden, wonach sie die dc. Kirchenleitungen nicht anerkannten, eine Ordination der jungen Pfarrer durch sie verweigerten und ihre Kollekten nicht an die Behörde abführten. Bei der DC gehörten die Thüringer Deutsche Christen zu den Radikalen, für die der Nationalsozialismus Heilsbedeutung hatte.

Die kirchliche Mitte bildete keine vergleichbare Gruppe und ist deshalb auch schwieriger zu umgrenzen.

Sie umfasste die große Zahl der Gemeindemitglieder, die eine traditionelle, lockere Verbindung zu ihrer Kirchengemeinde hielt. Für die BK und DC war die kirchliche Mitte ein Hassobjekt: die Neutralen, die Unentschiedenen, die „Lauen", die Langweiler, die Opportunisten.

Die mitgliederstärkste Zeit der Deutschen Christen war das Jahr 1933. Nach der skandalösen Sportpalastversammlung im November 1933, bei der der Hauptredner das Alte Testament verhöhnte, verließen Hunderte von Mitgliedern die DC-Organisation. Der Einfluss des von Hitler unterstützten deutsch-christlichen Reichsbischofs Ludwig Müller wirkte 1933 gruppenstärkend. Als sein Einfluss jedoch ab Ende 1934 sank, waren weiterhin vermehrt Austritte aus der DC zu verzeichnen.

Wo deutsch-christliche Bischöfe amtierten wie in Thüringen, Sachsen, Mecklenburg, Hamburg, Lübeck und Bremen, blieben die Deutschen Christen in der Kirchenleitung und im Profil der Landeskirche bestimmend. Dort bildeten BK-Pfarrer und ihre zahlenmäßig kleinen Kirchengemeinden ein theologisches und kirchenpolitisches Gegengewicht. Die größte Gruppe jedoch war auch in den dc-dominierten Kirchen die unauffällige, neutrale kirchliche Mitte.

Die BK hatte ihre bedeutendste Zeit während der Bekenntnissynoden in Barmen (Mai 1934), in Dahlem (Oktober 1934), in Augsburg (1935) und in Oeynhausen (1936). Es gelang ihr jedoch nicht, die Mehrheit der Kirchenführung in einer Landeskirche zu erringen.

In den Landeskirchen der Altpreußischen Union (u.a. in Berlin-Brandenburg, Schlesien, Westfalen, Rheinland) tobte im Gegensatz zu anderen Landeskirchen ein Kirchenkampf, weil dort von der BK die Frage der Anerkennung einer deutsch-christlichen Landeskirchenleitung, eines von Hitler eingesetzten Kirchenministeriums, die Abführung der Kollekten, eine Ordination der jungen Pfarrer entschlossen abgelehnt wurde. Nach 1936 spaltete sich der radikale BK-Flügel an der Frage der Anerkennung des Reichskirchenausschusses als provisorischer Gesamtvertretung der evangelischen Kirche, blieb aber als Minderheit innerhalb der BK aktiv, besonders in den Kirchen der Altpreußischen Union (ApU).

Es gab Landeskirchen, deren Kirchenleitungen sich ausdrücklich zu einer „gruppenfreien" Landeskirche bekannten; dazu gehörten die schleswig-holsteinische Landeskirche und die braunschweigische Landeskirche unter Landesbischof Helmut Johnsen.

Die drei besonders mitgliederstarken Landeskirchen Hannover, Württemberg und Bayern rechneten sich selber zunächst zur BK, glitten aber mit der Zeit aus pragmatischen Gründen in die Nähe der Kirchlichen Mitte über und bildeten innerhalb der großen Masse der kirchlichen Mitte eine Art „lutherische Kirchliche Mitte". Diese Landeskirchen waren unter der Führung des lutherischen Bischofs Meiser starr auf die schriftlich fixierten Bekenntnisse aus der Reformationszeit (Confessio Augustana u.a.) fixiert und erstrebten eine lutherische Gesamtkirche im Großdeutschen Reich mit einem lutherischen Erzbischof samt Krummstab und Mitra. Die Kirchliche Mitte jedoch war an den verschiedenen historischen Bekenntnisbildungen kaum interessiert.

Die Deutschen Christen und die Bekennende Kirche unterschieden sich von der Kirchlichen Mitte durch ihre verschiedenen Vorstellungen von einer Kirche. Das Kirchenbild der Deutschen Christen war geprägt von der engen Gefolgschaft zu Person und Werk Adolf Hitlers, von einer dem Nationalsozialismus nachgeahmten, schroff antisemitischen Organisation und einem nationalen, „arischen", „judenfreien" Christusbild. Hakenkreuz und Christuskreuz waren für sie eng verzahnt. Das Kirchenbild der Bekennenden Kirche war dagegen eine brüderliche, hierarchenfreie Gemeinschaft von Christen, die sich uneingeschränkt zu Jesus Christus als dem Herrn der Kirche und der Welt bekannten. Diesem Christus hatten sich auch der Nationalsozialismus und ihre Führer unterzuordnen. Das Hakenkreuz war dem Christuskreuz strukturell und prinzipiell untergeordnet.

Das Kirchenbild der Kirchlichen Mitte war das aus der Weimarer Zeit übernommene Bild der Volkskirche.

Sie anerkannte grundsätzlich den nationalsozialistischen Staat, vermied Konflikte mit Regierung und Partei und gestaltete die von der Regierung geduldeten Freiräume zu eigenständiger, parteiunabhängiger, christlicher Arbeit. In der Volkskirche bestanden Hakenkreuz und Christuskreuz nebeneinander; ein Problem war die unterschiedliche Gewichtung.

DIE VOLKSKIRCHE ALS KIRCHENVORBILD DER KIRCHLICHEN MITTE[1]

Die Vorstellung einer Volkskirche entstand nach dem 1. Weltkrieg als Gegenbild zur Staatskirche. Jahrhunderte lang hatte das enge Nebeneinander von Thron und Altar das Bild des Protestantismus geprägt. Die Weimarer Verfassung 1919 erklärte im Artikel 136: „Es gibt keine Staatskirche." An ihre Stelle traten der religionsneutrale Staat und die evangelische Volkskirche. Während die Stütze der

---

[1] Kurt MEIER, Evangelische Kirche in Gesellschaft, Staat und Politik 1918-1945, Berlin 1987, darin: Reichskirche-Bekenntniskirche-Volkskirche, 114-129. Hier insbesondere 3. Volkskirche als Kontinuitätsfaktor: 124. Meier setzt die drei Kirchenmodelle in eine chronologische Reihenfolge. Die Arbeit von Mandy RABE „Zwischen den Fronten. Die ‚Mitte' als kirchenpolitische Gruppierung in Sachsen" behandelt eine bedeutende Pfarrergruppe in der sächsischen Landeskirche, in der sich jene Pfarrer sammelten und kirchenpolitisch aktiv wurden, die sich nicht den DC und nicht der BK angeschlossen hatten und vor allem Einfluss auf die Kirchenleitung erstrebten, durch einen Sitz in der Kirchenleitung teilweise auch erhielten. Die Wirklichkeit von „Kirchlicher Mitte", die ich beschreiben möchte, ist nicht Pfarrerfixiert, sondern will gerade die Kirchenmitglieder erfassen. In der sächsischen Pfarrerschaft kursierten 1938 verschiedene programmatische Entwürfe, die sich inhaltlich meiner Beschreibung ähneln, so z.B. der Entwurf von Pfarrer Arno Spranger, den Rabe auf S. 176 u.a. folgendermaßen zitiert: „1. Wir stehen treu zum Führer. 2. Wir leisten der Kirchenleitung nach Römer 13 Gehorsam. 3. Die Verkündigung des Evangeliums von Jesus Christus ist unaufgebbare und einzige Aufgabe. 5. Die Volkskirche wollen wir nicht aufgeben. 8. Wir erstreben ein Kirchenregiment, das nicht kirchenpolitisch gebunden ist."

Staatskirche der Staat war, sollte nun die Stütze der Kirche „das Volk" sein. Diese Volkskirche wurde von drei Säulen getragen: von der Mitgliederzahl (a), von der allgemeinen Zustimmung zum Angebot der Kirchen von Taufe, Konfirmation, Trauung sowie Begräbnis (b) und von der staatlich genehmigten Kirchensteuer (c).

(a) Die stabile Kirchenmitgliedschaft
während des Nationalsozialismus

Im Jahre 1939 wurde eine Volkszählung durchgeführt und die Ergebnisse im Statistischen Jahrbuch für das Deutsche Reich (59. Jahrgang 1941/42 auf S. 26) veröffentlicht. Es war auch gefragt worden nach der Angehörigkeit zur evangelischen oder katholischen Kirche und nach der Anzahl von „Gottgläubigen". Dieses Konfessionssignal war 1935 eingeführt worden, um die aus der Kirche ausgetretenen Nationalsozialisten zu erfassen. Unter „Sonstige" konnten sich jene eintragen, die schon früher die Zugehörigkeit zur Kirche gelöst hatten. Das Ergebnis: 48,6 % wurden als Evangelische oder Freikirchen-Mitglieder und 45% als römisch-katholische Bewohner erfasst.

93,6 % der deutschen Bevölkerung bekannten sich demnach zu den christlichen Kirchen. Das passt überhaupt nicht zu dem später verbreiteten Bild des kirchenfeindlichen, das Christentum alsbald vernichtenden Nationalsozialismus. Jene 93,6 %, in Zahlen: 83,560 Millionen deutscher Staatsbürger von insgesamt 88,637 Millionen Gesamtbevölkerung wollten im braunen Staat als Christen leben. Das war eine schwere Schlappe für Jene innerhalb der Nazi-Elite, voran Alfred Rosenberg, aber auch für Himmler, Bormann und Streicher, die unentwegt zum Kirchenaustritt getrommelt hatten. Gottgläubige: 3,09 % und Sonstige: 2,64 % waren statistisch gesehen eine Riesenblamage. Die Volkskirche hatte sich im „Dritten Reich" behauptet. Ein direkter Vergleich mit dem Ergebnis der Volkszählung 1933 ist nicht möglich, denn es war die Bevölkerung großer neuer Gebiete (Saarland, Österreich, Böhmen und Mähren) in die

Zählung aufgenommen. Aber auch 1933 waren es weit über 90 % der deutschen Bevölkerung, die sich als evangelisch oder katholisch bezeichneten.[2]

Ein Vergleich ist auch für bestimmte Territorien wegen der Gebietsreformen in der Zwischenzeit kaum möglich. Trotzdem seien folgende Ziffern genannt:

Evangelische Kirchenmitgliedschaft		
	1933	1939
Bayern	2.203.314	2.266. 638
Sachsen	4.522.856	4.474.590
Hamburg	1.321.391	1.346.113
Württemberg	1.811.797	1.814.533
Bremen	373.825	373. 821

Die Ziffern bestätigen, dass in kirchenpolitisch sehr unterschiedlichen Gebieten und Landeskirchen die Anzahl der Kirchenmitglieder im Wesentlichen stabil geblieben und kein gravierender Einbruch in die volkskirchliche Struktur der Landeskirchen erfolgt ist. Die Statistik machte keine Angaben zur Gruppenbildung, was der Kirchlichen Mitte entgegenkam. Eine weitergehemde gründliche Analyse der Volkszählung fehlt in den gängigen kirchengeschichtlichen Darstellungen.

---

[2] Statistisches Jahrbuch, 38. Jahrgang, S. 25.

Taufen

Jahr	Ostpreußen T	T%	Berlin T	T%	Rheinland T	T%	Württemberg T	T%	Bayern T	T%
1930	37635	92,8%	28571	81,5%	32826	80,5%	28690	93,5%	26476	92,3%
1935	43719	92,7%	44188	87,8%	41879	81,4%	32313	92,3%	28431	89,8%
1938	44444	90,6%	44056	81,7%	40051	77,6%	33944	88,8%	30582	89,9%
1939	48558	92,6%	41908	76,2%	39454	71,2%	35911	87,2%	31866	85,7%
1940	42478	92,0%			40319		34631	87,3%	32201	87,1%

Jahr	Braunschweig T	T%	Lübeck T	T%	Hamburg T	T%	Schleswig-Holstein T	T%	Hannover T	T%
1930	6710	92,0%	1639	85,7%	10696	72,3%	22707	92,5%	42200	97,0%
1935	7007	84,8%	2029	87,6%	17085	95,0%	28666	90,4%	48169	
1938	6713	74,5%	2240	81,8%	14041	79,5%	26479	87,4%	50152	91,2%
1939	6925	70,3%	2101	76,7%			25794	83,4%	50782	90,9%
1940	7460	70,2%	2294	80,2%	12474	65,0%	26648	89,1%	50598	88,6%

Jahr	Baden T	T%	Westfalen T	T%	Schlesien T	T%	Thüringen T	T%	Sachsen T	T%
1930	15732	87,4%	40053	88,3%	41218	87,5%	22828	93,0%	61911	90,5%
1935	17489	87,2%	42324	89,3%	47759	88,7%	28567	100,4%	75445	99,4%
1938	17951	85,7%	41139	83,0%	75506	85,5%	25990	89,7%	67419	87,2%
1939			41744	82,3%	75949	82,6%	26428	87,0%	66420	87,3%
1940					48554	86,3%	26329	86,2%	70001	90,0%

(b) Die Kasualstatistik
im „Dritten Reich"[3]

Die unserer Darstellung hinzugefügten Tabellen beschreiben die traditionellen kirchlichen Handlungen (Taufen, Trauungen, Bestattungen) in 15 Landeskirchen, wie sie in einer Volkskirche üblich sind. Die Taufe ist ein Jahrhunderte altes Angebot der Kirche, das von der weit überwiegenden Anzahl der Bevölkerung in Stadt und Land angenommen und gewünscht wird. Diese Tradition setzte sich in nationalsozialistischer Zeit fort. Dabei ist allerdings zu beachten, dass eine deutsch-christliche Taufe in Thüringen erheblich anders gestaltet wurde als die lutherische Taufe in Württemberg oder Bayern.

Es gibt in einigen Landeskirchen ab 1938 eine Veränderung (Tabelle →Seite 144). Die Taufzahl bezogen auf Geburtenzahl sinkt unter die 80 % Marke, und zwar im Rheinland (77,6%), in Braunschweig (74,5 %) und Hamburg (79,5%). Trotzdem lässt sich nicht von einem Verfall der volkskirchlichen Sitte sprechen.

Die Sitte der kirchlichen Trauung dagegen hat in nationalsozialistischer Zeit erheblich nachgelassen. Es hatte noch 1933/34 von der Partei geförderte Massentrauungen, vor allem in Berlin gegeben. Die hohen Prozentzahlen des Jahres 1935, die alle jene Zahl des Jahres 1930 weit übertreffen, sind ein Ausläufer der hohen Kircheneintrittswelle der Jahre 1933/34. Ab 1935 war von der Regierung eine rituelle Alternative zur kirchlichen Trauung eingerichtet worden. Die ansonsten nüchterne standesamtliche Eheschließung wurde feierlich eingerahmt, der Raum des Standesamtes im Rathaus mit Fahnen, Blumen und Führerbüste „festlich" hergerichtet. Parteimitglieder bildeten am Ausgang Spalier. Volkstümlich hieß diese standesamtliche Zeremonie „Eheschließung unter der Fahne". Wem es vor allem auf einen festlichen Rahmen bei seiner Heirat ankam, konnte

---

[3] Lucian HOELSCHER, Datenatlas zur religiösen Geographie im protestantischen Deutschland zwischen der Mitte des 19. Jahrhunderts und dem Zweiten Weltkrieg, 4 Bde. Berlin: De Gruyter 2001.

nunmehr auf die kirchlichen Trauung verzichten, die sich als ein Bekenntnis der Eheleute zu einer Ehe unter dem Wort Gottes verstand. Kriegsbedingt gingen die Zahl der Trauungen (Tabelle →Seite 147) während der Kriegsjahre zurück.

Eine kirchliche Bestattung hingegen wurde in der Regel gewünscht und nicht freien Rednern überlassen (Tabelle →Seite 148). Es wurden in 12 der untersuchten 15 Landeskirchen weit über 90 % der Verstorbenen kirchlich bestattet. Eine Ausnahme bilden im Jahr 1938 Berlin (72,5 %), Braunschweig (83,7 %) und Lübeck (87,7 %). In der Braunschweiger und Berliner Landeskirche gab es schon zur Weimarer Zeit eine beträchtliche Freidenker-Tradition, die eine Bestattung mit einem Redner anbot. Es gab aber in der nationasozialistischen Zeit auch die Bitte von Hinterbliebenen nach einer kirchlichen Bestattung von verstorbenen Angehörigen, die nicht in der Kirche waren.

Die nach 1945 viel zitierte Kirchenfeindlichkeit des Nationalsozialismus ist bei den traditionellen kirchlichen Handlungen nicht erkennbar. Die Kasualien blieben ein Kennzeichen der Volkskirche, eine unübersehbare Stütze der kirchlichen Mitte.

Trauungen

Jahr	Ostpreußen Tr	Tr%	Berlin Tr	Tr%	Rheinland Tr	Tr%	Württemberg Tr	Tr%	Bayern Tr	Tr%
1930	13379	84,5%	12357	31,6%	17145	64,0%	13012	80,1%	11979	77,4%
1935	16974	92,3%	22065	51,0%	22025	67,5%	15298	78,8%	14388	76,7%
1938	14186	78,5%	12108	29,0%	15672	52,5%	13355	67,0%	11891	71,6%
1939	13356	65,1%	10891	21,4%	14902	39,7%	11158	48,9%	12480	58,5%
1940	10742	65,2%			11771		8502	48,2%	9696	59,9%

Jahr	Braunschweig Tr	Tr%	Lübeck Tr	Tr%	Hamburg Tr	Tr%	Schleswig-Holstein Tr	Tr%	Hannover Tr	Tr%
1930	3244	72,7%	851	74,6%	5000	44,4%	10288	77,2%	19905	83,0%
1935	3710	75,2%	1120	83,2%	7248	56,1%	12782	82,4%	22463	
1938	2758	58,4%	797	55,0%	4212	37,1%	9121	61,5%	18584	69,8%
1939	2256	37,8%	798	41,5%			7770	45,0%	17339	56,9%
1940	1676	36,6%	568	37,0%	2893	25,4%	5633	42,5%	12605	54,2%

Jahr	Baden Tr	Tr%	Westfalen Tr	Tr%	Schlesien Tr	Tr%	Thüringen Tr	Tr%	Sachsen Tr	Tr%
1930	6420	72,9%	19159	75,2%	16983	73,5%	9957	77,8%	28115	68,6%
1935	8007	75,1%	20941	78,5%	21586	80,3%	14024	90,5%	41204	81,5%
1938	6495	65,8%	17001	64,2%	15507	67,4%	9436	68,7%	28471	60,8%
1939			16896	53,4%	14036	51,1%	8628	49,9%	26910	46,6%
1940					12139	49,6%	6237	45,5%	20411	45,8%

Bestattungen

Jahr	Ostpreußen B	B%	Berlin B	B%	Rheinland B	B%	Württemberg B	B%	Bayern B	B%
1930	20851	91,3%	28542	82,6%	20379	91,8%	18694	94,6%	18805	99,0%
1935	24198	92,0%	32838	82,4%	23151	84,8%	21263	96,4%	20791	98,4%
1938	22465	98,7%	29800	72,5%	26874	96,0%	20647	95,2%	20285	97,5%
1939	26594	101,0%	31037	68,1%	28055	91,7%	21254	95,1%	22070	97,5%
1940	25958	88,8%			28749		21054	93,9%	22294	97,5%

Jahr	Braunschweig B	B%	Lübeck B	B%	Hamburg B	B%	Schleswig-Holstein B	B%	Hannover B	B%
1930	4462	89,3%	1252	83,5%	9143	77,0%	14318	89,7%	24664	91,6%
1935	4887	98,5%	1524	91,4%	10380	82,5%	16113	88,7%	27348	
1938	5102	83,7%	1393	87,7%	10950	94,2%	16111	95,3%	28777	95,7%
1939	5928	88,3%	1539	90,9%			17100	95,3%	31057	98,0%
1940	5927	76,0%	1630	89,8%	11528	88,3%	17385	88,6%	32226	90,3%

Jahr	Baden B	B%	Westfalen B	B%	Schlesien B	B%	Thüringen B	B%	Sachsen B	B%
1930	9725	96,6%	20341	91,2%	26148	92,8%	14226	93,7%	45253	94,8%
1935	11024	94,1%	21948	91,8%	28643	94,9%	17546	102,2%	51220	95,9%
1938	11224	91,4%	23463	92,6%	27944	98,3%	19609	112,2%	50110	95,2%
1939			24619	92,4%	29558	96,3%	17834	96,9%	54534	97,2%
1940					31358	92,1%	18659	91,9%	56385	96,8%

(c) Die Landeskirchensteuer

Die Kirche finanzierte sich in der nationalsozialistischen Zeit wie eh und je aus den Spenden und Kollekten beim Gottesdienstbesuch ihrer Mitglieder, aus den Erträgen von kirchlichen Besitzungen und Ländereien sowie aus der Kirchensteuer. Den größten Anteil erbrachte die Landeskirchensteuer, die durch die Finanzämter eingezogen und den Landeskirchenämtern abgeliefert wurde. Hitler hatte 1933 versprochen, dass seine Regierung die kirchlichen Rechte nicht antasten werde, also auch an der bisherigen Finanzstruktur nichts ändern würde. Daran hatte sich die Regierung Hitler gehalten, obwohl in Parteikreisen das Einzugsverfahren umstritten war.

Die Entwicklung der Kirchensteuer war seit 1934 für die katholische und evangelische Kirche sehr günstig. Sie stieg von 159 Millionen RM (1934) auf 197 Millionen RM (1935), auf 257 Millionen RM (1937) und auf 316 Millionen RM (1938). Der Anteil der evangelischen Kirche lag jeweils etwas höher als der Anteil der katholischen Kirche.[4]

Kirchensteuern		
Jahr	Mio. RM	1932 = 100 %
1932	185	100,0
1933	157	84,9
1934	159	85,9
1935	197	106,5
1936	179	96,8
1937	257	138,9
1938	316	170,8
1939	333	180,0
1940	355	191,9

[4] Ralf BANKEN, Hitlers Steuerstaat. Die Steuerpolitik im Dritten Reich, Oldenbourg 2018, 604.

Aus der Sicht einer kleinen Landeskirche stellte sich die Entwicklung der Kirchensteuer folgendermaßen dar:

Entwicklung der Kirchensteuer in der Braunschweiger Landeskirche			
1935	771.375,12 RM	Vollzug	Landeskirchl. Amtsblatt 27.11.1935, 64-67
1936	651.749,02 RM	Vollzug	Landeskirchl. Amtsblatt 14. August 1936, 23-26
1937	847.058,88 RM	Vollzug	Landeskirchl. Amtsblatt 22.April 1937,11-15
1938	1.054,923,21 RM	Voranschlag	Landeskirchl.Amtsblatt 9. Juli 1938, 27-30
1939	1.307.100,00 RM	Voranschlag	Landeskirchl. Amtsblatt 1. Juli 1939, 31-34

Die Steigerung wäre sehr viel deutlicher ausgefallen, wenn nicht der Prozentsatz der genehmigten Kirchensteuer von 8 % (1935) auf 6 % (1936) herabgesetzt worden wäre.

Es kann angenommen werden, dass die Steigerung der Kirchensteuer in anderen Landeskirchen ebenfalls beträchtlich war.[5]

---

[5] Die Entwicklung der Kirchensteuer in der Landeskirche Württemberg war folgendermaßen: 1933: 2,6 Millionen; 1939: 3,8 Millionen; 1940: 4,6 Millionen; 1941: 5,6 Millionen; 1944: 6,4 Millionen.

DIE BIBLISCHE STÜTZE DER KIRCHLICHEN MITTE:
AUSLEGUNG DES RÖMERBRIEFES
KAPITEL 13

Die eiserne Klammer, die alle kirchlichen Gruppen und auch die kirchliche Mitte in einem unerschütterlichen Treueverhältnis zur Person und Politik Hitlers bis 1945 und sogar darüber hinaus umschloss, war die irrige Auslegung der Bibelstelle Römerbrief Kapitel 13,1-5. Dort heißt es in der Übersetzung von Martin Luther: „Jedermann sei untertan der Obrigkeit, die Gewalt über ihn hat. Denn es ist keine Obrigkeit ohne von Gott; wo aber Obrigkeit ist, die ist von Gott geordnet. Wer sich nun der Obrigkeit widersetzt, der widerstrebt Gottes Ordnung." Diesen Text hatte der Apostel Paulus im Hinblick auf die kleine christliche Gemeinde in Rom geschrieben, die spätere lutherische Kirche jedoch machte daraus ein grundsätzliches Lehrstück über das Verhältnis zum Staat. Dagegen ist festzuhalten: „Die Problematik der politischen Gewalt rückt überhaupt nicht ins Blickfeld."[6]

Die deutsche evangelische Kirche missbrauchte diesen Text, um den erwünschten, autoritären Hitlerstaat anerkennen zu können. Es war also nicht nur ein vulgäres Missverständnis, sondern ein opportunistisches – und zwar von allen kirchenpolitischen Gruppen. Der Textmissbrauch gab dem Staat durch die Auslegung, jeder Staat sei eine Ordnung Gottes, eine religiöse Begründung und ein dauerhaftes Fundament. Man begründete so eine innere Nähe zum autoritären Staat und machte sich grundsätzlich widerstandsunfähig.

Als jedoch Bischof Otto Dibelius in den 1950er Jahren vor der Frage stand, ob die Regierung der DDR auch als eine von Gott verordnete Obrigkeit zu verstehen sei, verfasste er eine gemeindenahe, gründliche exegetische Analyse dieser Bibelstelle. Er stellte fest, dass Röm. 13,1-5 aus anderen Texten der Philosophie der Stoa stamme, der sich gar nicht spezifisch an die Christen in Rom richte, sondern

---

[6] Ernst KÄSEMANN, Römerbriefkommentar, 1974, 346.

an „Jedermann" („jedermann sei untertan" usw.). Er sei in diese Briefstelle hineingepresst und habe den mit Kapitel 12 beginnenden Textzusammenhang zerstört.[7] Er sei isoliert nicht nur innerhalb der weiteren Paulustexte, sondern überhaupt im apostolischen Schrifttum. „Man sollte offen zugeben, dass Röm 13,1-7 überhaupt nichts spezifisch Christliches enthält, sondern dass die christlichen und theologischen Gedanken sämtlich von außen her eingetragen, aber nicht aus dem Text gewonnen werden."[8]

Außerdem sollten in der lutherischen Übersetzung die Wörter „Obrigkeit" und „untertan" neu bedacht werden. In keinem Fall seien sie auf den totalitären Staat von heute anzuwenden. Dibelius schlussfolgerte: Einem totalitären Staat sei ein Christ keinen Gehorsam schuldig. Das löste seit Ende der 1950er Jahre einen Sturm der Entrüstung aus. Sollte, was im Hitlerstaat selbstverständlich galt, in der DDR nicht mehr gelten?

GEBETE FÜR HITLER

Die Folge dieses vulgären Obrigkeitsverständnisses war, dass Hitler in herausragender Weise in das gottesdienstliche Gebet der Kirche aufgenommen wurde. Das Gebet für die Obrigkeit hatte seit Jahrhunderten seinen traditionell festen Platz in der sonntäglichen Gebetsstruktur. Daran änderte sich auch im „Dritten Reich" zunächst nichts.

Der Liturg konnte wie bisher ganz allgemein für „alle Obrigkeit" beten. Die Formulierung nannte auch sonst bewusst Sammelbegriffe: alle Notleidenden, alle Armen, alle Eheleute, und nun auch alle Obrigkeit. So konnte auch für „alle, die zur Führung berufen sind" oder „für alle Führer" gebetet werden.

Das erschien 1935 nicht ausreichend. 1935 wurde ein Band „Gebet der Kirche", verfasst vom bayrischen Pfarrer Otto Dietz, herausgege-

---

[7] Otto DIBELIUS, „Obrigkeit", Stuttgart 1963.
[8] ebd., 19.

ben vom bayrischen Pfarrerverein und versehen mit einem Geleitwort von Bischof Meiser. Es enthielt auf 480 Seiten Gebete für das
Kirchenjahr, für besondere kirchliche Feste, allgemeine Gebete für
besondere Anlässe, für Morgen- und Abendgottesdienste und für
Jugendgottesdienste. Es sind größtenteils zeitlose Gebete, wie sie
auch heute noch gesprochem werden könnten, darunter aber auch
solche, die immer wieder auf die damalige aktuelle Situation Bezug
nahmen.

Es erschien 1935 nicht ausreichend, wenn in der Fürbitte „alle
Obrigkeit" genannt wurde, sondern es sollte neben der Obrigkeit
auch der „Führer" ausdrücklich genannt werden, so z.B.: „Erhalte
unser Volk und Land im Lichte deiner Gnade. Erleuchte die Obrigkeit, dass sie deine Gerechtigkeit mit Freuden übe; gib dem Führer
unseres Volkes rechten Rat und rechte Tat zur rechten Zeit." (S. 47)

Wenn sich der Liturg der Sammelbegriffe bediente, blieb die Aufzählung: „alle Obrigkeit" anonym. Der Beter konnte sie jeweils mit
einem Gesicht verbinden. Das änderte sich, wenn ausdrücklich „der
Führer" benannt wurde. Es erschien das Gesicht Hitlers.

Es entstanden neue Zusammenhänge. Klassisch war die Zusammenstellung „der Führer und seine Räte". Da blieb Hitler in seinen
politischen Zusammenhängen. Anders klang es dagegen zu Silves-
ter, wenn die Aufzählung lautete: „die Bischöfe, der Führer, die ganze Christenheit". Der Liturg versetzte Hitler in einen kirchlichen,
gehobenen Zusammenhang: „Wir danken dir auch für alles, was du
an unserer Gemeinde, an unserer Kirche, ihren Bischöfen und Pfarrern, an unserem Vaterlande und seinem Führer, ja an der ganzen
Christenheit und an allen Menschen getan hast. O, du bist allen gütig
und erbarmest dich aller deiner Werke." (S. 32) Am Epiphaniasfest,
dem 6. Januar, befand sich Hitler im Kampf mit den Mächten der
Finsternis. Es hieß: „Nimm unser Vaterland und seinen Führer in
deinen gnädigen Schutz. Überwinde in unserm Volke die Mächte
der Finsternis und stärke ihm den Glauben. Heilige das eheliche
Leben in allen Ständen." (S. 45) Die Erinnerung an Freidenker und

Kommunisten, aber auch an kirchenfeindliche Parteigenossen lag für die Mitbetenden nahe.

Eine besondere Aufzählung erfolgte am Kirchweihfest (heilige Taufe, Obrigkeit und Führer, Gottes Geist):

„Lass alle Kinder, die an dieser Stätte die heilige Taufe empfangen, zu deiner Ehre aufwachsen. Nimm unser Volk und seine Obrigkeit in Obhut, stehe unserem Führer bei mit deinem ewigen Rat. Gieße deinen Geist über unsere Kirche aus." (S. 130)

In der Fürbitte bringt der Liturg die aufgerufenen Gruppen „vor Gott", bildlich: vor seinen Thron, und fügt Bitten an. Der kirchliche Raum füllt sich mit einer mystischen religiösen Gegenwärtigkeit, erfüllt von den Bitten des Liturgen, der mitbetenden Gemeinde, vor allem aber vom segnenden und manche gute Gabe bereithaltenden Gott. So wurde in der Fürbitte vom Liturgen Hitler vor Gott hingestellt, nicht in einer Gruppe, sondern als Einziger, im Singular. Dort erhielt Hitler nicht nur den Segen Gottes, sondern erhielt das ganze Kirchenjahr hindurch, wie der Liturg erwähnte, „rechten Rat".

Diese Fürbitte verstärkte eine Bindung der Gläubigen an den Führerkult. Einige überkandidelte Deutsche Christen hatten ein Hitlerbild auf den Altar gestellt, an einen Ort, der eigentlich nur Heiligen oder Christus selber zukommt. Einer von ihnen hatte die These aufgestellt: In Adolf Hitler sei Jesus Christus in der Gegenwart erschienen. Für diesen Irrsinn war ein Hitlerbildnis auf einem Altar folgerichtig. Hitler schließlich verbat es sich öffentlich, dass sein Bild auf einem Altar aufgestellt werde.

Der linke Teil der Bekennenden Kirche übte in geschwisterlicher Solidarität eine andere Art der Fürbitte. Er nannte ab 1935 in der Fürbitte die Namen der verhafteten, aus ihrer Provinz ausgewiesenen, mit Redeverbot belegten, in Schutzhaft verbrachten, in Konzentrationslager verschleppten Mitglieder, keineswegs nur Pfarrer, sondern Diakone, Gemeindehelferinnen, Kaufmänner, Landwirte, Prädikanten, Pfarrverwalter und andere.[9] In den großen lutherischen

---

[9] Gertraud GRÜNZINGER und Felix WALTER, Fürbitte. Die Listen der Bekennenden Kirche 1935-1944, Göttingen 1996.

Volkskirchen, dem „intakten" Kern der kirchlichen Mitte, unterblieb in der Regel diese Art der solidarischen, namentlichen Fürbitte.

Es gab noch eine weitere Bindung an Hitler: Die Eidesleistung.

DIE EIDESLEISTUNG

Dreimal leistete ein Pfarrer damals einen Eid auf Hitler: vor dem Dienstantritt den Beamteneid, im Jahre 1938 einen Treueid auf Hitler und, bevor er Soldat wurde und für Hitlers Reich kämpfte, ab 1939 den Fahneneid. Beamteneid, Treueid und Fahneneid banden große Teile der evangelischen Pfarrer an die Person Adolf Hitler.

Der *Beamteneid* war üblich. Jeder Pfarrer hatte, weil er zugleich Staatsbeamter war und die Kirche vom Staat Geldleistungen erhielt, einen Eid zu leisten. Das galt im Kaiserreich und auch zur Hitlerzeit. Hitler änderte allerdings den Wortlaut des Beamteneides, den man vor 1933 auf die Weimarer Verfassung leistete, nach 1933 auf die Person Hitlers. Den Beamteneid leistete ein Pfarrer in der Regel anstandslos. Es gab zwar Anfang 1934 eine Diskussion besonders unter den Mitgliedern der Bekennenden Kirche. Es sprach sich rasch herum, dass Professor Karl Barth in Bonn den Beamteneid in der vorliegenden Form verweigert hatte. Er wurde genötigt, den Lehrstuhl zu verlassen und ging in die Schweiz.

Der *Treueid* hingegen war eine fixe Idee von einigen Kirchenleuten im Frühjahr 1938. Es wurde das Gerücht in die Welt gesetzt, dass der „Führer" einen solchen Treueid verlangt habe.

Die deutsch-christlichen und hitlerhörigen Kirchenleitungen machten aus der Eidesleistung einen spektakulären Event, oft in den Kirchen mit einem Gottesdienst verbunden. Andere äußerten dagegen Bedenken, wie sich ein solcher Treueid zum Ordinationsgelübde verhielte, und leisteten nur eine Unterschrift, wenn in der Formulierung das Ordinationsgelübde vorangestellt war. Es gab auch Verweigerer. Etwa 10 % der evangelischen Pfarrerschaft, vorwiegend in den unierten Landeskirchen, verweigerten eine Eidesleistung auf Hitler. 90 % jedoch leisteten ihn und beeideten, „dem Führer treu und gehorsam zu sein und die Gesetze zu beachten", also auch die 1935 erlassenen Nürnberger Gesetze. Hitler ließ im Sommer 1938 verlauten, auf diese Eidesleistung gar keinen Wert zu legen. Kirchenpolitisch war der Treueid für die Kirche eine Blamage, weil Hitler die darin ausgedrückte Verbundenheit zum „Führer" gar nicht zur Kenntnis nahm.

Etwa die Hälfte der aktiven Pfarrerschaft wurde zum Krieg abkommandiert, „eingezogen". Eingekleidet in die Uniform hatte sie auf dem Kasernenhof zum Dienstantritt den Fahneneid zu leisten. Einer durfte dabei den Zipfel einer Hakenkreuzfahne berühren. Beim *Fahneneid* schwor der eingezogene Pfarrer „unbedingten Gehorsam" gegenüber dem „Führer" und die Bereitschaft, „als tapferer Soldat jederzeit für diesen Eid sein Leben einzusetzen".

Die gruppenübergreifende Eidesleistung machte die vereidigten Kirchenmitglieder widerstandsunwillig. Dies spielte bei der Beurteilung des Attentats vom 20. Juli 1944 eine bedeutende Rolle. Die Attentäter hätten ihre Eide gebrochen, und das galt damals auch in dieser Situation als verwerflich.

Die Kirchliche Mitte war besonders stark in der Beamtenschaft der Kirchenbehörden vertreten. Der Beamte war in den Dienstgeschäften zur Neutralität verpflichtet; Parteilichkeit war verpönt. Das machte ihn zum typischen Vertreter der Kirchlichen Mitte, die Gruppenzugehörigkeit nicht kannte.

DREI BEISPIELE
FÜR DIE KIRCHLICHE MITTE

Der Begriff „kirchliche Mitte" beschreibt u. a. Bereiche, die für die damalige Zeit durchaus typische waren, aber bisher in einer Gesamtdarstellung kaum behandelt worden sind. Ich nenne dafür folgende Beispiele:

DAS ERSTE BEISPIEL FÜR DIE KIRCHLICHE MITTE:
DIE EVANGELISCHE PRESSE IM NATIONALSOZIALISMUS

Das evangelische Pressewesen befand sich zur Weimarer Zeit auf einem Höhepunkt. Es gab Ende der zwanziger Jahre kirchliche Zeitungen und Blätter in einer unglaublichen und nicht wieder erreichten Auflagenhöhe von zwischen 5 und 7 Millionen Exemplaren.

1929 gab August Hinderer zusammen mit Gerhard Kaufmann ein umfangreiches „Handbuch der evangelischen Presse" heraus. Es enthält u.a. eine Zusammenstellung aller erreichbaren Gemeindeblätter in den Landeskirchen mit Angaben über Herausgeber, Auflagengröße u.a. Diesem Handbuch ist die folgende Zusammenstellung entnommen, die einen ersten Eindruck von der enormen Vielzahl von Gemeindeblättern im Jahre 1929 geben kann.

Die auflagenstärksten Zeitungen
der evangelischen Presse

Zu den auflagenstärksten Zeitungen gehörten: Das *Berliner Evangelische Sonntagsblatt*, das wöchentlich zwölfseitig erschien, mit 48 Sonderausgaben für einzelne Kirchengemeinden, vor allem die Berliner Stadtkirchengemeinden, aber auch in Potsdam, Küstrin, Landsberg, Marienburg, Ermland u.a. in einer Auflage von 70.000 Exemplaren.

- Das *Evangelische Sonntagsblatt (Friede und Freude) für Westfalen*, nach einer Annonce: „Größtes Sonntagsblatt Deutschlands mit 28 Kopfausgaben, Auflage rund 80.000, führend im kaufkräftigen westfälischen Industriegebiet", vor allem für die Städte Bochum, Dortmund, Hamm, Münster, Recklinghausen.
- *Gemeindeblatt für die Kirchengemeinden der ev.-luth. Kirche in Schleswig-Holstein*, mit einer Gesamtauflage von 75.000 Exemplaren und weiteren 54 regionalen Blättern in einer Auflagenhöhe von 864.820 Exemplaren.
- *Evangelisches Gemeindeblatt* für die 400 Gemeinden des Württemberger Landes und eine für die Stadt in einer Gesamtauflage von 165.500 Exemplaren.
- *Das Kirchliche Gemeindeblatt für Sachsen*, herausgegeben vom Evangelischen Landespressverband, 65.000 Exemplare, dazu 260 Blätter mit einer Auflage von 1.106 941 Exemplaren.
- *Hannoversches Sonntagsblatt*, herausgegeben vom Verlag der Inneren Mission mit einer Auflage von 66.000 Exemplaren. Nach der Annonce „Ein Familienblatt zur Pflege christlichen Familienlebens, ein Heimatblatt für Nachrichten aus der niedersächsischen Heimat und Landeskirche, ein Blatt der Inneren Mission und evangelischer Öffentlichkeitsarbeit."
- Es wurden in der Hannoverschen Landeskirche 85 weitere Regionalausgaben mit einer Auflage von 356.839 Ex. genannt, darunter das Gemeindeblatt der Kirchengemeinden in Celle, Göttingen, Hildesheim, Lüneburg, der Ostfriesische Sonntagsbote (Auflage: 15.200 Ex.), die Kehdinger Heimatglocken, das Stader Sonntagsblatt (Auflage 8.900 Exemplare).
- *Evangelisches Sonntagsblatt für Rheinland*, Saargebiet und Luxemburg, mit 59 Kopfausgaben und einer Auflage von rund 60.000 Exemplaren.
- *Evangelischer Gemeindebote (Baden)*, Auflage 30.000 Exemplare und 53 Sonderausgaben.

– *Christliches Sonntagsblatt für Schlesien*, 30.000 Exemplare und 20 Sonderausgaben für Kirchengemeinden mit kleinen Auflagen zwischen 315 und 830 Exemplaren.

– *Evangelischer Kirchenbote, Sonntagsblatt für die Pfalz* 29.599 Ex. und 53 Sonderausgaben.

– *Evangelisches Gemeindeblatt für München*: „Es gehört zu den namhaftesten der Evangelischen Gemeindeblätter Süddeutschlands und ist auch im übrigen Deutschland und im Ausland verbreitet."

– *Die Kirche – Der Sonntag Evangelisches Gemeindeblatt für Thüringen*, Ev. protestantisches Sonntagsblatt mit 30 Sonderausgaben, „das verbreitetste volkstümliche evangelische Sonntagsblatt freier Richtung, verbreitet in Stadt und Land, besonders in Baden, Hessen, Nassau, Rheinland-Westfalen, Sachsen, Thüringen, ständige Auflage über 25.000, Herausgeber Kirchenrat F. Doerr, Richen."

Unterhalb dieser größeren Kirchenzeitungen erschienen zu Hunderten regionale Kirchengemeindeblätter.

1933 stellten diese Gemeindeblätter nicht etwa ihr Erscheinen ein, sondern sie bestanden zunächst größtenteils weiter und wurden sogar vermehrt durch die deutsch-christlichen Blätter, die allerdings durch eigene parteinahe Verlage vertrieben wurden. Es gab hier und da gelegentlich vorübergehende Einschränkungen, auch Verbote, aber auf das Ganze gesehen war das Weitererscheinen der kirchlichen Zeitungen unangefochten. Das war ein auffälliger Gegensatz zu den seit Sommer 1933 verbotenen Parteizeitungen.

Außer diesen regionalen Kirchenzeitungen erschienen zwei großformatige Wochenzeitungen: *„Das Evangelische Deutschland"* (ED) und die *„Allgemeine Evangelisch-Lutherische Kirchenzeitung"* (AELKZ). Für die Pfarrerschaft erschien monatlich *„Das Pfarrerblatt"* außerdem eine Fülle beschaulicher Kleinschriften für das fromme Gemüt, und für die Gebildeten unter den Kirchenmitgliedern: Der „Eckart". Weiter geführt wurde schließlich die theologischer Fachliteratur: die großformatige Theologische Literaturzeitung, die Kommentarreihen für die Auslegung der Schriften des Alten und Neuen Testamentes, die Systematische Theologie wie die Gesamtausgabe von Luthers Werken, die sog. Weimarana. Es entstanden auch neue Zeitschriften wie die *„Junge Kirche"* und *„Das Luthertum"*.

Die Fülle der basisnahen Gemeindeblätter ist von der kirchengeschichtlichen Forschung noch nicht erfasst worden.

Das kirchliche Zeitungswesen wurde zentral vom Evangelischen Pressedienst (epd) in Berlin gesteuert, der die Kirchenblätter einmal wöchentlich mit Nachrichten versah, die Tagespresse zweimal wöchentlich. In den Landeskirchen waren Presseverbände gebildet worden, die in Berlin im Gesamtverband der Presseverbände vereinigt waren. Der Gesamtpresseverband unterhielt neben dem epd weitere Abteilungen (u.a. Information, Rundfunk, Volksmusik, Zentralbildkammer, Ausland, Schule, Kantorei). Dieser Pressekonzern war vom württembergischen Pfarrer August Hinderer seit 1918 aufgebaut worden.

Im Vorwort des von A. Hinderers und G. Kauffmanns herausgegebenen „Handbuches für evangelische Presse" (1929) gab der Herausgeber folgenden kritischen Rückblick auf die Masse der evangelischen Presseerzeugnisse:

„Kritiker der evangelischen Presse stoßen sich an ihrer äußeren Form. Man bemängelt eine gewisse Zurückgebliebenheit in der Ausstattung, altfränkisches Gewand, fehlende Beweglichkeit in der Anpassung an veränderte Geschmacksbedürfnisse, auch in den mehr nebensächlich scheinenden Dingen wie Papierwahl, Druck, Illustration, vor allem Unzulänglichkeiten der ästhetisch-literarischen Gestaltung, psychologisch-unwahres Erzählgut, Langeweile, falsche Volkstümlichkeit, schulmeisternd pastoralen Zuschnitt." [10] Hinderer ließ diese Kritik weniger für die Sonntags- und Gemeindeblattpresse gelten und schon gar nicht für die evangelischen Kulturzeitschriften wie „Zeitwende" und „Eckart". Aber er traf damit einen wunden

---

[10] A. HINDERER in der Einleitung des Handbuches „Vom Lebensstand der evangelischen Presse" (1929), S. XV.

Punkt der kirchlichen Gemeindepresse. Der Gartenlaubencharakter der Gemeindepresse spiegelte zutreffend das unkritische beschauliche Profil einer Kirchengemeinde, die sich nicht in das kirchenpolitische Getümmel und auch nicht in die Zugluft der bibelkritischen Höhenflüge begeben wollte, sondern Wochenendbehaglichkeit erstrebte und Erbauung des privaten Glaubens.

Damit war diese typische Art kirchlichen Pressewesens ein Musterbeispiel für die kirchliche Mitte im „Dritten Reich".

Das ausgedehnte evangelische Pressewesen setzte die Anerkennung des Hitlerstaates als rechtlich geordnete, biblisch begründete Obrigkeit voraus. Für eine nachhaltige Untergrundpresse, wie nach 1945 gerne behauptet wurde, fehlten die Voraussetzungen.

Ein Ende fand dieses außerordentlich differenzierte evangelische Schrifttum (mit Ausnahmen) aus kriegsbedingten Gründen im Juni 1941. – Die evangelische Presse war das Werk des württembergischen Pfarrers August Hinderer:

August Hinderer[11]

August Hinderer war 1877 in einer schwäbischen, kinderreichen pietistischen Lehrerfamilie geboren. Er hatte in Tübingen, Greifswald und Halle Theologie studiert und war am 18. März 1900 ordiniert worden. Im Vikariat lernte er mehrere Gemeinden kennen und wurde auf Wunsch von Theophil Wurm Pfarrer in der evangelischen Gesellschaft in Stuttgart. Als solcher übernahm er die Schriftleitung des evangelischen Gemeindeblattes für Württemberg. Zehn Jahre

---

[11] Ich folge der Arbeit von Simone HÖCKELE, August Hinderer. Weg und Wirken eines Pioniers evangelischer Publizistik, Erlangen 2001. Ich war doch belustigt, dass ich diese Arbeit seinerzeit aus keiner landeskirchlichen Bibliothek ausleihen konnte, weil die Arbeit nicht angeschafft worden war. Es war mir ein Hinweis über den Stellenwert des Themas ‚Kirchliche Mitte' in der gegenwärtigen kirchlichen Zeitgeschichte. Eine Kurzfassung findet sich in: Johanna HABERER / Friedrich KRAFT, Evangelische Publizistik Porträts, Erlangen 2016: Simone HÖCKELE-HÄFNER, Leidend dienen, August Hermann Hinderer (1877-1945), 62-69.

später wurde er als Direktor des Pressverbandes für Deutschland nach Berlin berufen. Hier blieb er 27 Jahre lang bis zur Zerstörung Berlins. Er baute in der Weimarer Zeit den Evangelischen Pressverband zu einem „umfassenden, feingliedrigen Instrument evangelischer Öffentlichkeitsarbeit aus".[12] Er prägte als Herausgeber die erste evangelische Wochenzeitung, das *Evangelische Deutschland*, die bis 1945 erschien. In den Häusern in Berlin-Steglitz waren 14 Abteilungen untergebracht, in denen 14 hauptamtliche akademische Kräfte arbeiteten, die sich außerdem mit Film, Rundfunk und Volksbildung beschäftigten. Der evangelische Pressverband belieferte die Tageszeitungen mit Nachrichten aus der Kirche und außerdem die kirchlichen Zeitungen.

Otto Dibelius erlebte Hinderer aus nächster Nähe während seiner Zeit als kurmärkischer Generalsuperintendent und beschrieb ihn in seinen Erinnerungen „*Ein Christ ist immer im Dienst*" folgendermaßen: „D. Hinderer hatte mit dem Scherl-Verlag ein Abkommen über die Berliner Tageszeitung ‚Der Tag' getroffen. Ich muss hier einschalten, dass D. Hinderer, äußerlich unscheinbar, aber enorm klug, tatkräftig und zuverlässig, wie die Schwaben es so oft sind, nach dem ersten Weltkrieg eine evangelische Pressearbeit geschaffen hatte, aus dem Nichts heraus, umfassend, in jeder Beziehung vorbildlich. An der Spitze er selbst, Professor an der Universität für Publizistik. In seinem Betrieb ein Diktator, wie das Theologen, wenn sie etwas Besonderes leisten, so leicht werden. In jeder Landeskirche ein Presseverband, der sowohl die kirchliche wie die weltliche Presse umfasste. Ein schneller Nachrichtendienst über ganz Deutschland hin. Sonntagsblätter, Kirchenblätter. Eigene literarische Unternehmungen, Sonderabteilungen für Pädagogik, für Kunst und anderes. Alles mit bescheidensten Mitteln, aber wirksam und auf seine Weise großartig. Wie er es finanzierte, wusste niemand. Er ließ sich nicht in seine Karten gucken."[13] Aus dieser Beschreibung im dreißigjährigen

---

[12] HÖCKELE, 14.
[13] Otto DIBELIUS, Ein Christ ist immer im Dienst, Kreuzverlag 1961, 161.

Rückblick spricht viel Hochachtung, treffende Beobachtung und Bewunderung.

Als die Deutschen Christen in Berlin noch im Juni 1933 stärksten Einfluss durch das Kommissariat des Staatssekretärs August Jäger erhielten, war der Evangelische Presseverband die allererste Zielscheibe Jägers. August Jäger ließ am 24. Juni 1933 umgehend durch die SA die Dienstgebäude des epd besetzen, entließ einige leitende Mitarbeiter, setzte Hinderer unter Hausarrest und besetzte seine Telephonleitung. Auch in den Landesverbänden des epd wurden Kommissare eingesetzt.

Jedoch wurde Jäger am 13. Juli 1933 auf Einspruch von Reichspräsidenten Hindenburg durch Hitler von seinem Posten abgelöst, die Kommissare auf Anweisung von Reichsinnenminister Frick in ihre alte Arbeit wieder eingesetzt, und auch Hinderer nahm wie bisher seine Arbeit vollständig wieder auf.[14] Der Vorgang spiegelt eine dichte Vernetzung Hinderers in einflussreichen Kreisen wider, was ihn auch unabhängig von den Kirchenleitungen agieren ließ.

Als August Jäger im Februar 1934 von Hitler erneut als Staatskommissar eingesetzt wurde, begann er umgehend, Hinderer aus seinem Arbeitsplatz herauszudrängen und den epd endgültig zu beherrschen und auf deutsch-christliche Linie zu bringen. Aber die Beziehungen Hinderers zum Auswärtigen Amt, zum Innenministerium und zum Amt des Reichspräsidenten verhinderten die Intrigen Jägers. Jäger blieb als einziges Mittel die Ermordung Hinderers, der am 26. Juni 1934 verhaftet, in das SS Gefängnis in der Prinz Albrecht-Straße und dann in das Berliner Columbia-Haus verschleppt wurde. Jäger versuchte nun die Belegschaft der Dienststelle in Abwesenheit Hinderers zu spalten, die sich jedoch mit ihrem Chef solidarisierte und alle Hebel in Bewegung setzte, um Hinderer aus dem Gefängnis zu holen. Offensichtlich sollte Hinderer – im Zuge des innenpolitischen Putsches Hitlers gegen die bürgerliche Elite Berlins und die Führung der SA, im Sprachjargon der Nazis: des „Röhmputsches" –

---

14 HÖCKELE, Der Angriff auf den EPD, 291-302.

ermordet werden. Sechs Stunden vor Beginn der Massenerschießungen wurde Hinderer am 29. Juni 1934 auf dringendes Anraten des Auswärtigen Amtes und des Reichspräsidenten wieder freigelassen und entkam ganz knapp dem Tode, wie Hunderte prominenter Berliner nicht.[15]

Nun versuchte Jäger, durch einen Boykott den evangelischen Pressedienst geschäftlich unschädlich zu machen. Er untersagte sämtlichen Kirchenbehörden der Kirchen der altpreußischen Union den geschäftlichen Kontakt mit dem epd. Dagegen suchte Hinderer den Aufbau eines unabhängigen Freundeskreises, wobei er darauf Wert legte, dass dieser weder durch DC noch durch die BK profiliert waren. Wie seiner Zeit die intakten lutherischen Landeskirchen eine gruppenfreie Landeskirche erstrebten, so hielt Hinderer den epd auf einen zu den unterschiedlichen Gruppen der Bekennenden Kirche wie zu den der Deutschen Christen unabhängigen Kurs. Hinderer war weiterhin als früherer württembergischer Pfarrer seiner Kirche eng verbunden, blieb aber unabhängig von dem kirchenpolitischen Kurs der Kirchenleitungen, der jeweiligen kirchlichen Parteien und Gruppierungen. Hinderer verhielt sich nach den üblen Erfahrungen mit Kommissar Jäger vorsichtig gegenüber den deutsch-christlichen Kirchenleitungen. Von seinem ablehnenden Urteil gegenüber Hitler, wie er es gegenüber den Kirchenführern Anfang März 1933 geäußert hatte, rückte er nicht ab.

Dieser eigenständige und unabhängige Kurs stieß auf Ablehnung auch der Mitglieder der Bekennenden Kirche, denen geraten wurde, das „Evangelische Deutschland" abzubestellen. Auch die lutherischen sogenannten „intakten" Kirchen, deren Methode der Anpassung sehr groß war, boykottierten Hinderers Arbeit. Ohne Frage hatten sich die Bischöfe Meiser, Marahrens und Wurm seit ihrem Gespräch mit Hitler am 30. Oktober 1934, dem daraus resultierenden Ende ihres Hausarrestes und der endgültigen Wiederaufnahme ihrer bisherigen Amtstätigkeit gegenüber der Person und Politik Hitlers in

---

[15] HÖCKELE. 309.

eine unvergleichlich größere Abhängigkeit begeben als es je in den Blättern des Evangelischen Deutschland lesbar war.

In der Zeit des Reichskirchenausschusses (Oktober 1935 – Februar 1937) konnte sich Hinderer abgesicherter fühlen als in der Zeit davor. Der Reichskirchenausschuss versuchte selbst einen Kurs der kirchlichen Mitte zu steuern. Dem Kirchenminister Hanns Kerrl indes genügte diese Politik der Mitte nicht, und er löste den Reichskirchenausschuss wieder auf.

Hinderer steuerte das „Evangelische Deutschland" nicht nur kirchenpolitisch unabhängig zwischen den Deutschen Christen und der Bekennenden Kirche hindurch in eine kirchliche Mitte, sondern der Evangelische Pressedienst war auch finanziell unabhängig von der Finanzwirtschaft der Landeskirchenbehörden. Das „Evangelische Deutschland" erwirtschaftete seit 1924 bis 1940 einen Reingewinn von 551.169,05 RM. Im Jahr 1939 lag der Reingewinn noch bei 17.528,88 RM, 1940 bei 6.728 RM.[16] Diese Unabhängigkeit erzeugte nicht überall Freude. „Wie er es finanzierte, wusste niemand. Er ließ sich nicht in die Karten gucken".[17]

Die Kirchenzeitung „Das Evangelische Deutschland"

Was war im Evangelischen Deutschland zu lesen? Ich greife die Ausgaben des Jahres 1938 heraus, weil später von einem Mitarbeiter Hinderers wahrheitswidrig behauptet worden ist, dass der epd ab 1937 von den Nazis in die Illegalität abgedrängt worden sei. Hinderer lieferte mit den wöchentlichen Ausgaben des „Evangelischen Deutschland" im Jahr 1938 der evangelischen Pfarrerschaft unter der Überschrift „Aus Kirche, Leben und Zeit" ein reichhaltiges Angebot an Nachrichten aus den Landeskirchen und der Ökumene, der katholischen Kirche, er setzte die Serie mit Nachrichten über den Kirchenbau im Dritten Reich fort. Der Architekt Winfried Wendland,

---

[16] HÖCKELE, 370.
[17] DIBELIUS, 161.

Berlin. veröffentlicht einen längeren Aufsatz über Kirchbau heute (S. 69-71). „Nach wie vor ist der Kirchbau eine Angelegenheit der Gemeinde." Er schlug ausbaufähige kleine Zellen vor, aus denen dann eine Gemeinde später den größeren Bau entwickeln könne, weiterhin in Randsiedlungsgebieten kleinere Kirchen, oder in der bayrischen Landeskirche Gemeindesäle zur Gemeindebildung.

Der Leser erfährt Nachrichten aus der Inneren und Äußeren Mission, vom Umbruch in der Welt des Islam (S. 60). Der Islam sei moderner geworden durch Teilhabe am Welthandel und Weltverkehr. Durch eine Bewegung von innen heraus seien die orthodoxen Bewegungen im Rückzug.

Das Evangelische Deutschland war um ein positives Bild der Kirche nach außen hin bemüht.

Es veröffentlicht z.B. die Verkaufsziffern für Bibeln: 1931: 567 212; 1934: 1.133 012; 1936: 934 232.

Die Anzahl der Pfarrstellen sei stabil geblieben. Sie betrug 1937: 13 408; 1928: 13 591 Stellen.

Die Kirchenaustrittszahlen in Hamburg seien nicht beängstigend! (S. 73) Die Landeskirche erlebe eine neue Wendung zur Kirche hin.

Es wurden in Grundsatzartikeln biblische Grundbegriffe, z.B. Erlösung und Schuld, und unterschiedliche Deutungen dargestellt, auch in Auseinandersetzung mit deutschgläubigen Gruppen.

In der Reihe „Wenn ich Pfarrer wäre" wurde das Gespräch zwischen Theologen und Nichttheologen mit praktischen Vorschlägen wie Bitte um kürzere, freie Predigten und freiere Textwahl aufgenommen.

Deutlich ist der Blick auf die Kirchengemeinde gerichtet. Es werden unter der Rubrik „Neue Wege zum Gemeindeaufbau" (S. 40) der Einbau des Patenamtes in die Gemeinde diskutiert.

Dem fünfjährigen Gedenken des Tages der „Machtergreifung", dem 30. Januar, sind kümmerliche elf Zeilen gewidmet, die gut aus dem Propagandaministerium vorgegeben sein könnten: „Mit dem gesamten deutschen Volk gedenken wir zum fünften Jahrestag der deutschen Wende in tief von Herzen kommendem Dank und mit dem Gelöbnis unwandelbarer Treue des gewaltigen Aufbauwerkes, das der staatsmännische Wille des Führers und die von ihm geschaffene Bewegung in Leben und Ordnung von Volk und Staat im Zeitraum von wenigen Jahren geleistet hat."

Gleichzeitig mit dieser Lobhudelei veröffentlichte Hinderer zum 30. Januar 1938 den Artikel „Ist das Christentum lebensverneinend?" aus der Feder von Ewald Burger, Tübingen. Burger ignorierte diese Lieblingsmelodie Rosenbergs und seiner Anhänger und schrieb gut christologisch dagegen: „Christus sagt nicht Ja zum Leben, er sagt nicht Nein zum Leben, er sagt: Ich bin das Leben. Sein aus Gott geborenes, von Gott erfülltes Sein verdient allein den Namen: Leben … Nun ist die Frage nicht mehr Verneinung oder Bejahung des Lebens, nun lautet die Frage nur noch: wird das Leben seinen Herrn anerkennen oder kommt er in sein Eigentum, und die Seinen nahmen ihn nicht auf? Wird sich der Leib, die Seele, der Geist zu seinen Füßen legen, damit er der Herr sei, oder werden sie sich erheben, um selbst die Herren zu sein? Es ist die Aufgabe unserer Generation, das wahrhaftige Leben in Jesus Christus wieder ganz radikal zu verstehen als das, was diesem ganzen sogenannten ‚Leben' erst seinen Sinn und seinen Inhalt, seine Rechtfertigung und seine Erfüllung gibt."[18] So nutzte Hinderer den Freiraum der kirchlichen Mitte, den er sich durch unvermeidliche Zwangsübernahme von Texten des Propagandaministeriums geschaffen hatte.

Zwischen den Zeilen war auch eine tagespolitische Zurückhaltung spürbar. Zur Abstimmung am 9. April 1938, der der Überfall auf Österreich vorausging, wurden zwar die Dankgottesdienste in Österreich vermerkt, aber es erschien kein besonderer Redaktionsartikel zu diesem riesig aufgemachten politischen Ereignis. Es erschien auch nicht die Kanzelabkündigung zum Abstimmungstag und zwar mit folgender Begründung: „Wie wir hören, wird am kommenden Sonntag von den Kanzeln der ev. Kirchen ein Aufruf verlesen wer-

---

[18] Evangelisches Deutschland 30.1.1938, S. 35 f.

den, der zu Dank und Fürbitte für den Führer und sein Werk und zum Einsatz bei der Wahl mit einen freudigen Ja auffordert. Der Wortlaut liegt bei Schluss der Redaktion noch nicht vor".[19]

Dagegen ließ sich Hinderer folgende Passage aus der Hitlerrede am 28. März im Sportpalast nicht entgehen:

„Gegen die Kirche sind wir nie gewesen, gegen den Glauben erst recht nicht. Wenn wir antireligiös oder antikirchlich oder antigläubig wären, wäre dann der Segen des Allmächtigen so bei unserer Bewegung gewesen? Wir haben die ganze Kraft unseres religiösen Gefühls gebraucht, um den furchtbaren Kampf durchhalten zu können."

Das „Evangelische Deutschland" ist ein Paradestück des Taktierens und Informierens unter den schwierigen Begleitumständen einer unter ständiger staatlicher Beobachtung und Bevormundung stehenden Zeitung. Die damaligen Leser waren es gewohnt, zwischen den Zeilen zu lesen und abzuwägen, ob es inhaltlich wie stilistisch mehr das Propagandaministerium war oder mehr Hinderer oder ein Gemisch. Das macht auch den Reiz der heutigen Lektüre aus. Ohne dieses Fingerspitzengefühl wird man dem Text nicht gerecht.

Es bleibt eine Folge der Haltung der Kirchlichen Mitte, dass im braunen Deutschen Reich, in dem jede Form von parteiunabhängigen Zeitungen allmählich und seit dem Frühjahr 1941 infolge der ‚Kriegseinschränkungen' vollkommen verschwunden war, das „Evangelische Deutschland" zwar mit großen Einschränkungen weiter erscheinen konnte und die/der evangelisch interessierte Leserin/Leser noch andere Nachrichten und Informationen erhielt als die der braunen Tagespresse, wie z.B. „Gestalten der christlichen Frühgeschichte" vom Tübinger Neutestamentler Otto Michel, aber auch die tägliche Bibellese, Monatsspruch, Monatslied, den Textplan für den Kindergottesdienst.

---

[19] ebd., 3.4.1938.

Es ist dem Wirken der Kirchlichen Mitte zu verdanken, dass bis 1945 die Herrnhuter Losungen im Druck erschienen sind, obwohl eine Drucklegung verboten werden sollte, aber Goebbels auf Intervention erfolgreich für ihr Weitererscheinen plädierte.

Weitere Veröffentlichungen

Begreiflicherweise produzierte der Kirchenkampf zwischen der Bekennenden Kirche und den Deutschen Christen eine Menge an Dokumentationen, Flugblättern, Aufsätzen und monatlich oder wöchentlich erscheinenden Zeitschriften. Die gehören nicht zu unserem Thema. Gerhard Stoll hat sie, begrenzt auf das Jahr 1933, beschrieben.[20] Wenig Beachtung hat bislang die weiterhin erscheinende theologische Fachliteratur gefunden, als ob ihr Erscheinen im braunen Staat eine Selbstverständlichkeit gewesen sei. So gehört das Weitererscheinen der althergebrachten Zeitschriften für Altes und Neues Testament, für Systematische Theologie, für Kirchengeschichte, für Pastoraltheologie zum damaligen Erscheinungsbild der Kirche zunächst abseits der Auseinandersetzung zwischen DC und BK, und daher in gewissen Sinne in den Zusammenhang des Themas der Kirchlichen Mitte.

Zu den herausragenden exegetischen Veröffentlichungen gehört für mich der in der Reihe Kritisch-exegetischer Kommentar über das Neue Testament 1937 erschienene Kommentar „Das Evangelium des Markus" vom 47-jährigen Professor an der Greifswalder Universität Ernst Lohmeyer, von dem der Satz, im Jahr 1933 an Martin Buber geschrieben, stammt: „Ich hoffe, dass Sie mit mir übereistimmen werden, dass der christliche Glaube nur so lange christlich ist, als er den jüdischen in seinem Herzen trägt."[21] Lohmeyer wurde 1945 Rektor der Universität und 1946 von sowjetischen Soldaten ermordet.

---

[20] Gerhard STOLL, Die evangelische Zeitschriftenpresse im Jahre 1933, Witten 1943.
[21] Ekkehard STEGEMANN, Ernst Lohmeyer an Martin Buber, in: Kirche und Israel, 1. Jahrgang 1986, 7.

In den von Ernst Wolf herausgegebenen „Beiträgen zur evangelischen Theologie" erschien 1941 ein Vortrag, den Rudolf Bultmanns am 4. Juni 1941 in Alpirsbach bei der Tagung der Gesellschaft für evangelische Theologie über „Neues Testament und Mythologie" gehalten hatte. Es war der bedeutsamste und nachhaltigste Anstoß in der theologischen Forschung für Jahrzehnte. In einem sogennanten Entmythologisierungsprogramm arbeitete Bultmann, Professor für Neues Testament an der Universität Marburg, die Kluft zwischen dem neuzeitlichen, naturwissenschaftlichen Weltbild und dem biblischen, mythischen Weltbild heraus, hielt z.B. ‚Himmelfahrt', ‚Wunder und Dämonenglauben', und ‚Auferstehung' als historisches Ereignis für „erledigt", wollte das mythischen Weltbild indes nicht aus dem biblischen Zusammenhang eliminieren, sondern durch eine existentiale Interpretation für den Glauben fruchtbar machen.[22]

Der Vortrag löste sofort noch während der nationalsozialistischen Zeit eine heftige Diskussion aus, die sich im „Deutschen Pfarrerblatt" 1942 und 1943 zu einer schriftlichen Kontroverse mit Paul Althaus, Helmut Thielecke u.a. auswuchs, gelegentlich mit peinlicher Polemik. Bei den Diskussionen in der Berliner Bekennenden Kirche verglich der damalige Leiter, Pfarrer Hans Asmussen, die Bultmann'schen Thesen mit den Irrtümern der Deutschen Christen. Im Rahmen dieser Arbeit genügt der Hinweis auf enorme, weiterführende theologische Anstöße und Diskussionen während der nationalsozialistischen Zeit. Vorausgegangen war Bultmanns bedeutsamer Kritischer Kommentar zum Johannesevangelium. ‚Kommentar' und ‚Vortrag' nannte Dietrich Bonhoeffer die „wichtigsten neueren theologischen Publikationen".[23]

Ein Blick in die *Theologische Literaturzeitung* informiert über die erhebliche Produktion und Veröffentlichung theologischer Werke in den Jahren 1937 und 1939. Dazu gehörten die Weiterarbeit an der Luther-Gesamtausgabe, der Weimarana, und die ersten vier Bände des *Theologischen Wörterbuchs zum Neuen Testament*. Neben schwer-

---

[22] Konrad HAMANN, Rudolf Bultmann. Eine Biografie, 3. Aufl. Tübingen 2012, 307-319.
[23] ebd., 315.

gewichtigen theologischen Wälzern gab es eine ausgedehnte Produktion für die Hand der Gemeinde. Zu ihren erfolgreichen Verfassern gehörte Otto Dibelius. Er veröffentlichte im Berliner Kranzverlag eine Schriftenreihe in sechs kleinen Bänden: zum Thema „Christus und die Deutschen" (1935/1936); zur Information der Gemeindemitglieder über den Kirchenkampf, zusammen mit Martin Niemöller „Wir rufen Deutschland zu Gott" (1937); im Furcheverlag „Bericht von Jesus aus Nazareth – Tatsachen von gestern und heute" (1938), 1939 im 7. und 8. Tausend; „Die Jünger. Ein Bericht über die Nachfolge damals und heute" (1939); außerdem: „Die werdende Kirche. Eine Einführung in die Apostelgeschichte", „Vom Erbe der Väter" (1941, Heimatdienstverlag, 144 Seiten). Dazu kamen viele Flugblätter. Einige dieser Schriften wurden wegen ihrer leichten Lesbarkeit noch nach 1945 neu verlegt.

Ich will nur eine Schneise schlagen in das Dickicht jener Zeit abseits von sogennantem ‚Kirchenkampf'.

EIN ZWEITES BEISPIEL FÜR DIE KIRCHLICHE MITTE:
DAS KIRCHLICHE BAUEN
ZUR ZEIT DES NATIONALSOZIALISMUS

2017 wurde bekannt, dass an der Glocke in der Dorfkirche des niedersächsischen Schweringen ein Hakenkreuz angebracht war. Ein Hinweis, dass sie zur Zeit des Nationalsozialismus aufgehängt worden war. Im Dorf gab es Streit, ob das Hakenkreuz entfernt werden solle. Ganz Eifrige beseitigten das damalige Staatswappen mit einer Flex und machten die Glocke unbrauchbar. Andere Kirchen meldeten sich mit einem ähnlichen Malheur. Der evangelische Pressedienst machte noch weitere Glocken mit Hakenkreuz ausfindig und meldete: „Noch mehr als 20 ‚Nazi-Glocken' in Kirchen, nämlich 21 Glocken in evangelischen Kirchen und zwei in katholischen."[24] Ich selber entdeckte an der Büddenstedter Friedhofskapelle neben dem Abzeichen der Braunschweigischen Kohlenbergwerke ein Hakenkreuz. Es war mein Nachbardorf, wo ich häufiger Vertretung hatte. Ich gestehe, dass mich die Entdeckung nicht sonderlich erregt hatte. Der Friedhof war ca. 1936 eingeweiht worden. Statt derlei Glocken abzuhängen, ins Museum zu verfrachten oder zu verfremden, wäre es fruchtbarer, die Gemeindemitglieder der betroffenen Kirchengemeinden beschäftigten sich mit der Entstehung des Hakenkreuzes an ihrer Glocke. War etwa ihre Kirche in der Nazizeit errichtet worden? Das hatte man ihnen in der Schule nicht erzählt, höchstens, dass Hitler, das Monster, alle Kirchen nach dem Krieg beseitigen wollte. Kirchen bauen? Das passte nicht in ihr Geschichtsbild.

Bei nüchterner Nachforschung hätten sie herausfinden können, dass in der nationalsozialistischen Zeit im Deutschen Reich insgesamt 370 katholische und 190 evangelische Kirchen neu errichtet worden waren. So viele? Da staunten 2008 die Besucher der Berliner Ausstellung „Christenkreuz und Hakenkreuz – Kirchenbau und

---

[24] Evangelische Zeitung 29. April 2018, S. 6.

sakrale Kunst im Nationalsozialismus", die den Kirchenbau ausführlich dokumentierte.[25]

Als herausragende Beispiele für den katholischen Kirchbau jener Zeit gelten die 88 Meter lange Abteikirche Münsterschwarzach, die 1938 fertiggestellt wurde, und die St. Wolfgangkirche in Regensburg, die 1940 in Gebrauch genommen wurde. 1938 wurde in Nürnberg der Rundbau der evangelischen zwölfeckigen Reformations-Gedächtniskirche fertiggestellt, 1937 die Lutherkirche in Hamburg-Wellingsbüttel und im selben Jahr die Lübecker Lutherkirche. 1935 wurde in einer NS-Mustersiedlung die ,Gustav Adolf Kirche' in München Ramersdorf errichtet. Es gibt viele weitere Beispiele. War der Kirchbau im Nationalsozialismus ein Geheimnis, waren die Quellen irgendwo vergraben? Nichts dergleichen. In der Zeitschrift „Kirche und Kunst" wurde Monat für Monat über Kirchenneubauten und Kirchenumbauten berichtet. Ich greife absichtlich ein spätes Jahr, 1938 heraus. Heft 4 (Berlin 1938) berichtet auf den Seiten 21 und 22 von 36 neuen kirchlichen Bauten, davon u.a. 13 Gemeindehäuser, acht Kirchen, drei Friedhofskapellen, zwei Kapellen und 14 renovierten Kirchen, acht fertiggestellt, andere in der Planung. Für die am 27. Februar 1938 eingeweihte Kirche in Dortmund-Mengede schenkte der „Führer" ein Altargerät.[26] Im Heft 5 desselben Jahres sind 15 neue Kirchliche Bauten vermerkt, im Heft 4/1939 sechzehn neue Kirchen und 22 Kirchenerneuerungen. Dieses Heft enthält mit zahlreichen Abbildungen Aufsätze über Dorfkirchen.[27] Im Heft 4/1940 werden zwei neue fertige Kirchen in Elsenau und eine Kleinkirche in Rothaus bei Oppeln, eine fertiggestellte Friedhofskapelle und ein Gemeindehaus im Plan erwähnt, dazu sieben erneuerte Kirchen; im Heft 5-6/1940 die Fertigstellung eines Gemeindesaales, eines Ge-

---

[25] Beate ROSSIE, Kirchenkunst und Ideologie, in: Dieter Rammler, Michael Strauß (Hg), Kirchenbau im Nationalsozialismus Beispiele aus der braunschweigischen Landeskirche, Wolfenbüttel 2009, 44-49.

[26] Kunst und Kirche 1938, 21.

[27] *Die Dorfkirchen von Hans Seytter* von Georg Kopp, *Bayrische Kleinkirchen von Max Unglehrt* von Max Hoene, *Die Kirchbaumeister Bernhard Hopp und Rudolf Jäger* von Martin Kautzsch.

meindehauses und einer Kapelle, und unter ‚Erneuerte Kirchen' acht Kirchenrenovierungen, mal der Turm, mal eine Neuausmalung, mal ein Gemeindesaal.[28] Beate Rossie nennt außer den Neubauten insgesamt größere Umgestaltungen an 500 weiteren, meist neugotischen Kirchen.

Aber auch Gemeindehäuser und Friedhofskapellen sowie die kirchliche Kunst trugen deutliche Spuren jener Zeit. Jesus ist mit heldenhaften Zügen ausgestattet, gelegentlich auch blond und blauäugig, eben nordisch, arisch, auf keinen Fall jüdisch, vorderorientalisch, wo Jesus nun mal herkam. In der Lutherkirche in Offenbach-Bieber gucken die Gottesdienstbesucher auf ein Riesengemälde hinter dem Altar, sieben Meter breit, vier Meter hoch, abgebildet die Kreuzigung, einer der Schächer ein Jude mit den Gesichtszügen eines Juden aus dem Hetzblatts ‚Der Stürmer'.[29] Das „Gemälde" von Hans Kohl (1897-1990) hängt heute noch da. Von der Kanzel sieht ein breitbeiniger Schwertträger in die Hörergemeinde, rechts davon Mutter und Kind, links Bauer mit Pferd. In der Dreifaltigkeitskirche in Mannheim-Sandhofen ist die Rundung hinter dem Altar als Kriegerehrung umgestaltet. Luther zur Linken steht ein Soldat in Uniform, Mantel, Stahlhelm, Gewehr und Patronentasche. Heute noch.

Am deutlichsten sind jene Spuren an der Martin-Luther Kirche in Berlin Mariendorf abzulesen.[30] Der Taufstein wird von einem SA Mann mit gesenktem Blick getragen, die Hände gefaltet, die Mütze abgenommen, der Triumphbogen ist mit nationalsozialistischen und christlichen Symbolen versehen, die Kanzel mit damals typisch deutschen Familienfiguren, ein Jüngerer mit dem Gesichtszug von Horst Wessel. Die gut erhaltene Martin Luther Kirche soll deshalb als eine Dokumentationsstätte eingerichtet werden. Im von Stefanie Endlich,

---

[28] Auf die Landeskirchen verteilt, ergeben sich folgende Zahlen: 1933-1939 in Westberlin 13 Kirchen; 1933-1940 in der Pfalz: 9 Kirchen; 1933-1940 in Bremen: 3 Kirchen; 1933-1941 in Braunschweig: 4 Kirchen; 1933-1941 in Württemberg: 16 Kirchen, 37 Gemeindehäuser, 26 Gemeindesäle.
[29] Kunst und Kirche 1938.
[30] Stefanie ENDLICH, Monica GEYLER VON BERNUS, Beate ROSSIE: Christenkreuz und Hakenkreuz. Kirchenbau und sakrale Kunst im Nationalsozialismus, Berlin 2008, 32.

Monica Geyler-von Bernus und Beate Rossie herausgegebenen Katalogbuch zur Ausstellung sind zahlreiche weitere Beispiele dokumentiert.

Die Ausstellung wirft neue Fragen auf. Zum Kirchbau benötigten die Bauherren, nämlich die Landeskirchen, die Baugenehmigung der örtlichen Behörden. Ohne sie war kein Kirchbau möglich. Da war eine ersprießliche Zusammenarbeit unerlässlich. Es gab gewiss auch Spannungen und Verzögerungen bei der Baugenehmigung und Baudurchführung. Am Ende jedoch wurden die Genehmigungen für die neuen Kirchbauten erteilt. Eine weitere Frage ist die der Kosten. Der Nazistaat zahlte in der Regel keine Zuschüsse. Die Landeskirchen trugen die hohen Kosten alleine. Waren die evangelischen Kirchen finanziell so reichhaltig ausgestattet, dass sie die Baukosten alleine stemmen konnten? Was wirft das für einen Blick auf die viel geschmähte Weimarer Zeit, in der die Baurücklagen erstellt worden waren? Das sind alles Fragen, die sich aus einer Darstellung der kirchlichen Mitte ergeben.

Beim Kirchbau kam es auch zu skurrilen Vorgängen. In Bremen waren drei schlichte Kirchen errichtet worden, und der überkandidelte deutsch-christliche Bischof Weidemann wünschte für eine Kirche den Namen Horst Wessel-Gedächtnis-Kirche. Es war Hitler, der diese Abstrusität mit einem Führererlass unterband. Darin hieß es:

„Ich wünsche grundsätzlich nicht, daß kirchliche Gebäude nach Kämpfern und Helden der nationalsozialistischen Bewegung benannt werden, die nicht mehr unter den Lebenden weilen.“[31]

---

[31] Reijo E. HEINONEN, Anpassung und Identität, Göttingen 1978, 124 ff.

EIN DRITTES BEISPIEL FÜR DIE KIRCHLICHE MITTE:
DIE DIAKONISSENMUTTERHÄUSER DES KAISERSWERTHER VERBANDES[32]

Die Epoche der Mutterhäuser in der Geschichte der evangelischen Kirche neigt sich dem Ende zu. In den Feierabendhäusern leben noch einige Schwestern und pflegen die Geschichte, die mit Theodor Fliedner (1800-1864) im rheinischen Kaiserswerth bei Düsseldorf und Wilhelm Löhe (1808-1872) im bayrischen Neuendettelsau bei Ansbach begonnen hatte. Neben dem Kaiserswerther Verband gab es noch andere Zusammenschlüsse von Schwesternschaften: den deutschen Gemeinschafts-Diakonieverband, den Bund Deutscher Gemeinschafts-Diakonissen-Mutterhäuser, den Verband der Ev. Freikirchlichen Diakonissen-Mutterhäuser Deutschlands und die Zehlendorfer Konferenz mit einer sehr erheblichen Anzahl von Schwestern. Ich beschränke mich hier auf den Kaiserswerther Verband.

Die Diakonissenmutterhäuser und ihre Schwesternschaft prägten auch noch in der nationalsozialistischen Zeit als eine Säule der kirchlichen Mitte das öffentliche Bild des kirchlichen Alltags abseits des sogenannten Kirchenkampfes der Jahre 1933/1934/1935.

Die Mutterhäuser waren 1933 mächtige, oftmals städtebaulich prägende Gebäudekomplexe, errichtet meist bis zum Ende des 19. Jahrhunderts.[33] Sie sind heute teilweise noch zu besichtigen, z.B. in Berlin-Kreuzberg der straßenbeherrschende Bethanienkomplex, der abgerissen werden sollte, aber unter Denkmalschutz gestellt wurde und heute für alternative Jugendvorhaben genutzt wird. Das Mutterhausgebäude in Kaiserswerth ist zu einem Hotel umgebaut worden.

---

[32] Heide-Marie LAUTERER hat 1994 die Arbeit ‚Liebestätigkeit für die Volksgemeinschaft. Der Kaiserswerther Verband deutscher Diakonissenmutterhäuser in den ersten Jahren des NS-Regimes' (Göttingen 1994) vorgelegt. Die Beschränkung auf die Jahre 1933/34 hat es nahe gelegt, die Haltung der Mutterhausvorstände auf die BK und DC zu beziehen. Ich verfolge eine andere Schneise.

[33] Anschaulich in: Du stellst meine Füße auf weiten Raum. 100 Jahre Kaiserswerther Verband, Berlin 2016: S. 62 Das Augsburger Diakonissenhaus 1913; S. 70 Bethanien in Berlin 1852; S. 110 Mutterhaus in Freiburg 1898.

Anzahl und Ausbreitung der Mutterhäuser

Es gab einer hauseigenen Aufstellung im Jahr 1925 zufolge im Kaiserswerther Verband insgesamt 65 Mutterhäuser, davon vier sehr große Häuser mit über 1000 Diakonissen (Kaiserswerth, Bethel, Stuttgart, Neuendettelsau), acht Häuser mit über 500 Diakonissen (Dresden, Königsberg, Nonnenweiher, Hannover Henriettenstift, Breslau Bethanien, Witten, Miechowitz – Oberschlesien, Karlsruhe), und zwölf Mutterhäuser mit über 300 bzw 400 Diakonissen (Augsburg, Speyer, Kassel; Stettin, Berlin Bethanien, Berlin Paul Gerhardt-Stift, Frankenstein/Schlesien, Schwäbisch Hall, Breslau, Flensburg, Halle, Darmstadt). Häuser mit einer Schwesternschaft von über 200 Diakonissen (neun Mutterhäuser) und über 100 Diakonissen (16 Mutterhäuser) galten als „mittelgroße" Diakonissenmutterhäuser. In 14 Häusern arbeiteten zwischen 11 und 99 Diakonissen.[34]

In fast jeder Landeskirche existierten zu Beginn des Jahres 1933 ein oder mehrere Mutterhäuser, und ebenfalls in sehr vielen deutschen Großstädten: in Berlin, Königsberg, Stettin, Breslau, Leipzig, Dresden, Dessau, Eisenach, Hannover, Braunschweig, Oldenburg, Bremen, Flensburg, Münster, Kassel, Frankfurt, Darmstadt, Speyer, Augsburg, Stuttgart.

Die Ausstrahlung der Mutterhäuser ging weit über den Standort des Mutterhauses hinaus.

Das Mutterhaus in Neuendettelsau unterhielt beispielsweise weitere Einrichtungen in Bad Reichenhall, Waldheim, Bruckberg, Windsbach, Oberzenn, Polsingen, Himmelkron. Das größte Mutterhaus Kaiserswerth unterhielt Einrichtungen in Badenweiler, Berlin, Köln, Bonn, Hattingen, Horchheim, Niederdollendorf, Hilden, sogar in Kairo und Jerusalem. Diese Ausdehnung auf weitere Häuser gab es auch in anderen Häusern: Das Henriettenstift in Hannover unterhielt neben dem Krankenhaus noch drei Siechenhäuser in Hannover, ein Damenheim, ein Kindergärtnerinnenseminar und weitere Ein-

---

[34] Handbuch der Inneren Mission II. Band, Statistik der Evangelischen Liebestätigkeit, Berlin 1925, 2-60.

richtungen in Sankt Andreasberg, Barsinghausen und Bad Rehburg. Das Mutterhaus in Rotenburg a.d. Wümme unterhielt mit seinen 118 Schwestern noch drei Einrichtungen in Rotenburg und ein Schwesternerholungsheim in Altenbrak.

Die Diakonisse

Der größte Teil der Schwesternschaft lebte im Mutterhaus in einer geistlichen, genossenschaftlichen Lebensgemeinschaft, in der sie rundum versorgt wurde. Dafür verzichtete sie auf eine finanzielle Entlohnung ihrer Arbeit, erhielt aber ein knappes Taschengeld. „Mein Lohn ist, dass ich dienen darf", lautete ein geflügeltes – Pfarrer Wilhelm Löhe zugeschriebenes – charakteristisches Wort. Die Diakonissen trugen als einheitliche Kleidung ein blaues Kleid mit weißen Pünktchen und Schürze sowie eine weiße Rüschenhaube, Tracht genannt. Die Ablegung jeder privaten Kleidung zur Einkleidung war ein wichtiger Augenblick bei der Aufnahme in das Mutterhaus wie später die Einsegnung zum lebenslangen Dienst einer Diakonisse mit dem Gelübde der lebenslangen Ehelosigkeit.

Das breite Ausbildungsangebot

Die Attraktivität und erhebliche räumliche Ausdehnung der Mutterhausdiakonie hing mit dem Berufsangebot in einer Zeit zusammen, in der viele Berufe für Frauen noch verschlossen waren. Die Mutterhausdiakonie machte in der Kaiser- und Weimarer Zeit jungen Mädchen attraktive Ausbildungsangebote für krankenpflegerische, pädagogische und künstlerische Tätigkeiten. Sie boten ihnen verlockende Berufsziele als Krankenschwester mit ihren zahlreichen Differenzierungen als Säuglingsschwester, auf der Entbindungsstation, in der Männer-, Frauen- und Altenpflege, im Operationssaal oder auf der Isolierstation. Die staatliche Anerkennung erfolgte nach Abschluss einer dreijährigen Ausbildung meist in den Mutterhäusern selber vor einem staatlichen Gremium.

Das Berufsziel einer Gemeindeschwester mit seiner pädagogischen, biblischen, pflegerischen, auch organisatorischen Ausbildung konnte in der eigenen Anstalt oder im Burckhardthaus (Berlin) erreicht werden. Künstlerisch Begabte konnten ihre Fähigkeiten in einer Paramentenwerkstätte ausbilden, die an manches Mutterhaus angeschlossen war.

Die vielfältig ausgebildeten Schwestern konnten auf eigenen, verschiedenen Arbeitsfeldern (in der Kinder-, Jugend- und Altenpflege) eingesetzt werden.

Die sichtbarste und am meisten verbreitete Tätigkeit war die Arbeit auf einer Gemeindepflegestation. Solche gab es in fast allen größeren deutschen Städten. Diese Diakonissen wohnten nicht im Mutterhaus, sondern in den Kirchengemeinden, die sie angestellt hatten. Sie pflegten Kranke, hielten Kindergottesdienste und Jugendstunden, auch Konfirmandinnenunterricht, besorgten einen ausgedehnten Besuchsdienst, und, da die Pfarrer häufiger ihre Gemeinden wechselten als die Diakonissen, waren sie eine langjährige Stütze des Gemeindelebens neben einem Pfarrer.

Als Gemeindeschwestern waren sie in der Öffentlichkeit an ihrer Tracht erkenntlich. Es gab im Jahr 1933 4.100 Diakonissen im Kirchengemeindedienst – von insgesamt 7.900 Schwestern,

Die Basis der Mutterhausdiakonie
widersteht der Nazigleichschaltung

Das Jahr 1933 bedeutete auch für die Mutterhausdiakonie einen neuen Abschnitt in ihrer Geschichte. Im Sommer 1933 war die Begehrlichkeit der Deutschen Christen groß, die umfangreiche Einrichtung der Mutterhausdiakonie zu besetzen und zu erobern. Am liebsten auf die einfache Weise, dass der Gesamtvorstand des Kaiserswerther

Verbandes deutsch-christlich umbesetzt würde.[35] Dieses Vorhaben misslang. Es gab zwar einige Vorsteher, die für kurze Zeit Mitglied der Deutschen Christen wurden, aber ob ihre Mitgliedschaft bleibende Auswirkung auf die Schwesternschaft des Mutterhauses hatte, ist sehr zweifelhaft. Hier machte es sich bemerkbar, dass der Hausvorstand aus einem Vorsteher und einer Oberin bestand, wobei die Oberin einen ausgleichenden Part einnehmen konnte.

Eine Gleichschaltung mit der Nazibewegung, wie sie die Vereine schon im Frühjahr durchmachen mussten, kam für die Schwesternschaft nicht in Frage. Sie blieben während ihres auch öffentlichen Dienstes in ihrer Tracht und waren ein unübersehbares Zeichen für die Anwesenheit von evangelischer Kirche in der Nazigesellschaft. Ein bunter Farbklecks in der ansonsten tief- oder hellbraunen „Volksgemeinschaft".[36]

Der Hausvorstand des Mutterhauses Neuendettelsau unterrichtete die Schwesternschaft im Laufe des Jahres 1933 über das vom Hausvorstand erwünschtes Verhalten der Schwesternschaft in der braunen Gesellschaft. Eine Parteimitgliedschaft in der NSDAP sei mit dem Wesen des Mutterhauses nicht vereinbar, ebenfalls ein Eintritt in die NSV, den BDM oder in die Frauenschaft. Eine Diakonisse trage kein Parteiabzeichen an der Tracht und besuche keine Parteiveranstaltungen und auch kein Kino, es sei denn, das Stück biete etwas Kirchliches. Am Arbeitsplatz und auf der Straße grüße eine Diakonisse nicht mit „Heil Hitler". Begründung: der deutsche Gruß sei eine männliche Form des Grüßens und keine weibliche. Nur

---

[35] Sehr ausführlich wird diese Auseinandersetzung mit den Deutschen Christen in: *Profil eines Verbandes. 75 Jahre Kaiserswerther Verband*, Bonn 1991 von Ruth FELGENTREFF auf S. 54-84 dargestellt. Insgesamt unterliegt die Darstellung von Ruth Felgentreff auch der Engführung DC//BK. – Die Position der Bekkenden Kirche erscheint als die eigentliche und einzige kirchlich mögliche Haltung. Auch die BK war vordringlich darum bemüht, von Hitler als die einzig wahre evangelische Kirche anerkannt zu werden.
[36] Anders Norbert FRIEDRICH, der in „Du stellst meine Füße auf weiten Raum, 100 Jahre Kaiserswerther Verband" (Berlin 2016) für die Jahre nach 1933 die Überschrift *Die Gleichschaltung des Verbandes* wählt.

wenn eine Diakonisse etwa mit einer Mädchengruppe an einem Umzug teilnehme, sei ein Hitlergruß erlaubt „zum Gelöbnis der Treue gegen Volk und Vaterland"[37].

Vermutlich bestanden in anderen Mutterhäusern ähnliche Verabredungen. Der Hitlergruß war mit Ausnahmen in der Regel auf dem Mutterhausgelände nicht üblich. Insofern kann man vom Mutterhaus als einem nazifreien Raum sprechen.

Gegen ideologische Überfremdung schützte die Schwesternschaft eine in Andachten und Gebeten geübte schlichte Christusfrömmigkeit, wie sie ihr aus dem Gesangbuch geläufig war. Sie mochte wohl durch Begegnungen am Krankenbett oder in der Kirchengemeinde angefochten und in Zweifel gezogen sein, aber die Christuszentriertheit blieb eine stabile Stütze ihres Glaubens. Die Art der personellen Besetzung der Obrigkeit, ob Kaiser Wilhelm, Hindenburg oder Hitler, trat weit zurück hinter einem schlichten Christusglauben und hinter dem Dienstgedanken, der in den Mutterhäusern gepflegt wurde.

Der Dienstgedanke wurde auch von den Nazis stark betont. Für die jungen Leute wurde er zur oft benutzten Ausrede, sich vor häuslichen und schulischen Pflichten zu drücken: Man müsse „zum Dienst", also zu irgendwelchen Parteiveranstaltungen. Der Dienstbegriff bot sich als Brücke zu einer gemeinsamen Auffassung von Nationalsozialismus und Diakonie an. Der Mutterhausvorsteher vom Altonaer Mutterhaus, Adolf Stahl, verwies schon 1933 bei einer Schwesternfreizeit in Berlin darauf, dass der „Dienst" „vielleicht der stärkste und prägnanteste Ausdruck des neuen sittlichen Pathos" sei. Aber er warnte. Diese Gleichheit des Wortes dürfe nicht darüber hinwegtäuschen, „dass im christlichen Dienstgedanken ein Unterton mitschwinge, der im Dienstgedanken des völkischen Staates nicht ohne weiteres enthalten sei. Das Motiv des Dienens bestünde in der Dankbarkeit des erlösten Gotteskindes gegen den gnädigen Gott und Vater unseres Herrn Jesu Christi." Stahl fuhr zwar fort, dieser Unter-

---

37 Hans Walter SCHMUHL / Ulrike WINKLER, Im Zeitalter der Weltkriege, Neuendettelsau 2014, 175.

schied sei kein Gegensatz, sondern „eine Vertiefung aus der ewigen Welt", aber sein Gedankengang zielte auf den Unterschied, die Analogie blieb unerörtert.[38]

Es gab ganz wenige Diakonissen, die, von der Begeisterung auslösenden Bewegung Deutscher Christen mitgerissen, in die Partei eintraten und das NSDAP-Abzeichen auch an ihrer Tracht trugen. Etwas anderes war es, wenn eine Oberin in die Partei eintrat. Das konnte so gedeutet werden, dass sie stellvertretend für die gesamte Schwesternschaft Parteimitglied wurde und auf diese Weise der Schwesternschaft einen Eintritt in die NSDAP ersparte. So verstehe ich es, dass vom Hausvorstand des Kaiserswerther Mutterhauses Pfarrer Graf von Lüttichau und Auguste Mohrmann in die Partei eintraten.

Die unanständige, folgenreiche Denunziation des Darmstädter Vorstehers Hickel wegen nicht systemkonformer Äußerungen von zwei Diakonissen blieb ein Einzelfall in der Mutterhausdiakonie.[39]

Bei der Jahrhundertfeier bekräftigt die Mutterhausdiakonie ihre Selbständigkeit

Der Kaiserswerther Verband feierte im Herbst 1933 sein hundertjähriges Bestehen, schickte an den Reichspräsidenten und den Reichskanzler je ein Grußtelegramm, das diese höflich erwiderten,[40] und nutzte die Gelegenheit zu einer grundsätzlichen Positionsbestimmung, die der langjährige Vorsteher des Bremer Mutterhauses, Pastor Constantin Frick, unter der Überschrift „Hundert Jahre Mutterhausdiakonie" in der Zeitschrift „Die Diakonisse" vornahm.[41] Die Mutterhausdiakonie müsse sich fragen, ob sie vor allem noch in die neue Zeit hinein passe, so Frick einleitend. Die neue Zeit – das war

---

[38] STAHL, Die Innere Mission im alten und neuen Staat, in: Die Diakonisse 1933, 329.
[39] Heide-Marie Lauterer 185.
[40] Der Wortlaut und die Antworten in: Die Diakonisse 1933, 314.
[41] Die Diakonisse, Heft 11, 1933, 355-359.

zur Zeit der Jahrhundertfeier in Kaiserswerth die übermütige Hoch-
Zeit der Deutschen Christen, und es war nicht abzusehen, wie lange
diese dauern würde. Umso erstaunlicher ist das Gesamtresüme Fri-
ckes, es müsse sich eigentlich gar nichts ändern. Das Fundament, der
Glaube an den gekreuzigten und auferstandenen Heiland, werde
bleiben, weil er sich als tragfähig erwiesen habe. Die Grundeinstel-
lung, nämlich der Wille zum selbstlosen Dienst, habe sich bewährt.
„Das Ideal selbstlosen Dienstes an den Armen und Elenden aus dem
Geiste Jesu Christi heraus kann und darf Diakonissenideal bleiben."[42] Die Gesamtversorgung der Schwestern wie die Feierabend-
versorgung habe sich bewährt. Frick betonte, dass die Mutterhäuser
an der Ordnung festgehalten haben, dass die Tracht auch in Frei-
und Urlaubszeiten nicht abgelegt wird. „Die Kritiker dieses Verzich-
tes auf Besuch von Theater, Vergnügungslokalen und dergleichen
mögen immer daran denken, dass der Einsatz für eine große Idee
und eine große Sache solchen Verzicht auf die Dauer nicht einmal als
Opfer empfinden lässt. Wer nicht imstande ist, für seinen Beruf kleine Opfer zu bringen, ist auch auf die Dauer nicht imstande, Großes
zu opfern." Die meisten Häuser würden auch dem Bildungsbedürf-
nis der Schwesternschaft durch Kurse und Vorträge, Lichtbilder-
und Kinovorführungen, durch regelmäßige Einführung in die gegenwärtige politische und kirchliche Lage entsprechen. Als Frick auf
die Vertiefung des Glaubenslebens zu sprechen kam, kündigte er an,
man werde versuchen, neue Wege einzuschlagen. Aber er vermied
das kirchenpolitische Mode- und Machtwort „deutsch-christlich".
Stattdessen würden die Schwestern im regelmäßigen Unterricht in
die Geheimnisse des Reiches Gottes eingeführt. Das Führerprinzip
sei in der Mutterhausorganisation längst durch die gemeinsame
Führung von Vorsteher und Oberin eingeführt. Da werden die Zuhörer wohl geschmunzelt haben, denn das nazistische Führerprinzip
war etwas völlig anderes. Man werde die Forderungen der DC „mit
ganzem Ernst prüfen", aber alles in allem bleibe es bei dem Weg, den

---

Fliedner „unseren Mutterhäusern" gezeigt habe. Nach Frick änderte sich also gar nichts. Das war eine klare Positionierung gegen die Deutschen Christen.

Nach der Barmer Synode im Mai 1934 versuchte Martin Niemöller, die Mutterhausdiakonie für die Gegenseite, für die Bekennende Kirche zu gewinnen. Aber auch dieser Versuch wurde durch den Gesamtvorstand Pfarrer Graf von Lüttichau und Schwester Auguste Mohrmann abgelehnt. Die Mutterhausdiakonie wählte – mit Ausnahmen – den Weg der gruppenfreien Kirche, den Kurs der Kirchlichen Mitte.

Für das Gelingen dieses Kurses waren u.a. zwei Voraussetzungen ausschlaggebend. Die Mutterhausdiakonie war gegenüber den Landeskirchenleitungen vollständig selbständig. Sie wurde also in die Auseinandersetzungen zwischen DC und BK um die Leitung der Landeskirchen 1933/34 nicht hineingezogen. Und sie war finanziell ziemlich unabhängig.

Der Stand der Mutterhausdiakonie im Jahre 1937

Auch nach sechsjähriger nationalsozialistisch-ideologischer Durchdringung der deutschen Öffentlichkeit markierte die Mutterhaus-Diakonie ein eigenständiges öffentliches Profil.

Die Zahl der Mutterhäuser war mit 69 stabil geblieben, die Anzahl der Schwestern sogar von 27.638 Schwestern (1933) auf 28.0237 (1936) Schwestern gewachsen.[43]

In den Jahresberichten der Mutterhäuser 1936 – 1938 wurde zwar geklagt, dass es nicht mehr so schön und üppig sei wie in der Weimarer Zeit, aber die Berichte strahlen etwas von der erhalten gebliebenen Lebendigkeit der Mutterhausdiakonie wider.

Ich greife die Nachrichten aus dem Informationsblatt des Kaiserswerther Verbandes *„Die Diakonisse"* aus dem Jahr 1939 heraus.

---

[43] Friedrich THIELE, Diakonissenhäuser im Umbruch der Zeit, Stuttgart, 1963, 26.

Das Mutterhaus in *Augsburg* bedauerte, dass die Anzahl der Schwestern von 586 auf 578 zurückgegangen ist. Sie waren in 18 Krankenhäusern und 82 Kirchengemeinden tätig.[44]

Im Mutterhaus *Karlsruhe-Rüppur* arbeiteten insgesamt 666 Schwestern auf 213 Stationen. Von den insgesamt 254 Diakonissen waren 112 Schwestern in 14 Krankenhäusern und 153 auf Gemeindepflegestationen tätig. Zwei Krankenhäuser (in Schwetzingen und Niederbischofsheim) mussten zwar aufgegeben werden, ein neues Haus wurde indes erworben. 13 Personen traten ein, 8 traten aus. 40 Gemeindepflegestationen, bisher in der Trägerschaft des Roten Kreuzes, wurden von der NSV übernommen, der kirchliche Charakter der Arbeit aber zugesichert.[45]

Im *Elisabeth Mutterhaus in Berlin* waren 181 Schwestern tätig, davon 150 Diakonissen, 30 befanden sich im Feierabend, auf 31 Außenstationen arbeiteten 64 Schwestern, die meisten in der Gemeindepflege. In den Jahren 1935-1938 wurden bedeutende Um- und Neubauten vorgenommen.[46]

Im *Mutterhaus Frankfurt/Main* waren 1936 von den insgesamt 321 Schwestern 258 Diakonissen. 115 Schwestern waren in der Gemeindepflege, andere in Krankenhäusern, Lungenheilstätten, Altersheimen, Säuglingsfürsorge, Kindergärten tätig.[47]

Das *Hamburger Mutterhaus Amalie Sieveking, Volksdorf* erlebte, dass „seit der Gründung des Hauses 1930 ständig neue Gemeindestationen hinzugekommen waren".[48]

Der Jahresbericht vom *Mutterhaus Bethesda, Wuppertal-Elberfeld* verzeichnete 659 Schwestern, die auf 90 verschiedenen Arbeitsfeldern, darunter in acht eigenen Krankenhäusern, tätig waren; dazu. 23 Eintritte und im Jahr 1939 21 Schwestern-Einsegnungen.[49]

---

[44] Die Diakonisse 1939, 201.
[45] ebd., 23f.
[46] ebd., 202.
[47] ebd., 21.
[48] ebd., 236.
[49] ebd., 106.

Im *Dresdner Mutterhaus* waren 1938 22 Schwestern eingesegnet worden. Dort arbeiteten von 953 Schwestern 849 Diakonissen, 71 Beischwestern, 27 Probeschwestern.[50]

Im *Mutterhaus Bethanien in Breslau* waren von 721 Schwestern 609 Diakonissen an 40 Orten auf 20 Arbeitsfeldern tätig.

Das *Königsberger Mutterhaus Barmherzigkeit* feierte 1940 sein 90jähriges Bestehen. Es verteilte die Arbeit von 120 Schwestern auf 195 Außenstationen. Im Jahr 1940 waren sämtliche Gemeindepflegestationen vom Roten Kreuz an die NSV (Nationalsozialistische Volkswohlfahrt) übergeben worden, wobei der religiöse und kirchliche Charakter der Gemeindepflegestation ausdrücklich gewährleistet sei.[51]

Das *Mutterhaus in Niesky Emmaus*, mit 143 Schwestern und 53 Gemeindepflegestationen berichtete hingegen, dass „eine reinliche Scheidung zwischen Stationen der NSV und kirchlicher Gemeindepflege durchgeführt worden sei".

Im Mutterhaus *Martha-Maria in Nürnberg* arbeiteten 1939 359 Schwestern auf 49 Arbeitsfeldern, 10 Mädchen traten ein. Das Krankenpflege-Staatsexamen absolvierten 15 Schülerinnen aus dem Mutterhaus und 12 von der NSV, die gemeinsam am Unterricht teilgenommen hatten.

Das *Flensburger Mutterhaus* bedauerte den Rückgang von 368 auf 366 (!) Schwestern, 45 von ihnen waren im Feierabend, 9 Mädchen waren eingetreten. „Viel Zeit und Mühe beanspruchten die Baupläne", ein Schulgebäude wurde zum Operationssaal und zu Entbindungsräumen umgebaut, auch andere Umbauarbeiten am Krankenhaus vorgenommen, „das neue Schwesternhaus ist voll belegt". 12 Stationen mit 23 Schwestern seien auf die NSV übergegangen.[52]

Die Anzahl der Schwestern im *Mutterhaus in Schwäbisch-Hall* war von 546 auf 555 Schwestern gewachsen, 19 Mädchen traten ein, der Neubau des großen Krankenhauses habe sich bewährt. „Die Bezie-

---

[50] ebd., 132.
[51] Die Diakonisse 1940, 51.
[52] Die Diakonisse 1939, 76 f.

hungen der großen Anstalt zu Staat, Partei, bei Ämtern und Behörden waren reichhaltig", von allen Seiten habe es ständige Förderung gegeben.[53]

Die Berichte erwecken den Eindruck, dass die Mutterhausdiakonie die bisherigen sechs nationalsozialistischen Jahre ohne größere Schrammen überstanden hatte, und der Kurs der Mitte sich als praktikabel erwiesen hat.[54] Die Einsegnungen zum Dienst einer Diakonisse, die in aller Öffentlichkeit in den Mutterhäusern stattfanden, sind für mich ein deutliches Christusbekenntnis in brauner Umwelt.

Die Einführung der Verbandsschwester

Eine geradezu revolutionäre Reform und ein nachhaltiger Eingriff in das traditionelle Verständnis der Diakonissenschaft war im März 1939 die Einrichtung von Verbandsschwestern. Sie rekrutierten sich aus den sog. Hilfsschwestern, ein unglücklicher und unpassender Ausdruck für jene, die schon lange in einem Mutterausverband tätig waren. Eine Verbandsschwester durchlief dieselbe Ausbildung wie eine Diakonisse, zumeist als Krankenpflegeschwester oder/und als Kindergärtnerin. Sie stand an ihrem Arbeitspatz in derselben Verantwortung, sie trug eine Tracht mit einer glatten Haube (im Unterschied zur Diakonisse, die noch die Rüschen an der Haube trug) und nahm freiwillig an der geistlichen Gemeinschaft in Mutterhaus teil. Sie blieb auch ehelos. Sie unterschied sich von der Diakonisse darin, dass sie kein Gelübde ablegte, im Urlaub die Tracht ablegen konnte

---

[53] ebd., 78/79.
[54] In: *Profil eines Verbandes* S. 84-87 werden von Ruth FELGENTREFF Eingriffe des Nazistaates im schlesischen Mutterhaus Grünberg erwähnt, die den Hausvorstand auf Drängen des Reichsinnenministeriums und mit Billigung des Kaiserswerther Verbandes 1936 auswechselten, weil er sich von der Bekennenden Kirche nicht trennen wollte. Weitere Eingriffe 1939 im Elisabethstift Darmstadt, in Ludwigslust 1941 und bei der Besetzung des Zentraldiakonissenhauses Bethanien in Berlin 1942 durch die Gestapo. Es wird nicht klar, welche Auswirkungen diese staatlichen Maßnahmen auf die Arbeit der Schwesternschaft gehabt haben.

und ein höheres Taschengeld erhielt. Sie galt als „freier" und stand in dem ungerechtfertigten Ruf, eine Schwester zweiter Klasse zu sein. (Es dauerte noch 15 Jahre, bis ‚Diakonisse' und ‚Verbandsschwester' als ein gleichwertiges Nebeneinander verstanden wurden.) Die neue Einrichtung war ein genialer Einfall der Oberin Auguste Mohrmann, der auch die Verbandsschwesternschaft dem Zugriff der Nazipartei entziehen konnte. Wieder eine gewisse Art nazifreier Raum in der braunen Gesellschaft. Es gab 1944 neben 19.424 tätigen Diakonissen und 3.045 im „Feierabend" (also im Ruhestand) immerhin 3.282 tätige Verbandsschwestern.[55]

Die „braunen" Schwestern

Trotzdem wurde die Situation für die Schwesternschaft im Verlauf der Naziherrschaft schwieriger, weil der Nachwuchs sich nicht in dem Maße einstellte, dass alle Arbeitsbereiche im bisherigen Umfange weiter fortgeführt werden konnten. Es entstand auch eine gewisse Konkurrenz. Weil sich der Kurs der Mitte des Kaiserswerther Verbandes von einer lückenlosen Eingliederung der Schwesternschaft in die nazistische Volksgemeinschaft distanziert hatte, wurde seitens des Naziregime die Bildung einer sogenannten „braunen Schwesternschaft" betrieben. Mittelpunkt war dabei nicht mehr das Ideal des bayrischen Pfarrers und Vorstehers Wilhelm Löhe, sondern das von Alfred Rosenberg, im Sinne einer nahtlosen Einfügung der braunen Schwesternschaft in den braunen, antisemitischen, autoritären Volksgemeinschaftsgedanken.

Es gab zwar Auseinandersetzungen um einige Arbeitsfelder, aber die braune Schwesternschaft wurde nie ein ernsthafter Konkurrent für die Kaiserswerther Schwesternschaft, zumal die Anerkennung von Hitler als der von Gott verordneten Obrigkeit für den Kaisers-

---

[55] Nach Günther FREYTAG, Unterwegs zur Eigenständigkeit, Gütersloh 1998, 265-266.

werther Verband wie für die gesamte evangelische Kirche selbstverständlich war.

Eine Übersicht aus Hinderers „Das Evangelische Deutschland" macht das zahlenmäßige Verhältnis deutlich:

NSV: 651; Rote Kreuz: 4.499; Innere Mission: 12.708; Caritas: 22.200; Freie Schwestern: 6.309.[56]

Die NSV (Nationalsozialistische Volkswohlfahrt) stellte die sog. „braunen Schwestern". Ihre Anzahl lag 1939 weit unter den Schwestern des Kaiserswerther Verbandes (Innere Mission) und noch deutlicher unter der der katholischen Kirche (Caritas).

Eine andere Quelle gibt erheblich abweichende Zahlen an. Die Anzahl der NSV Schwestern betrage am 31.12.1939: 9.843. Sie waren besonders zur Pflege in Parteiformationen eingesetzt, in SS-Lazaretten, in Ordensburgen und bei der Napola, in Mütterheimen des NS Frauenschaft.[57]

Kritische Situation

Vor eine sehr kritische Situation wurden die Mutterhäuser gestellt, als der Nazistaat Zwangssterilisationen und im Rahmen der Euthanasie-Mordaktion die Auslieferung behinderter Pfleglinge verlangte. Die Reaktionen in den Vorständen der Mutterhäusern waren unterschiedlich. Die typische Frage der Position der Kirchlichen Mitte, („Wie weit können wir dem Nazistaat entgegenkommen?") wurde dabei dringlich gestellt und unterschiedlich beantwortet. Besonders betroffen waren die Pflegeanstalten des Mutterhauses Neuendettelsau, aus denen von insgesamt 1.758 Pfleglingen 1.238 Pfleglinge in staatliche Einrichtungen abtransportiert und von dort in Tötungsanstalten verbracht wurden. Dazu schreibt Carsten Nikolaisen im Handbuch der Bayrischen Kirchengeschichte: „Hinzu kam, dass

---

[56] *Das Evangelische Deutschland* gab am 9.4.1939, S.124 diese Übersicht über die Anzahl der Schwestern.
[57] Die Diakonisse 1940, 82.

Lauerer und insbesondere Boeckh (der leitende Anstaltsarzt D.K.) – wie viele Leitungen vergleichbarer Anstalten der Inneren Mission in Deutschland – eine gewisse Affinität zur nationalsozialistischen ‚Euthanasie'Politik besaßen."[58] Aus staatlichen und diakonischen Einrichtungen der badischen Heil- und Pflegeanstalten in Karlsruhe wurden insgesamt 4.500 Männer, Frauen und Kinder als „Ballastexistenzen" in die Mordfabrik Grafeneck verbracht und vergast.[59] Das Mutterhaus Karlsruhe spricht von einer „dunklen Stunde". In den Bodelschwinghschen Anstalten in Bethel gelang es wohl, die Zahl der „Verlegungen" auf eine sehr geringe Anzahl herunterzudrücken, aber eine Art „Selektion" hat auch für die Wenigen doch stattgefunden.[60] Eine gründliche zusammenfassende Arbeit steht auch fast 80 Jahre nach den Mordaktionen immer noch aus.

Ich halte es allerdings für falsch, die gesamte Beurteilung der Mutterhausdiakonie im „Dritten Reich" von den unterschiedlichen Antworten auf diese beiden nationalsozialistischen Zumutungen abhängig zu machen.

Weiterhin erscheint es mir ungenügend, die Verantwortung für diese Verbrechen an den Pflegebedürftigen den Hausvorständen und Mitarbeitern der Anstalten allein aufzubürden. Natürlich müssen in diese Verantwortung wenigstens auch die jeweiligen Bischöfe und auch die umliegenden Kirchengemeinden einbezogen werden. Wenn diese wie im Herbst 1934 in Bayern sich zusammengerottet und wie seinerzeit um den Bischof nunmehr um die Pfleglinge gestellt hätten … Es kann auch Absprachen gegeben haben, möglichst wenig Aufhebens von den Mordaktionen zu machen. Jedenfalls liegt die Verantwortung auf der *ganzen* Kirche und auch in dem Verhalten

---

[58] Carsten NICOLAISEN, „Nationalsozialistische Herrschaft", in: Handbuch der Geschichte der Evangelischen Kirche in Bayern", Bd II. St. Ottilien, 2000, 325. Ausführlicher und mit leicht abweichenden Zahlen jetzt Hans Walter SCHMUHL / Ulrike WINKLER, Im Zeitalter der Weltkriege. Das Katastrophenjahr, Neuendettelsau 2014, 289-335.

[59] Stadtzeitung – Amtsblatt für die Stadt Karlsruhe, 24.11.2017.

[60] Hans-Walter SCHMUHL, Rassenhygiene, Nationalsozialismus, Euthanasie. Göttingen, 1992 (2. Aufl.), 327-343.

der *kirchlichen Mitte,* die keine Grenzen bezüglich ihrer Mitwirkung an den Aktionen des Staates gezogen hatte.

Mutterhausdiakonie im 2. Weltkrieg

Während des Krieges wurden viele Krankenhäuser zu Lazaretten umfunktioniert und die Schwesternschaft zum Lazarettdienst herangezogen. Auch der Bombenkrieg machte den Schwesterndienst zunehmend dringlicher, und er zerstörte Mutter- wie Krankenhäuser. Neben dem Bremer Mutterhaus war ein achtstöckiger Luftschutzhochbunker für die Aufnahme der Patienten und die Schwestern errichtet worden. In einem sog. Bunkerrundbrief schrieb die 75-jährige Oberin v. Hadeln im Oktober 1944: „Wir sind nun schon über sechs Wochen im Bunker und wenn es auch sehr eng ist, so sind wir immer wieder dankbar, dass wir bei den vielen Angriffen auf Bremen wohl in Sicherheit sind." Die Nähstube im Bunker habe sehr viel zu tun und „wir sind allen lieben Schwestern herzlich dankbar, die uns Kleider, Wäsche usw für unsere ausgebombten Schwestern schickten und anboten"[61]. Anders ging es im Luftschutzbunker des zusammengeschossenen Danziger Mutterhauses zu. Die Diakonisse Käthe Wiegratz aus dem Lötzener Mutterhaus, dort untergekommen, schreibt, wie ihre Schwesterngruppe in Danzig für Lazarettdienste eingesetzt wurde und den Einmarsch der Sowjettruppen im Bunker des Mutterhauses erlebte. „Im Bunker wurden viele Danziger Schwestern geschändet, und so manche ging freiwillig in den Tod, weil der Körper verseucht war und weil sie nicht mehr die Kraft zum Leben hatte."[62] Eine Woche nach dem Luftangriff auf Hannover schrieb der Mutterhausvorsteher des Henriettenstiftes Otto Meyer im Schwesternrundbrief: „Unser Mutterhaus mit allen

---

[61] In: *Du stellst meine Füße auf weiten Raum,* Berlin 2016; Bunkerrundbrief Nr. 2, 86.
[62] Ein Beispiel für Schrecken und Bewahrung ist der Bericht der Diakonisse Käthe Wiegratz über das Jahr 1945 in: *Hundert Jahre Diakonissen-Mutterhaus Bethanien-Lötzen,* Quakenbrück 2010, 50-72 (Das Jahr 1945. Bildbericht von Käthe Wiegratz).

Nebenhäusern ist, soweit sie in der Stadt selbst liegen, völlig vernichtet … Die Kranken waren alle in den Luftschutzräumen. Besonders wertvoll war, dass die Pendelabteilung und die anschließenden
Keller inzwischen verbunkert waren, so dass alle Kranken gut untergebracht waren. Ebenso war es in den Nebenhäusern. Die Häuser
zitterten, der Luftdruck riss Fenster und Türen fort, ein sich ständig
steigerndes Krachen erfüllte die Luft. Musterhaft war das Verhalten
der Kranken. Unsere Schwestern taten an ihnen ihre ganze Pflicht.
Viel ist in dieser Stunde, in der wir unser Ende gekommen wähnten,
gebetet worden, laut und leise. Das ‚Herr, erbarme dich unser' klang
aus tiefstem Herzen auf, nicht nur als ein Angstgebet, sondern auch
als ein Gebet des Glaubens. Als der Angriff abflaute, suchten wir
einen Überblick über die Lage zu gewinnen. Ich lief durch den Gar-
ten und stellte fest, dass jedes Haus, jeder Gebäudekomplex so
brannte, dass Löschmaßnahmen, die wir leisten konnten, vergeblich
erschienen. Am andern Morgen gewannen wir einen Überblick. Alle
Häuser sind vernichtet, die Arbeit von Generationen ist zerstört. Die
meisten von uns haben ihr gesamtes Eigentum verloren."[63] Insgesamt waren 16 Mutterhäuser durch Bombardierung schwer getroffen
und für die Schwesternschaft unbewohnbar zerstört.[64] Das Königsberger Mutterhaus der Barmherzigkeit verlor während der Wirren
der letzten Kriegsmonate 244 Diakonissen.[65]

Als 1945 die ostdeutschen Kirchenprovinzen von den sowjeti-
schen Truppen militärisch überrollt wurden, standen die Häuser in
Königsberg, Danzig, Breslau, Stettin, Köslin, Frankfurt an der Oder,
Fürstenwalde, Grünberg, Guben, Kraschnitz, Kreutzburg, Lötzen,

---

[63] Festschrift zum 125 jährigen Bestehen der Henriettenstiftung *„alte Ziele-neue Wege"*
(Hg. Wolfgang HELBIG), Hannover 1985, 130.

[64] Nach Günther FREYTAG, Unterwegs zur Eigenständigkeit, Gütersloh 1998, 57 waren
nachfolgend die Mutterhäuser in Bremen, Bethel, Braunschweig, Darmstadt, Dessau,
Dresden, Duisburg, Frankfurt/Main, Hamburg-Altona, Hannover, Karlsruhe-Bethle-
hem, Kreuznach, Mannheim, Stuttgart,-Rosenbergstraße, Stuttgart-Olgaschwestern,
Witten betroffen.

[65] *Von Ost nach West*, 184.

Niesky, Posen, Wolfshagen[66] vor der Frage: Bleiben oder in den rettenden Westen flüchten? Im März 1945 entschieden sich 341 Schwestern der Kösliner Mutterhauses mit 200 Kindern und Säuglingen, als schon russische Truppen in die Stadt eingedrungen waren, zur Flucht mit einer organisierten Eisenbahn, die Oberin Bertha von Massow blieb mit 38 Schwestern im Mutterhaus, von ihnen wurden zehn ins Kriegsgefangenenlager Thorn/Weichsel abtransportiert. Während der russischen Besatzung wurden zwei Schwestern erschossen, eine fünfzehnjährige Pastorentochter starb an den Folgen von Vergewaltigungen, Pastor Fritz Onnasch wurde erschossen, als er sich schützend vor seine Frau stellen wollte. Es gab auch Wunder der Bewahrung, als ein russischer Offizier der Schwesterngruppe eine Kuh zur Verfügung stellte, von deren Milch vielen Kranken weitergeholfen werden konnte; oder: aus der inzwischen russischen Küche des Mutterhauses wurden heimlich, aber geduldet Schüsseln mit kräftigender Fleischbrühe abgezweigt.[67]

Jene, die blieben, erlebten Schrecken der Vernichtung und Wunder der Bewahrung. Jene, die im Westen ankamen, trafen auf von anderen Mutterhäusern besetzte Arbeitsfelder. Als der Vorsteher des ostpreußischen Mutterhauses Bethanien im Landeskirchenamt Hannover einen Antrittsbesuch machte, schlug der Vizepräsident Fleisch seine Hände über dem Kopf zusammen und sagte: „Schon wieder ein Mutterhaus, das eine Kollekte will." Begrüßung auf niedersächsisch. Aber frühzeitig begann die Freigabe der von den alliierten Truppen beschlagnahmten Häuser, im Laufe des westdeutschen Wirtschaftswunders allmählich der Wiederaufbau der zerstörten Häuser und die Wiederaufnahme der gewohnten Arbeit. Dabei stießen auch unterschiedliche Frömmigkeitsstile aufeinander, eine mehr östlich pietistische auf die westliche, streng lutherisch bekenntnisgemäße.

---

[66] Ich folge in der Aufzählung der Darstellung von Günther FREYTAG.
[67] *Der Auftrag geht weiter*. Geschichte des Diakonissen-Mutterhauses Salem-Köslin-Minden, Minden 1980, 36-52: Flucht und Vertreibung.

Es bleibt ein peinliches Defizit der gängigen Darstellungen der kirchlichen Zeitgeschichte, dass die Mutterhausdiakonie gar nicht behandelt wird, obwohl sie den kirchlichen Alltag eindrücklich prägte.

Dritter Hauptteil:
Das Erbe der „von Gott gewollten Obrigkeit" und kein Neuanfang

Die Kriegserklärung an die USA im Dezember 1941 bedeutete für das Deutsche Reich eine endlose Verlängerung des Krieges. Krieg war die Lebensmitte Hitlers, die er seit Regierungsantritt zur Lebensmitte der deutschen Bevölkerung zu machen versuchte. Hitler folgte weniger rationalen Überlegungen, sondern mehr und mehr den Impulsen seiner Instinkte und Sehnsüchte. Der Krieg als Lebensmitte verband sich mit einer tiefen Todessehnsucht. Schon früh lebte in ihm seit den zwanziger Jahren eine Todessehnsucht, die ihn in die Nähe des Selbstmordes führte. Das Scheitern eines „Blitzkrieges" gegen die Sowjetunion 1941 legte ihm die Möglichkeit einer Niederlage nahe, der er mit der Kriegserklärung an die USA einen „heldenhaften" Ausgang verleihen mochte, ganz ähnlich dem Befehl der Seekriegsleitung im Herbst 1918 zu einer Schlacht gegen England mit „heroischem" Untergang. Das ab 1944 unaufhaltsame Herannahen der alliierten und sowjetischen Truppen konnte den Eindruck einer Niederlage immer größer werden lassen. Das politische Ziel Hitlers im Kriege war die Vernichtung, ein Lieblingswort im Wahlkampf 1933, die Vernichtung des innenpolitischen Gegners, nicht die Wiederherstellung des Friedens, oder gar die Aussöhnung mit dem Gegner. 1945 hatten noch keine feindlichen Truppen das Gebiet des Großdeutschen Reiches betreten, aber der Traum eines vom Nationalsozialismus beherrschten Europas war vorbei.

Im Jahr 1945 offenbarte sich das vollständige militärische Scheitern der Hitlerherrschaft, und Hitler sog viele Teile des Militärs und der zivilen Bevölkerung nun in seinen tödlichen Vernichtungsstrudel mit hinein. Die bereits verlorenen und für eine Verteidigung nutzlosen Großstädte erklärte er zu „Festungen", so Königsberg, Breslau, Nürnberg, Kassel u.a., die in Wahrheit Todesfallen mit vermeintlich „heroischem" Ausgang waren. Auch Berlin wurde im April 1945 zur Festung erklärt, auf deren „Schanzen" Hitler gefallen wäre, so die verlogene Radionachricht von seinem Selbstmord im Frühjahr. Er hinterließ nicht nur eine vor dem Bunker unbestattete, verkohlte Leiche, deren Reste nach Moskau verbracht wurden, sondern ein „Deutschland", dessen Name auf Jahre hinaus mit abstoßender Schande bedeckt war und das Fragen an die Nachwirkungen seiner Politik auch in der evangelische Kirche stellte.

RELIGIÖSE VOKABELN
IN DEN LETZTEN REDEN HITLERS

Wie üblich verfasste Hitler auch im 13. Regierungsjahr 1945 einen Neujahrsaufruf an die Bevölkerung. Er beschloss ihn mit einer Erinnerung an das Attentat vom 20. Juli 1944: „Ich kann diesen Appell nicht schließen, ohne dem Herrgott zu danken für die Hilfe, die er Führung und Volk immer wieder hat finden lassen, sowie für die Kraft, die er uns gegeben hat, stärker zu sein als die Not und Gefahr. Wenn ich ihm dabei auch danke für meine eigene Rettung, dann nur, weil ich glücklich bin, mein Leben damit weiter in den Dienst meines Volkes stellen zu können."[1]

Es blieb aber nicht beim Dank, sondern Hitler nahm die Rolle eines stellvertretenden Sprechers der deutschen Bevölkerung vor Gott ein. „In dieser Stunde", fuhr Hitler fort, „will ich daher als Sprecher Großdeutschlands gegenüber dem Allmächtigen das feierliche Gelöbnis ablegen, dass wir treu und unerschütterlich unsere Pflicht auch im neuen Jahr erfüllen werden, des felsenfesten Glaubens, dass die Stunde kommt, in der sich der Sieg endgültig dem zuneigen wird, der seiner am würdigten ist: dem Großdeutschen Reiche!"[2] Es

---

[1] DOMARUS, 2185.
[2] DOMARUS, 2185.

ist eine Art priesterliche Mittlerrolle, in der Hitler für alle Deutschen ein Gelöbnis der treuen Pflichterfüllung vor Gott ablegte und sie mit der Hoffnung einer Siegesstunde verband. Die Neujahrsansprache wurde vom Rundfunk übertragen.

Auch den überlangen Neujahrsbefehl an die Soldaten beschloss Hitler religiös und machte die Soldaten zu Zeugen dafür, dass Gott diese Soldatengeneration mit seinem Segen beglücken werde, nämlich mit dem Sieg. „Der Allmächtige, der unser Volk in seinem bisherigen Lebenskampf geleitet und nach Verdienst gewogen, belohnt und verurteilt hat, soll dieses Mal eine Generation vorfinden, die seines Segens würdig ist. Die unvergänglichen Zeugen dafür aber seid ihr, meine deutschen Soldaten, in den vergangenen Jahren gewesen, ihr werdet das erst recht in dem kommenden Jahr sein."[3]

Wieder schimmert mit der Wortwahl „gewogen", „belohnt" das Gerichtsmotiv auf, das Hitler in den letzten Jahren mehrfach bemüht hatte. Hitler verschwieg nicht die schwere Belastung der deutschen Bevölkerung, Er wollte Zuversicht und Siegesglauben ausstrahlen und erwartete, dass „ihr Soldaten mehr noch als bisher gerade im sechsten Jahre des Kampfes auf Leben und Tod eure Pflicht erfüllt."

In seiner letzten Rede an die deutsche Bevölkerung anlässlich der Wiederkehr seines Regierungsantrittes am 30. Januar, einem hervorragenden Termin im braunen Festkalender, nahm Hitler dreimal Zuflucht zu religiös-christlichen Redenarten, um die für ihn zwangläufige Aussicht auf Sieg und ‚Frieden' zu bekräftigen. Deutschland sei von Gott geschaffen. Er werde sein Werk nicht untergehen lassen.[4] „Der Allmächtige hat unser Volk geschaffen. Indem wir seine Existenz verteidigen, verteidigen wir sein Werk." Das glücklich überstandene Attentat am 20. Juli deutete Hitler erneut als einen religiösen Hinweis zur Fortsetzung seiner Politik: „Dass mich der Allmächtige an diesem Tag beschützte, sehe ich als eine Bekräftigung des mir erteilten Auftrages an".

---

[3] DOMARUS, 2188.
[4] DOMARUS, 2196.

Hitler bestätigte mit dieser Redewendung, wozu ihn Bischof Marahrens beglückwünscht hatte: Die Hand Gottes habe Hitler vor dem Tod bewahrt. Er, Hitler, sei „der heiligen Überzeugung, dass am Ende der Allmächtige den nicht verlassen wird, der in einem ganzen Leben nichts anderes wollte, als sein Volk vor dem Schicksal zu retten, das es seiner Zahl nach, gar seiner Bedeutung nach jemals verdient hat."[5] Zum Schluss trat Hitler mit allen Schichten der deutschen Bevölkerung, besonders der Jugend, vor Gott mit der Bitte um Gnade und Segen: „Indem wir eine so verschworene Gemeinschaft bilden, können wir mit Recht vor den Allmächtigen treten und ihn um seine Gnade und seinen Segen bitten."[6]

Die Rede wurde in ganz Deutschland übertragen, auch auf dem mit Kriegsgerät, Verwundeten und Flüchtlingen überfüllten Passagierschiff „Gustloff", dem Vorzeige-Luxusdampfer der „Kraftdurch-Freude"-Organisation zur Erholung der nazistischen Volksgemeinschaft. Das Schiff war an diesem Tag auf der Fahrt von Gotenhafen nach Lübeck, wurde von Torpedos getroffen und sank noch während der Rede; 1.252 Passagiere wurden gerettet, 9.009 ertranken. Zehn Tage später wurde das Schiff „Steuben" getroffen. Von den 4.000 Passagieren wurden 660 gerettet. Das Schiff „Goya" sank mit 9.000 Passagieren. Allein im Frühjahr 1945 kamen 25.000 Menschen auf diese gewaltsame Weise durch die Kriegspolitik des „christlichen Staatsmannes" in der Ostsee ums Leben.

Die Rhetorik Hitlers bot den Bischöfen keinen Anlass, sich von ihrem gewohnten Hitlerbild zu trennen.

---

[5] DOMARUS, 2197.
[6] DOMARUS, 2198.

His last fling   **Sein letztes Mittel**

Schon 1933 prophezeite die Zeitung *Daily Worker* in Chicago einen von Hitler ausgelösten Weltkrieg als „letztes Mittel" seiner grausamen Politik. Als „einziges Mittel", möchte man hinzufügen, denn Hitler hatte nichts anderes gelernt. Sein einziger erlernter Beruf war Soldat. Am Krieg hatte Hitler Gefallen wie ein Tänzer am Spitzentanz. Als letztes Mittel nahm Hitler nicht ein Schwert, sondern Gift und die Pistole.

DAS ENDE DES HITLERREICHES
UND REAKTIONEN VON BISCHÖFEN

Hitler hatte 1939 persönlich die militärische Führung aller deutschen Truppen übernommen und hatte als „Feldherr" vollständig versagt. In einem einzigartigen „Blitzkrieg" eroberten die alliierten Truppen im Frühjahr 1945 das große Gebiet des Deutschen Reiches. Das linksrheinische Köln wurde bereits am 5. März eingenommen, Danzig am 27. März, Kassel war zur Festung erklärt worden und wurde am 4. April erobert, Hannover am 10. April, Weimar am 11. April von US-amerikanischen Truppen, am 14. April das rechtsrheinische Köln, Nürnberg nach einem viertägigen Kampf am 20. April, Stuttgart am 21. April von französischen nordafrikanischen Truppen. Seit Ende März 1945 waren die Reste von 19 Divisionen im Ruhrgebiet eingeschlossen worden, der Oberbefehlshaber General Modl beging Fahnenflucht durch Selbstmord, und ab 21. April 1945 wurden 300.000 deutsche Soldaten in die Gefangenschaft in die Rheingauen abgeführt. Bremen wurde am 26. April 1945 von britischen Truppen besetzt und Stettin am selben Tag von sowjetischen Truppen. Südlich von Berlin war bei Halbe die 9. Armee eingeschlossen worden, ein kommandierender SS-Obergruppenführer beging Selbstmord, und am 28. April wurden 120.000 deutsche Soldaten in die sowjetische Kriegsgefangenschaft abgeführt. Es waren vor allem die Geburtsjahrgänge 1924-1926, die in ihrer Verblendung das Hitlerreich als Vaterland wütend verteidigten.

Einige Bischöfe stemmten sich gegen die verheerenden Folgen des alliierten Blitzsieges, besonders als die Ostfront das Reichsgebiet längst erreicht hatte und Ängste vor einer „Bolschewisierung des Deutschen Reiches" auslöste. Bischof Wurm erklärte bei der Konferenz der Dekane am 22. Februar 1945: „Im Vordergrund steht die Frage: Wie ist vom Standpunkt des Gottesglaubens und des Gottesgedankens aus eine so ungeheure Bedrohung des christlichen Abendlandes und seiner Kultur zu verstehen?" Wurm zog eine Parallele der gegenwärtigen Lage zu Äußerungen Luthers im Bauernkrieg: „In solchem Krieg ist es christlich und ein Werk der Liebe, die Feinde getrost würgen, rauben und brennen und alles tun, was schädlich ist, bis man sie überwinde."[7] Der Glaube an einen Endsieg blieb in diesen Kreisen offenbar bis zur militärischen Niederlage lebendig. Paradoxerweise bedeutete er das Weiterbestehen des Hitlerreiches.

Landesbischof Marahrens meditierte im Pfarrrundbrief vom 16. Februar 1945 über das Lied „Wach auf, du Geist der ersten Zeugen": „Wer wollte das nicht von Herzen anbeten ,Lass eilend Hilf uns widerfahren und brich in Satans Reich mit Macht hinein!'" Was war mit dem Einbruch Gottes in Satans Reich gemeint? Marahrens blieb im Allgemeinen. Erst der folgende Zusammenhang legte die Frage nahe: War das ein erhoffter Einbruch Gottes in die atheistischen, daher satanischen sowjetischen Truppen, die das christlich-nazistische Deutschland bedrohten? Bestand darin die Erwartung einer „eilenden Hilfe"? Marahrens griff ferner die Zeile vom Geist der ersten Zeugen auf, „die getrost dem Feind entgegengehen", und der Bischof erläuterte geheimnisvoll: „Das wissen wir, dass für die Ausrichtung der Botschaft Christi diese Wochen und Monate, in denen wir stehen, vielleicht sehr viel ausmachen werden." Wenig später sprach er die Hoffnung aus: „Möchte es dem tapferen und opfervollen Widerstand der Soldaten und dem hingebenden Einsatz der Bevölkerung gelingen, dem gewaltigen Ansturm Halt zu gebieten. Lasst uns der Front und der Heimat täglich in Treue vor Gott gedenken."[8] Es gab bei Marahrens und anderen Bischöfen keine erkennbare stille Vorfreude über die nahe bevorstehende militärische Niederlage und damit das absehbare Ende der Hitlerherrschaft.

Am 2. Mai 1945 kapitulierte nach 14-tägigen sinnlosen Kämpfen die nationalsozialistisch verseuchte Reichshauptstadt Berlin, Hamburg wurde einen Tag später kampflos übergeben. Am 7. Mai unterzeichneten in Reims zwei Vertreter von Wehrmacht und Marine, Jodl und Friedeburg, vor General Eisenhower die bedingungslose

---

[7] *Ev. Landeskirche in Württemberg* Bd 6, 1360 f.
[8] ebd., 1742.

Kapitulation und am 8. Mai in Berlin-Karlshorst Admiral Friedeburg und der ehemalige Oberbefehlshaber der Wehrmacht, Wilhelm Keitel, der sich nicht schämte, die Sieger beim Betreten des Raumes mit seinem „Marschallstab" zu begrüßen, vor der sowjetischen Militärführung die Kapitulationsurkunde. Der 49-jährige Friedeburg nahm sich noch im selben Monat das Leben.

Mit der Niederlage der militärischen Führung war die politische Führung keineswegs beseitigt. Das war 1918 auch so. Die Siegertruppen hätten Deutschland wieder verlassen und Deutschland einer neuen politischen Führung überlassen können. So versuchte der von Hitler ernannte Nachfolger Karl Dönitz auf dem Gelände einer Marineschule in Mürwik bei Flensburg mit einer großen, mehrere hundert Mann starken Regierungsbeamtentruppe sowie einigen Ministern eine Art Regierung zusammenzuhalten. Die Sieger wünschten jedoch keinen Friedensvertrag mit einem besiegten Deutschland, sondern eine Auflösung des nationalsozialistischen Regierungsapparates und die Zerstückelung des Deutschen Reichsgebietes in vier Besatzungszonen. Das war das Ende des 1871 übermütig in Versailles gegründeten Kaiserreiches. Die Regierung Dönitz wurde am 23. Mai bei Flensburg verhaftet. Ende des Jahres wurde die Regierungs- und Parteiprominenz[9] in der „Hauptstadt der Bewegung", Nürnberg, vor ein internationales Gericht gestellt und ein Jahr später größtenteils zum Tode verurteilt, aufgehängt und die Asche irgendwo verstreut. Die ehemaligen Beamten der Ministerialbürokratie ließen sich gefälschte Pässe und Personalien ausstellen und tauchten wie viele andere in einer der westlichen Besatzungszonen unter.

Deutschland war hitlerfrei. Nicht alle waren glücklich. Auf eine Zeit nach und ohne Hitler war die Mehrheit der vom Nationalsozialismus vergifteten deutschen Bevölkerung nicht vorbereitet. Eine Selbstmordwelle ging durch das Deutsche Reich, teils weil sie als überzeugte Nazis eine persönliche und politische Zukunft ohne Hitler sich nicht vorstellen konnten, teils aus berechtigter Angst vor der

---

[9] Uwe KLUßMANN, Hitlers allerletztes Aufgebot. In: Spiegel (online), 22.05.2020.

Rache der Sieger; viele Frauen aus Angst vor Vergewaltigungen.[10]
Norbert F. Pützl und Klaus Wiegrebe vermuten: „Mindestens Hun-
derttausend Deutsche brachten sich um."[11] Christian Goeschel
spricht von einer beispiellosen Selbstmordepidemie im Frühjahr
1945: 53 Heeresgeneräle, 14 Luftwaffengeneräle, 11 Admirale, einige
Gauleiter brachten sich um und hinterließen oftmals Frau und Kinder.[12] In Berlin nahmen sich fast 4.000 Frauen und 3.000 Männer das
Leben, darunter neun evangelische Pfarrer, sodass Pfarrer Jacobi von
der Kaiser Wilhelm Gedächtniskirche gegen diese „Selbstmordepidemie" anpredigte.[13]

Mit ihren massenhaften Selbstmorden wichen viele Menschen auf
denkbar radikale Weise einer Antwort auf die Frage aus: Wer hat
den Krieg angefangen? Dazu ohne plausiblen Grund, aus nackter
Gewinnsucht. Wer war in die Sowjetunion eingefallen? Wer hatte
den USA den Krieg erklärt? Wer einen Krieg anfängt und verliert,
muss die Folgen tragen.

„Was haben wir damit zu tun", antwortete die deutsche Bevölkerung auf diese Fragen. Die Hitlerbilder in den Häusern wurden ab-
gehängt, Hitlers „Mein Kampf" und Propagandabroschüren verbrannt, aus den Fahnen das Hakenkreuz herausgeschnitten und der
restliche Stoff weiter verwendet. Vor allem in den Rathäusern und
Parteizentralen rauchten die Schornsteine stundenlang und vernich-
teten belastendes Aktenmaterial. Nicht so rasch verschwand der
Hitlergruß. Im Sommer 1945 forderte eine US-amerikanische Zeitung
die braunschweigische Bevölkerung auf, den Hitlergruß zu unterlas-
sen.

Die schlichte Einsicht „Wir haben den Krieg begonnen und sind
total besiegt" und müssten nun die Folgen tragen, wurde noch überdeckt von einer einzigartigen, schandbaren Entdeckung.

---

[10] Beate LAKOTTA, Tief vergraben, nicht dran rühren, in: Stephan BURGDORFF / Klaus
WIEGREFE, Der 2. Weltkrieg, 330-337.
[11] Norbert F. PÖTZL / Klaus WIEGREBE, Die Heimkehr des Krieges.
[12] Christian GOESCHEL, Selbstmorde im Dritten Reich, Berlin 2011, 235.
[13] ebd. 241.

DIE RÄUMUNG DER KONZENTRATIONSLAGER MÄRZ / APRIL 1945

Im Frühjahr 1945 bestanden im Reichsgebiet zahllose KZ-Lager. Namen von Schreckensorten sind: Dachau (seit 1933), Emslandlager (seit 1933), Buchenwald (seit 1937), Neuengamme (seit 1938), Flossenbürg (seit 1938), Sachsenhausen (seit 1938), Mauthausen (seit 1938), Ravensbrück (seit 1939), Danzig-Stutthof (seit 1939), Groß Rosen (seit 1940), Hinzert (seit 1940), Mittelbau Dora (seit 1943), Bergen-Belsen (seit 1943). In fast jeder Landeskirche befand sich ein KZ-Lager. Bekannt wurde das Gebet: „Lieber Gott, mach mich stumm, dass ich nicht nach Dachau kumm."

Seit 1933 hatte die Naziherrschaft das ständig wachsende System der Konzentrationslager zu einer eigenen Lagergesellschaft mitten und neben der Zivilbevölkerung eingerichtet. Diese war von der Bevölkerung ghettohaft abgetrennt, ein rechtsfreies Gelände, auf dem die Insassen der Schikane und dem Sadismus des männlichen und weiblichen Bewachungspersonals hilflos ausgesetzt waren.

Seit Kriegsbeginn wurde die Masse der sowjetischen Kriegsgefangenen in die KZ verbracht, ihre Arbeitskraft ausgepresst und schließlich durch gezielte Unterernährung und Fehlen von hygienischen Grundbedingungen einem allmählichen, qualvollen Sterben überlassen. Sie wurden Todeslager, aber sie kurbelten die Kriegswirtschaft an, die Steuerkraft stieg und mit ihr auch die Höhe der an die Landeskirchenämter abgeführte Kirchensteuer.

Zu den Stammlagern gehörten viele hundert Außenlager mit unfassbar unmenschlichen, ekelerregenden Lebensbedingungen.

Zum KZ Neuengamme im Süden von Hamburg gehörten zum Beispiel im März 1945 Außenlager in Bremen, Hannover, Salzgitter, Braunschweig, Drütte, Watenstedt, Helmstedt, Porta, Osnabrück, Hildesheim, Lüneburg, Kiel, Uelzen, Wilhelmshaven, Wöbbelin, Wolfsburg.[14] Allein in diesen leisteten nach dem letzten Vierteljahresbericht des SS-Standortarztes vom 29. März 1945 39.880 Häftlinge,

---

[14] Detlef GARBE, Konzentrationslager Neuengamme, in: Wolfgang Benz und Barbara Diestel. Der Ort des Terrors, München 2007, 315-351.

darunter 12.973 Frauen Sklavenarbeit für die Kriegswirtschaft, bewacht von 2.211 SS-Angehörigen. In den Frauenaußenlagern waren weiterhin 444 Aufseherinnen eingesetzt.

Zum bayrischen KZ Flossenbürg gehörten u. a. die Außenlager Ansbach, Eichstätt, Grafenreuth, Nürnberg, Regensburg, Würzburg. Im Hauptlager, das ursprünglich für 300 Häftlinge geplant war, hausten Ende März 1945 in 23 Baracken 15.445 meist ausländische Häftlinge, 36.995 Häftlinge befanden sich in den Außenlagern, bewacht von 2.564 SS Männern und von 515 Aufseherinnen, dazu zahlreichen regionalen SS-Einheiten.[15]

Vor dem Eintreffen der alliierten Truppen im Frühjahr 1945 wurden die KZ-Lager samt Außenlagern vom SS-Wachpersonal leer geräumt, Beweismaterial verbrannt und die oft völlig entkräfteten Häftlinge in Kolonnen bis zu 500 Häftlingen zu tagelangen Todesmärschen zu vermeintlichen sicheren Zielorten gezwungen. Zielorte der Häftlinge von Neuengamme z.B. waren Bergen-Belsen, Wöbbelin bei Ludwigslust und Sandbostel. Wer aus Entkräftung hinfiel, wurde kurzerhand erschossen.

Das KZ Kaufering IV war ein Lagerkomplex um die Stadt Landsberg in Bayern. Zielort des Todesmarsches war das KZ Dachau. Edith Raim: „Die Todesmärsche blieben den Überlebenden als letzter Teil ihres Leides im Gedächtnis: Getrieben von der SS, tagelang ohne Essen, taumelten sie am Ende ihrer Kräfte durch Städte und Dörfer … Es geschah vor den Augen einer Bevölkerung, die im ländlichen Bayern von vielen Auswirkungen des Krieges bis dahin verschont geblieben war."[16] Viele Dorfbewohner und Kirchengemeindemitglieder waren Zeugen dieser Todesmärsche.

3000 Häftlinge des KZ Langenstein-Zwieberge, eines berüchtigten Außenlagers des KZ Buchenwald, wurden am 5. April in sechs Kolonnen zu je 500 Mann zusammengeprügelt und durch die Orte

---

[15] Jörg SKRIBELEIT, Flossenbürg, in: Wolfgang Benz, Barbara Distel, Der Ort des Terrors, Bd 4, 17-66.

[16] Edith RAIM, Das Ende von Kaufering IV, in: Dachauer Hefte 20 (*Das Ende der Konzentrationslager*), 153-156.

Quedlinburg, Emersleben. Wiederstedt, Köthen, Bitterfeld, Söllichau, Jessen, Seyda, Zahna bis in den Raum Coswig geschleppt. Der lange Todesmarsch führte durch Städte und Dörfer und ihre Kirchenge- meinden.[17] Einen dieser Todesmärsche, der durch das Harzer Städt- chen Stolberg geschleppt wurde, beobachtete Oberkonsistorialrat Heinz Brunotte, der mit den Akten der Berliner Kirchenkanzlei nach Stolberg geflüchtet war, und schrieb an seinen Vater: „Wegen der drohenden Annäherung der Feindpanzer wurden nun die Sträflinge fortgebracht und zwar unbegreiflicherweise in den Harz hinein. In den nächsten Tagen kamen durch Stolberg lange Züge von ‚Zebras‘, entsetzliche Jammergestalten und Verbrechertypen, zu Fuß. Und nun haben wir sie nach dem Zusammenbruch wieder auf dem Rückmarsch hier, eine grässliche Sorge für die ganze Stadt. Denn nun sind sie frei und werden von den eingerückten Amerikanern begünstigt. In der ganzen ersten Woche zitterte alles vor ca. 150 Zeb- ras, die hier und da plünderten, der Stadt alle Vorräte auffraßen und für die dann noch Bekleidungsstücke gesammelt wurden, wovon wir uns aber drücken konnten.“[18] „Zebra“ war eine Anspielung auf die KZ-Kleidung.

Oberkonsistorialrat Heinz Brunotte hatte als Leiter der Kir- chenkanzlei in Berlin präzise Kenntnisse von dem Innenleben der Nazihierarchie. Für ihn waren KZ-Häftlinge „Sträflinge“, die nach ihrer Befreiung, in ihr altes asoziales Verhalten zurückfallend, die- bisch „alle Vorräte auffraßen“. Das war kein Stammtischgeplauder, sondern die echte persönliche Meinung, wiedergegeben in einem Privatbrief an seinen Vater. Es war die unverstellte Meinung der Mehrheit der Bevölkerung. Ein Eingreifen der Kirche, eine solidari- sche Geste, ein Funken von Mitgefühl und Verständnis war bei Oberkonsistorialrat Heinz Brunotte nicht erkennbar. Er leitete dann ab 1949 die Kirchenkanzlei der Evangelischen Kirche.

---

[17] In: Denise WESENBERG, Das Ende des Konzentrationslagers „B2“ – „Malachit“ – Langenstein-Zwieberge“, in: Dachauer Hefte 20 (Das Ende der Konzentrationslager), 88-98.
[18] Jens GUNDLACH, Heinz Brunotte 1896-1984, Hannover 2010, 313.

Die Stadt- und Dorfbevölkerung wurde nicht nur passiv Zeuge der Todesmärsche, sondern beteiligte sich auch aktiv am Massenmord. Ein Todesmarsch endete am Stadtrand von Gardelegen in einem großen scheunenartigen Komplex, in den 1100 Häftlinge hineingetrieben, die Scheune angesteckt und die Häftlinge verbrannt wurden.[19] An dem Massaker von Gardelegen waren beteiligt Angehörige der SS und HJ, Wehrmachtssoldaten, Parteifunktionäre der NSDAP Kreisleitung, Männer des Volkssturms.

DAS DEUTSCHE REICH – EIN TOTENFELD

Nicht aus eigener Kraft wurde das Hitlerreich auf deutschem Boden zerstört, sondern durch die alliierten und sowjetischen Truppen. In der sog. deutschen Ardennenoffensive im Dezember 1944 / Januar 1945 waren 20.000 englische und US-amerikanische Soldaten gefallen, im März 1945 bei den Kämpfen im Ruhrkessel 1.500 US-amerikanische Soldaten, im April 1945 bei den Kämpfen vor Berlin bei den Seelower Höhen 33.000 russische Soldaten. Der Krieg war bereits entschieden, zu Hause konnten die Familien in den USA, in Sowjetrussland und in England auf die Rückkehr ihrer Söhne und Väter hoffen, aber sie kamen ums Leben, weil die deutschen Männer – wie sie später entschuldigend beteuerten – verbissen ihr „Vaterland" verteidigten. Dabei kamen bei der Ardennenoffensive 17.000 deutsche Soldaten, im Ruhrkessel 10.000, vor Berlin 12.000, und im April/ Mai 1945 bei Kämpfen in der Reichshauptstadt auf beiden Seiten insgesamt 170.000 Soldaten ums Leben.

---

[19] Diana GRING, Das Massaker von Gardelegen, in: Dachauer Hefte 20 (Das Ende der Konzentrationslager), Oktober 2004, 112-127. Es gibt auch ermutigende Beispiele. Curt STAUSS berichtet folgendes: „Während im Nachbardorf Dolle die Einwohner sich an der Jagd auf flüchtende Menschen aus dem Todesmarsch beteiligten, schickte der Bürgermeister von Burgstall die SS-Leute mit dem Hinweis auf die nahe Front weg und rettete mit den Dorfbewohnern viele Häftlinge." (Brief Curt Stauss an Kuessner, 26.2.2012)

Bei ihrem Einmarsch in das eroberte Deutsche Reich wurden die alliierten Truppen von der Vielzahl und ekelerregender Brutalität der nunmehr teilweise entleerten Konzentrationslager überrascht.

Am 11. April erreichten amerikanische Truppen das KZ Buchenwald bei Weimar. Die Amerikaner trafen noch 21.000 Häftlinge aus ganz Europa im Lager an, die bereits einen Widerstand organisiert und 125 SS-Bewacher des Lagers festgenommen hatten. Am 16. April wurden ca. 1.000 Weimarer Bürger ins KZ Gelände transportiert, die sich die im Krematoriumshof angehäuften Leichenberge ansehen sollten. Schon am 16. April erschien in der Londoner Times ein Bild von den entsetzten Weimarer Bürgern vor den auf offene Wagen gestapelten Leichen. Der Name „Deutschland" war für lange Zeit geschändet. Buchenwald hatte 136 Außenlager, von denen das im Harz gelegene Mittelbau-Dora ein selbständig verwaltetes Konzentrationslager geworden war.

Am 15. April 1945 erreichten britische Soldaten das KZ Bergen Belsen in der Lüneburger Heide, 10.000 Leichen lagen verstreut auf dem Gelände des Lagers. Vom Januar bis April 1945 waren mehr als 35.000 Häftlinge an Hunger oder Typhus gestorben. Ein Teil der unkenntlichen Leichen war in einer Grube von 20 x 10 Meter und 3 Meter Tiefe auf offenem Feld gestapelt und verbrannt worden. Auf Protest der Forstverwaltung und des Militärs des nahe gelegenen Truppenübungsplatzes Bergen-Hohne musste die Aktion eingestellt werden. Daher blieben die Leichen in den Baracken unbestattet liegen.[20] Viele der nunmehr befreiten Häftlinge starben total geschwächt vor den Augen der Soldaten. In den ersten 12 Wochen nach dem 15. April starben noch mehr als 13.000 ehemalige Häftlinge an den Folgen des KZ-Terrors. Viele ahnungslose Bewohner in den angrenzenden Dörfern und Städten wurden auf Lastwagen in das Lager gefahren, um dieser Verbrechen und Schande ansichtig zu werden. Einige mussten beim Abtransport der Leichen mit helfen.

---

[20] Thomas RAHE, Das Evakuierungslager Bergen, Dachauer Hefte Nr. 20 (Das Ende der Konzentrationslager), 20. Jahrgang, Oktober 2004.

Die Fotos der Verbrechen wurden zeitnah in den Zeitungen veröffentlicht und in den Kinos gezeigt.

Am Sonntag, dem 29. April, erreichten amerikanische Truppen das KZ Dachau und stießen zunächst am Eingang auf Eisenbahnwaggons mit 2.300 verhungerten und erschossenen Häftlingen aus dem KZ Buchenwald. Im Stammlager Dachau befanden sich noch teils halb verhungerte, teils typhuskranke, insgesamt 32.000 Häftlinge in einem völlig verdreckten Lagergebiet. Hunderte von Leichen lagen in den Baracken herum. „Hinter dem Stacheldraht und dem elektrischen Zaun saßen die Skelette in der Sonne und suchten sich nach Läusen ab. Sie sind völlig alterslos, gesichtslos", beobachtete drei Tage später eine US-amerikanische Reporterin. Die oft jungen amerikanischen Soldaten waren tief schockiert: „Jetzt wissen wir, wofür wir gekämpft haben", sagten sie. Im Lager stießen sie noch auf ca. 50 jüngere SS-Angehörige. 40-50 von ihnen wurden von US-amerikanischen Soldaten inmitten von Leichenhaufen umgehend als Reaktion auf den fürchterlichen Anblick der Häftlingsleichen erschossen. Als der Journalist Stefan Troller das Lager einen Tage nach der Befreiung besichtigte: „Diese Hunderte von Skeletten mit gelblicher Haut überzogen, die da herumlagen …, wo bleibt das Schuldgefühl, das Bekenntnis, die Reue, verdammt noch mal."[21]

Im September 1945 meldete das Landesnachrichtenamt in Sachsen allein für Sachsen 43 Todesmärsche mit bis zu 60.000 KZ Häftlingen. Die Auflistung nannte das Ausgangslager, die Routen und Zielrichtungen der Transporte, sowie die Stärke und Zusammensetzung der Kolonnen und Fundstellen von Todesopfern.[22]

Im April 1945 waren Feldwege, Dorfstraßen, Waldwege und Chausseen übersät von Leichen jener Todesmärsche, notdürftig mit

---

[21] Interview mit Georg Stefan Troller, geführt von Hauke Goos und Alexander Smoltczyk vom 09.07.2020. Spiegel Online: https://www.spiegel.de/geschichte/georg-stefan-troller-erinnert-sich-an-den-sommer-1945-und-das-kriegsende-a-a5394b35-f615-4e5c-afe5-0c7edd94b408.

[22] Martin Clemens WINTER, Gewalt und Erinnerung im ländlichen Raum, Berlin 2018, 261.

Erde überdeckt. Es waren die nachrückenden alliierten Soldaten, die sich um eine geregelte Bestattung kümmerten. Dazu wurden die Bewohner der nächstliegenden Ortschaften herangezogen. Mir sind keine Berichte bekannt, wonach sich evangelische Pfarrer um die Bestattung gekümmert hätten und Plätze auf den von ihnen verwalteten Friedhöfen zur Verfügung gestellten hätten, obwohl ein Begräbnis nach langer kirchlicher Tradition zu den sieben Werken der Barmherzigkeit gehört. Stattdessen standen Fragen der Zuständigkeit, der Zulässigkeit von Bestattung von zur Kirche nicht Zugehörigen, auch von Juden auf einem evangelischen Friedhof im Wege.

Nachdem ein Pfarrer die Leichenberge in Bergen Belsen unfreiwillig mit vielen anderen Bürgern hat mit ansehen müssen und in sein Celler Pfarrhaus zurückgekehrt war, stammelte er nur leichenblass: „Das haben wir nicht gewollt." Dieser Satz wurde die Standardbehauptung des konservativen Bürgertums im Sommer 1945. Sie ermöglichte eine vollständige persönliche Abwehr sowie innere Abspaltung und schloss die Überlegung aus, ob die Kirche durch die Anerkennung Hitlers als Obrigkeit an solchem Terror und derartiger Bestialität mitschuldig geworden war.

DIE HEILE WELT AUF DEN DÖRFERN
UND IHRE GERÄUSCHLOSE ENTNAZIFIZIERUNG

Die grauenvollen Bilder der zertrümmerten deutschen Großstädte sowie die Bilder der geöffneten Konzentrationslager sind jedoch nur eine Hälfte der damaligen Wirklichkeit. Es gab auch Kleinstädte, auf die keine Bomben gefallen waren, die nicht wie das umkämpfte Ruhrgebiet in einem Kriegsgebiet lagen, sondern 1945 überrollt wurden und vielerorts die Siegertruppen mit weißen Fahnen begrüßten. In Niedersachsen gehörten Celle, Lüneburg, Oeynhausen zu diesen unberührten Kleinstädten, in Mittel- und Süddeutschland Marburg, Rothenburg, Erlangen. Noch unberührter blieben die Dörfer, die diese Städte umgaben.

Nach dem Einmarsch der alliierten Truppen verließen die nazi-belasteten Dorf- bzw. Stadtbewohner entweder von selbst ihre Positionen in den kommunalen Strukturen oder wurden erfolgreich umgehend herausgedrängt. Nicht selten übergaben überlebende Antifa-Gruppen den Siegern Listen mit belasteten Bürgern, die dann im Lastwagen abgeholt und in Internierungslager interniert wurden. Die lebenswichtigen Posten in den Gemeinden wurden ausgewechselt und die dringendsten Arbeiten wie Ausgabe von Lebensmittelmarken, Wohnraumbeschaffung, Wasser- und Stromversorgung weiterhin gewährleistet. Es waren diese kleinsten kommunalen Einheiten, die flächendeckend das Weiterleben unter völlig veränderten politischen Bedingungen ermöglichten.

Vergleichsweise ähnlich ging es in den evangelischen Kirchengemeinden zu. In den bombardierten Großstädten waren mit den Kathedralen auch die Kirchengemeinden gründlich zerstört worden. Anders auf den Dörfern. Belastete Kirchenvorstandsmitglieder und kirchliche Mitarbeiter zogen sich aus der aktiven Arbeit von selbst zurück. Die Pfarrer blieben gefragt: Die Mädchen und Jungen, die sich 1943/44 zum Konfirmandenunterricht angemeldet hatten, bestanden auf ihrer Konfirmationsfeier und wurden nun im Frühjahr teils ungestört-friedlich, teils unter Sirenengeheul und dramatischen Umständen konfirmiert. Die Kasualien (Taufe, Trauung, Bestattung), welche die Kirchengemeinden anboten, erwiesen sich im Laufe des Jahres 1945 für die Kirchenmitglieder als Stabilitätsanker. So wurden im nicht besonders frommen Braunschweig 1945 noch 295 Jugendliche konfirmiert und über 800 zur Konfirmation 1946 angemeldet. 1944 waren noch 387 Kinder getauft worden, 1945 schon 697 und 1946: 1.735. In der Württembergischen und Bayrischen Landeskirche waren die Ziffern vermutlich viel höher. Sie zeigen an, dass die Kasualien an der Gemeindebasis einen erheblichen Beitrag zur Fortdauer und Stabilisierung der evangelischen Kirche gerade in diesen Krisenzeiten leisteten. Die traditionelle Arbeit in den Kirchengemeinden ging weiter, auch wenn die Lage an der jeweiligen Kirchenspitze noch unbestimmt war. Das sollte sich in Treysa ändern.

DAS POTSDAMER ABKOMMEN[23]

Dreimal hatten sich nach der kriegswendenden deutschen Niederlage von Stalingrad die Regierungen der USA, UdSSR und England, zunächst in Teheran (November / Dezember 1943), dann in Jalta (Februar 1945) und nun im Sommer 1945 in Berlin-Potsdam getroffen, um die Beute ihres totalen Sieges über das Hitlerreich aufzuteilen. Das Potsdamer Abkommen hatte für die evangelische Kirche sehr weitreichende Folgen. Vom 17.-25. Juli und 28. Juli bis 2. August 1945 hatten Harry Truman, Josef Stalin und Winston Churchill, später Clement Attlee, mit ihren Außenministern und weiteren hochrangigen Militärs auf dem Cäcilienhof bei Potsdam über das künftige Schicksal des besiegten Deutschlands verhandelt. Als Ziel der andauernden Besetzung des ehemaligen Deutschland formulierten sie u.a. als Vorgabe, „das deutsche Volk zu überzeugen, dass es eine vollständige militärische Niederlage erlitten habe und dass es sich der Verantwortung für das, was es selbst herbeigeführt habe, nicht entziehen könne" (A. Politische Grundsätze 3. [II]). Die sowjetischen Truppen hatten seit Sommer 1944 die auf polnischem Gebiet errichteten Konzentrationslager Maly Trostinez bei Wilna, Sobibor, Treblinka, Majdanek, Bezec, Auschwitz, Danzig-Stutthof, Chelmin und Groß Rosen erreicht und waren, soweit die Gaskammern nicht abgerissen und andere Spuren der SS-Verbrechen verwischt worden waren, auf grauenhafte Zustände gestoßen. In Majdanek konnten sie noch ca. 1.000 sowjetische Kriegsgefangene befreien, in Auschwitz über 5.000 völlig entkräftete Gefangene. Der IG Farben Komplex Monowitz (Auschwitz III) wurde noch von deutschen Soldaten wütend verteidigt. Es erstaunt heutzutage, dass die damalige deutsche Bevölkerung offenbar im Sommer 1945 noch nicht begriffen hatte, dass sie vollständig besiegt worden war. Sie müsse Verantwortung übernehmen für die Folgen der Hitlerherrschaft und ihre Zustimmung zu ihr. Eine dieser Folgen war der Artikel VI: „Die Konferenz

---

[23] *Die Potsdamer Konferenz August 1945*, Karlsruhe 1946.

erteilte grundsätzlich ihre Zustimmung zu dem Vorschlag der Sowjetregierung über die endgültige Abtretung der Stadt Königsberg und Umgebung." (Artikel VI) Auch die Städte Danzig, Breslau und Stettin blieben dauerhaft für einen künftigen deutschen Staat verloren. Die Provinzen, Ostpreußen, Pommern, Schlesien waren ganz überwiegend evangelische Gebiete, die als Kirchenprovinzen mit ihren Kirchengebäuden und Hunderten von Pfarrhäusern der Kirche der Altpreußischen Union dauerhaft verloren gingen. Die Bedeutung dieses weitreichenden Zugriffs Stalins blieb der evangelischen Kirche nicht verborgen. Sie richtete ihre Hoffnung auf eine künftige, im Abkommen genannte Friedenskonferenz. Die Landeskirchen in der US-amerikanischen, englischen und französischen Besatzungszone waren in ihrer territorialen Integrität überhaupt nicht berührt. Sie waren soweit betroffen, als sich die Millionen der aus dem Osten geflüchteten oder wenig später ausgewiesenen evangelischen Mitchristen in ihren Kirchengemeinden einfanden und versuchten, Heimat zu finden.

DER FEHLSTART VON TREYSA[24]

Was in den Kirchengemeinden hinsichtlich einer Weiterführung der Arbeit unter gewiss eingeschränkten Bedingungen möglich war, erschien an der Kirchenspitze schwierig. In Berlin war es seit dem deutsch-christlichen Überfall im Sommer 1933 auf die entscheidende Institution des Deutschen Evangelischen Kirchenbundes, den Kirchenausschuss, nicht mehr zu einer dauerhaften Gesamtvertretung der evangelischen Landeskirchen gekommen. Die Kirchenkanzlei, das einzige funktionierende Organ des Verfassungswerkes von 1933, war vor dem Bombenkrieg aus Berlin in den Harz ausquartiert worden und arbeitete unter Oberkonsistorialrat Heinz Brunotte einge-

---

[24] Kurt MEIER, Der Kirchenkampf Bd 3. ab 575. Clemens VOLLNHALS, Evangelische Kirche und Entnazifizierung 1945-1949. Die Last der nationalsozialistischen Vergangenheit, Oldenbourg 1989, 22-33 (Der Weg nach Treysa).

schränkt weiter. Die Ministerien in Berlin hatten sich aufgelöst und ihre Arbeit, soweit sie kirchliche Aufgaben und Funktionen hatten, beendet. Im Innenministerium hatte Staatssekretär Stahn noch kirchliche Aufgaben erledigt. Er war zur Wehrmacht eingezogen worden und im Mai 1945 in Polen umgekommen. Staatssekretär Hermann Muhs, der amtierende Leiter des Kirchenministeriums und Nachfolger des 1941 verstorbenen Kirchenministers Hans Kerrl, war noch zur Wehrmacht eingezogen worden und nicht mehr ins Ministerium zurückgekehrt. Dr. Georg Cölle, seit 1944 Leiter der Finanzabteilung der Deutschen Evangelischen Kirche, war im April 1945 von Oberkonsistorialrat Brunotte „abgesetzt" und von den Alliierten interniert worden. Der Geistliche Vertrauensrat unter der Leitung von Landesbischof Marahrens war nicht mehr zusammengetreten. Sein Mitglied, der mecklenburgische deutsch-christliche Landesbischof Schultz, hatte im Juni seine kirchlichen Ämter niedergelegt und war von der britischen Regierung in das Gefangenenlager Gadeland abgeführt worden.[25]

Im Frühsommer 1945 hatte daher der württembergische Landesbischof Theophil Wurm, 77 jährig, seit 1929 im Bischofsamt, die Initiative in die Hand genommen und einige Kirchenleitungen zu einer Konferenz in das geräumige Gelände der Heil- und Pflege-Anstalten Hephata in Treysa bei Kassel am 27.-30. August 1945 eingeladen, um Fragen einer künftigen Gestaltung einer evangelischen Kirche zu besprechen.

Beim ersten Wiedersehen der überlebenden Kirchenmänner auf verantwortlichen Posten in Treysa war eine Gelegenheit zu einem gemeinsamen Gedenken und bußfertigen Besinnen über die Gründe des Massensterbens auf deutschem Boden; Gelegenheit, dass sie mitten in der Zusammenbruchgesellschaft des Sommers 1945 zu allererst gemeinsam auf die Knie fallen und ihrem Schöpfer und Erhalter danken, dass sie noch am Leben sind, die Naziherrschaft ein Ende hat und beschämt der Tatsache gedenken, dass es fremde

---

[25] Ulrich PETER, Lutherrose und Hakenkreuz. Die Deutschen Christen und der Bund der nationalsozialistischen Pastoren, Kiel 2020, 448.

Truppen waren, die unter sehr großen persönlichen Opfern noch in den letzten Monaten diese Situation herbeigeführt hatten. Es waren auch amerikanische und englische Christen mit in Treysa, da lag ein gemeinsamer ökumenischer Gottesdienst in der Luft. Es geschah nichts dergleichen: kein Dank, keine Buße, die Tagesordnung sah so etwas nicht vor.

Bischof Theophil Wurm hatte eine vorläufige Tagesordnung mit acht Tagesordnungspunkten[26] mitgeschickt und einige Referenten zu Vorträgen eingeladen. Die Einladung machte nicht den Eindruck, dass ein Kirchenneubau von den Gemeinden her erfolgen sollte, wie es den Synodalen der Berliner Bekennenden Kirche im Monat zuvor in Berlin Spandau auf der Bekenntnissynode vorgeschwebt hatte. In einem Wort an die Berliner Pfarrer und Gemeinden hatten sie u.a. erklärt, die amtliche Kirche habe sich gegenüber dem Angriff des totalen Staates und seiner Weltanschauung weithin als blind und taub erwiesen. Ihre Haltung sei zum Verrat an der Kirche geworden. Die Bruderräte der Bekennenden Kirche sollten die Kirchenleitung übernehmen, und das „tote Kirchensteuerwesen", so die Spandauer Synodalen, solle überwunden werden. Der Ruf von Barmen von der Alleinherrschaft Christi werde erneuert.[27] Die Spandauer Synode war der Versuch, von den Ergebnissen des Kirchenkampfes in der Altpreußischen Union eine neue brüderliche Kirche zu gestalten. Aber Mitglieder der Bekennenden Kirche standen nicht auf der Einladungsliste. Nach Treysa waren jedoch die Mitglieder der ehemaligen „Kirchenführerkonferenz", eben jene Vertreter einer „amtlichen Kirche", eingeladen, insgesamt ca. 40-50 Mitglieder und Gäste.

---

[26] Wolf-Dieter HAUSCHILD, Die Kirchenversammlung von Treysa 1945, Vorlagen Heft 32/33, Hannover. 1985, 17 (Anm 22). Diese Arbeit erschien später auch in der Aufsatzsammlung „Konfliktgemeinschaft Kirche", Göttingen 2004. 297-328. Ich zitiere nach der Erstveröffentlichung in den Vorlagen der VELKD 32/33.
[27] Kirchliches Jahrbuch 1945-1948, 125.

VERSUCH DER GRÜNDUNG
EINER DEUTSCHEN LUTHERISCHEN KIRCHE

Die Tagung stand von Anfang an unter einem sehr ungünstigen
Stern, denn der bayrische Bischof Meiser hatte die nach seiner Meinung betont lutherischen Landeskirchen, die früher in einem Luther-
rat zusammengeschlossen waren, zu einem Treffen am Wochenende
unmittelbar zuvor vom 24.-26. August ebenfalls nach Treysa eingeladen. Dort sollte eine lutherische Gesamtkirche für ganz Deutschland aus der Taufe gehoben werden. Bischof Meiser hatte diese Idee
bereits 1936 durchsetzen wollen, war damit jedoch gescheitert. Die
Gelegenheit schien im Sommer 1945 günstiger, denn die unierten
Kirchen der altpreußischen Union, einige in der Sowjetzone gelegen,
erschienen ihm wenig handlungsfähig.[28] Im Eilverfahren berieten die
lutherischen Vertreter einen vorgelegten Verfassungsentwurf, dessen Beratung allerdings gar nicht auf der Tagungsordnung stand
und dessen Text sie vorher nicht durcharbeiten konnten. Sie stimm-
ten trotzdem zu. Bischof Wurm hingegen lehnte die Vorlage und
damit das Unternehmen ab, sodass die für den 25. August vorgesehene Ausrufung einer lutherischen Gesamtkirche ausfiel. Die Versammlung verabschiedete aber eine Erklärung, wonach diese lutherischen Kirchen „in dem vergangenen Jahrzehnt im Gehorsam gegen
das Bekenntnis der lutherischen Reformation den Irrlehren der Zeit,
besonders der Deutschen Christen, widerstanden haben". Meiser
stützte sich auf ein versteinertes Bekenntnisverständnis, das die
dogmengeschichtliche Weiterentwicklung seit der Reformation übersah. Smith von Osten bemerkt sehr zurückhaltend, hier werde eine
Sicht der Vergangenheit deutlich, die von einer gewissen Selbstge-
rechtigkeit geprägt sei und eine inhaltliche Erneuerung in der eigenen Kirche sowie ein Zusammengehen mit den andern reformatori-

---

[28] Annemarie SMITH VON OSTEN, Von Treysa 1945 bis Eisenach 1948, Göttingen, 1980:
Kap. 7 *Die Tagung des Lutherrates in Treysa vom 24. bis 26. August 1945.*

schen Kirchen in Deutschland auch nach den Erfahrungen des Kirchenkampfes nicht zwingend mache.[29]

Bischof Meiser übersah vor allem, dass sich in der Gottesdienstgemeinde längt ein Bekenntnisverständnis *liturgisch* eingebürgert hatte. Die Väter der Liberalismus hatten im 19. Jahrhundert das apostolische Glaubensbekenntnis aus der Liturgie der sonntäglichen Gottesdienstordnung verbannt. Die Aussagen über die Jungfrauengeburt, Himmel- und Höllenfahrt Jesu, über die Auferstehung („wieder auferstanden") erschienen unverständlich und nicht zeitgemäß. Es gab darüber um 1900 einen bezeichnenden Apostolikumsstreit. Das Apostolikum war ursprünglich Bestandteil des Taufgottesdienstes. Es gehört zu den saftigen Früchten des Kirchenkampfes, dass sich die Gottesdienstgemeinde das apostolische Glaubensbekenntnis in den sonntäglichen Gemeindegottesdienst eroberte, es gemeinsam laut sprach und dazu aufstand. Das verstand sie als Standortbestimmung eines evangelischen Christen im nationalsozialistischen Staat. Rudolf Alexander Schröder dichtete dazu 1937 ein Glaubenslied, und Lahusen schrieb 1945 eine Melodie, die sich rasch einbürgerte. Das war ein treffender Hinweis, dass das Bekenntnis vor allem ein Loblied ist. Jeder Choral hatte danach einen Bekenntnischarakter. Meiser hingegen wollte den Wortlaut des Bekenntnisses aus der Reformationszeit, z.B. die Confessio Augustana aus der Tiefe der Dogmengeschichte wieder hervorholen und der Gemeinde bewusst machen.

Das war ein Vorhaben für Berufsliturgiker, aber für die lobende und bekennende Gemeinde bedeutungslos.

Es bestanden zwischen dem Bekenntnisverständnis der kirchlichen Mitte und dem lutherischen Block fundamentale Unterschiede. Die Meisersche Tagung war gegenüber dem folgenden Treffen eine dreiste Provokation und der Zeitpunkt ausgesprochen taktlos, weil Meiser die Beratungen und Beschlüsse der von Wurm einberufenen Tagung nicht abgewartet hatte.

---

[29] SMITH VON OSTEN 101.

DIE FEHLENDE TEILNEHMERLISTE
DER KIRCHENVERSAMMLUNG VON TREYSA

Die folgende Tagung von Montag, den 27. bis Freitag den 31. August, an der auch die Mitglieder der lutherischen Kirchen teilnahmen, war daher von Anfang an belastet. Obwohl ungefähr 40-50 Teilnehmer eingeladen waren, waren aber ca. 120 Personen gekommen. Man wollte sich nach langer Zeit bei dieser Gelegenheit wieder sehen, aussprechen, austauschen. Ob sich die weiteren Reisenden an den eingeladenen Teilnehmern einfach transportmäßig angehängt hatten, ob sie von den Bischöfen als nichtoffizielle Begleiter und Teilnehmer mitgenommen wurden und an der Tagung zeitweise oder bis zum Abschluss teilgenommen haben, ist noch nicht erforscht. Es gab keine offizielle Anwesenheitsliste, daher ist nicht bekannt, wieviel „Fußvolk" sich in Treysa zusätzlich eingefunden hatte. Es wurde kein Versammlungsleiter gewählt, keiner stellte die Frage nach einem Protokollführer, wer war abstimmungsberechtigt? Alle oder nur die Eingeladenen oder jeder, der zufällig im Saal war? Wurde eine endgültige Tagesordnung beschlossen? Der für zwei Referate vorgesehene Prof. Helmut Thielecke hatte verkehrsbedingt Treysa nicht erreicht.

In der 1976 veröffentlichten Arbeit von Klaus Jürgensen „Die Stunde der Kirche" über die ersten Jahre in der Landeskirche Schleswig-Holsteins nach dem 2. Weltkrieg findet sich versteckt ein Report des Colonel R.L.Sedgwick, der interessant über seine Teilnahme an dem Treffen in Treysa berichtet. Sedgwick war Controller General of Religious Affairs, hatte als Beobachter an der Katholischen Bischofskonferenz in Fulda teilgenommen und war danach unerwartet in Treysa aufgetaucht. Sein Bericht enthält auch eine Teilnehmerliste von 86 Personen aus fast allen Landeskirchen.[30] Danach waren in Treysa unter anderen ungefähr 15 Bischöfe, 13 Ober-

---

[30] Kurt JÜRGENSEN, Die Stunde der Kirche, Neumünster, 1976, 277-285. Hinweis von Hauschild 19, der allerdings die Liste kaum auswertet. Bei SMITH VON OSTEN wird sie nicht erwähnt.

kirchenräte, 9 Professoren, 8 Superintendenten, 7 Pfarrer; auch zwei Fahrer sind aufgezählt. Damit waren die Interessen und die Perspektive einer „Kirche von oben" gesichert. Die Sedgwick-Liste warf noch andere Fragen auf, z.b.: Wer war der auf dieser Liste erwähnte Oberkirchenrat Kleindienst „(Lodz, z.Zt Ansbach)"? Die Ortsangabe wirkt unklar. Ist mit Lodz die unter den Nazis umbenannte Stadt Lietzmannstadt gemeint, oder der um Lodz liegende größere Landschafsbereich im Warthegau, der vom Reichsstatthalter Greiser verwaltet wurde? Der genannte Titel Oberkirchenrat lässt einen größeren Aufgabenbereich vermuten. Kleinschmidt wohnte mit seiner Familie in Ansbach, wurde jedoch am 3.September 1945 von den Amerikaner verhaftet, für ein Jahr ins Internierungslager Dachau verbracht und im November 1946 an den polnischen Staat ausgeliefert. In einem Verfahren vor einem polnischen Gericht wurde er von der Anklage von Kriegsverbrechen am 16. November 1948 freigesprochen und auf Fürsprache von Bischof Wurm und einem englischen Bischof die Ausreise in die Westzone zu seiner Familie gestattet. Das bayrische Pfarrerverzeichnis führt ihn seit 1950 als Pfarrer in Augsburg. Vorher war er von 1939-1945 Oberkonsistorialrat in Lodz.[31]

Unter der erheblich größeren Versammlung befand sich eine vierzehnköpfige Gruppe, die sich zuvor in Frankfurt erneut als Reichsbruderrat konstituiert hatte. Sie wurde von Martin Niemöller angeführt und hatte als Gast Prof. Karl Barth mitgebracht, den Schöpfer der bei den Lutheranern ungeliebten *Barmer Erklärung* vom Mai 1934.[32]

Die vorher nicht eingeplante Anwesenheit so vieler führender BK-Mitglieder machte den Graben zwischen den Lutheranern und

---

[31] Angaben zu Kleindienst mit Hilfe von Pfarrer Jörn Mensing, Versöhnungskirche in der KZ Gedenkstätte Dachau, ermittelt.

[32] Zur Delegation, die auf der Liste von Sedgwick als „Zweiter Nachtrag" geführt wird, befinden sich folgende Namen: Barth, Karl, Professor D. Bethge, Ehlers, Gisevius, Gülzow, Hammelsbeck, Hildebrand, Lüdding, Niemöller, Martin, DD, Niesel, Ritter, Gerhard. Professor, Dr. Roland (für Sticher, Pfalz), Schreiner Helmut, Professor D., Wolf Erik (Jürgensen, 279).

der Bekennenden Kirche enorm sichtbar und hörbar. Die kirchenpolitische Entwicklung beider Gruppen war zu unterschiedlich, z.B.
hinsichtlich der Stellung einer Synode in jener Zeit. Während in den
lutherischen Landeskirchen von Bayern und Hannover die Landes-
synoden aufgelöst worden waren, die ihre Funktionen auf den Landesbischof übertragen hatten, blieben in den Kirchen der ApU die
Synoden auf regionaler und überregionaler Ebene erhalten. Nach der
letzten, vierten Bekenntnissynode im Februar 1936 tagte die Bekenntnissynode der ApU seit Dezember 1936 insgesamt 11 mal in
Breslau, Halle, Lippstadt, Berlin, Leipzig, Hamburg und fasste auch
für die Gesamtkirche wichtige Beschlüsse, so z.B. den Vorschlag
eines gemeinsamen Abendmahles mit Lutheranern und Unierten.
Nun war die von den Betonlutheranern totempfundene Bekennende
Kirche in Treysa nicht nur präsent, sondern mit Niemöller und Karl
Barth eine mächtige Konkurrenz zu den Lutheranern unter Bischof
Meiser. Wer würde der Versammlung das Gepräge geben?

DER LAGEBERICHT VON BISCHOF WURM

Auf der vorläufigen Tagesordnung stand ein Bericht über die Lage
der evangelischen Kirche, den der Vorsitzende der Konferenz, Bischof Wurm, erstattete. Wurm ging von seinem 1943 gestarteten
Versuch der Bildung einer Gesamtkirchenleitung aus, der aber an
den alten konfessionellen Gegensätzen gescheitert war. Wurm schilderte den „Kirchenkampf" zwischen den DC und der BK sowie die
vielen verschiedenen, unfruchtbaren Versuche der Bildung einer
Gesamtkirchenleitung. Der erste Teil des Berichtes war vor allem
von der Angst bestimmt, dass die Bekennende Kirche und die Lutheraner die Bildung einer künftigen gemeinsamen Kirchenleitung
blockieren würden wie schon 1936. Daher die wiederholt beschwö-
renden Töne zur einheitlichen Kirchenleitung.[33] In einem letzten Teil

---

[33] Fritz SÖHLMANN, Treysa 1945. Die Konferenz der evangelischen Kirchenführer 27. -
31. August 1945. Lüneburg 1946, 12-22.

beschäftigte sich Wurm mit der Westgrenze Polens, wie sie im Potsdamer Abkommen festgelegt worden war. Er fragte: „Ist es wirklich
als vollzogene Tatsache zu betrachten, dass im Zeichen der Gerechtigkeit, der Menschlichkeit und des dauerhaften Völkerfriedens alles
seit Jahrhunderten von Deutschen besiedeltes und kulturell entwi-
ckeltes Land dem Slawentum ausgeliefert und damit zugleich dem
Protestantismus entzogen wird?"[34] Die Wortwahl Wurms (Auslieferung an das Slaventum) ließ das Eingeständnis vermissen, dass der
Überfall auf den polnischen Staat 1939 von jenem protestantischen
Kulturland ausgegangen war, die evangelische Kirche sodann ‚Gott'
mit einem abgöttischen Dank überschüttet und die deutsche Bevölkerung mit stundenlangem Glockengeläut zu Siegesgebeten aufgerufen hatte. Ein Wort der Empathie für die Hunderte polnische Pries-
ter, die in Konzentrationslager verschleppt worden waren, und ein
kritisches Wort zu einer staatsterroristisch durchgezogenen Vernichtung sowie Auslöschung des polnischen Staates hätten den vorge-
tragenen, historisch nicht unberechtigten Einwand gegen die Abma-
chung des Potsdamer Abkommens auch für die englischen und US-
amerikanischen Gästen annehmbarer gemacht. Das Potsdamer Abkommen sprach davon, dass die deutsche Bevölkerung nun die Folgen des von ihr angezettelten Krieges zu tragen habe. Von dieser
Bereitschaft war in den Worten Wurms wenig zu spüren.

DIE GEGENREDE
VON MARTIN NIEMÖLLER

Nach Wurm sprach Martin Niemöller, der zur Lage der Kirche nur
wenig sagen konnte, weil er von 1938 an bis zum Frühjahr 1945 im
Konzentrationslager verhaftet gewesen und von der „Lage" abge-
schnitten war. Seine Ansprache war ein Appell für die nächste Zeit,
aber keine Analyse der letzten Jahre. Niemöller wiederholte inhalt-

---

34 SÖHLMANN, 21.

lich die Vorschläge der Spandauer Bekenntnissynode vom Juli 1945. Er führte die Not der Zeit auf die mangelnde Bußfertigkeit der Kirche angesichts ihrer übergroßen Schuld während der nationalsozialistischen Zeit zurück. Niemöller schlussfolgerte: „Wir sind eine Behördenkirche gewesen, und dieser Umstand hat es uns erleichtert, nur das traditionell Übliche zu tun und nicht weiter zu fragen, was denn eigentlich unsere Verantwortung war." „Die Kirche der Zukunft wird nie wieder Behördenkirche sein dürfen. Wir haben als Landeskirche in erster Linie unser Augenmerk darauf gerichtet, den Bestand zu wahren und darüber haben wir den Blick für notwendige Entwicklungen und für die drängenden Aufgaben des Augenblicks verloren. Meine Brüder, wo steht denn geschrieben, dass die Landeskirchen bestehen bleiben müssen mit ihren zum Teil unmöglichen Grenzen?"[35] Niemöller schwebte eine bruderrätliche Gestaltung der Kirche von den Kirchengemeinden ausgehend bis zur „Kirchenspitze" vor. Die Landeskirchen würden angesichts der Erschütterungen des Vaterlandes untergehen und zerbrechen müssen.

Für solche grundlegenden Überlegungen aber war es zu spät. Die Lage in den Kirchenleitungen hatte sich zwischen April und August 1945 folgendermaßen verändert: Die erste Sorge war die Beseitigung von nationalsozialistischen Einflüssen in den Landeskirchenämtern. Nazianhänger räumten angesichts der Besatzungsmächte von selbst die Posten und Unverbesserliche wurden entlassen, andere mussten überredet werden, umgehend in Pension zu gehen. Als nazistisch verseucht galten die ab 1933 vom Staat eingerichteten Finanzabteilungen in vielen Landeskirchenämtern und Konsistorien, die im Laufe der Jahre von zuverlässigen Parteigenossen besetzt worden waren. Die Vorsitzenden der Finanzabteilungen in den Landeskirchenämtern verschwanden, als die Finanzabteilungen im Laufe des Jahres 1945 aufgelöst wurden. Diese Entwicklung war noch nicht in allen Landeskirchen abgeschlossen, was aber zwingend notwendig war, weil die Finanzabteilungen über die Kirchenkassen verfügten,

---

[35] SÖHLMANN, 24.

die umgehend in den Besitz der neuen Kirchenleitung gelangen mussten, um z. B. Pfarrergehälter im Herbst auszahlen zu können.

Der Lagebericht von Niemöller war illusionär und der von Wurm auf den Kirchenkampf zwischen DC und BK beschränkt. Die Normallage in den Kirchengemeinden, also die Kirchliche Mitte, blieb unberücksichtigt.

DIE VERGIFTETE ATMOSPHÄRE

Die Angst Wurms vor einem Auseinanderbrechen der Zusammenkunft in Treysa war nicht unberechtigt, denn die angespannte, vergiftete Atmosphäre drohte die Versammlung zu sprengen. Prof. Wolf-Dieter Hauschild schilderte vor der Festversammlung im Juni 1985 in Treysa wiederholt in seinem Festvortrag die Atmosphäre in der Kirchenversammlung 1945. Symptomatisch für die eigenartige Bewusstseinslage sei es gewesen, das die meisten Teilnehmer mit großen Hoffnungen nach Treysa kamen und viele enttäuscht von dannen fuhren.[36] Im Folgenden nannte Hauschild dafür verschiedene Gründe. Die Teilnehmer seien sich wie „streitende Parteien" begegnet, die sich nur „zähneknirschend" zu gemeinsamem Handeln gezwungen hätten.[37] Ohne die vermittelnden Aktivitäten von Wurm und Bodelschwingh „wären die feindlichen Parteien auseinandergegangen".[38] „Auf der einen Seite beschwor man ehrlichen Herzens die in der Zeit der Unterdrückung gewachsene Gemeinschaft, auf der anderen Seite misstraute jeder jedem und suchte für sich einen Platzvorteil bei dem alles entscheidenden Start."[39] Dabei seien Ehrgeiz und Profilierungssucht, Machtstreben und Feindschaft der handelnden Personen in Treysa erschreckend zu Tage getreten.[40] We-

---

[36] HAUSCHILD, 14
[37] ebd., 24
[38] ebd., 23
[39] ebd., 17
[40] ebd., 19

sentliche Fragen über die künftige Gestalt einer evangelischen Kirche seien ausgeklammert worden „in der Hoffnung, sie durch eine Verbesserung der persönlichen Atmosphäre.. irgendwann lösen zu können."[41] Das „irgendwann" setzte Hauschild auf die nächsten zehn Jahre fest, denn die Konzeptions- und Charakterunterschiede von „so gegensätzlichen Ratsmitgliedern wie Dibelius und Niesel, Meiser und Heinemann, Lilje und Asmussen signalisierten einen permanenten Streit bis 1955/56"[42]. Daher sei „die mühsam zustande gebrachte Entscheidung" nach hartem Ringen in einer „unerfreulichen Atmosphäre" erfolgt.

Am Donnerstag, dem 30. August 1945, wurde den ganzen Tag in immer neuen Sitzungen um die personelle Besetzung des neuen vorläufigen Rates der EKiD gerungen. Niemöller sträubte sich, neben Meiser in einem Leitungsgremium der neu geschaffenen Kirchenleitung zu sitzen, die nicht bruderrätlich von den Gemeinden her aufgebaut war. Aber er gab schließlich nach. Es wurde nach stundenlangem Personalgerangel[43] ein vorläufiger Rat von zwölf Personen gebildet, dessen Spitze aus Bischof Wurm, Pfarrer Niemöller und Bischof Dibelius bestand. Dies bedeutete einen Kompromiss.

Aber die Atmosphäre blieb vergiftet. Niemöller beschrieb sie in einem Brief folgendermaßen: „Sie hätten diese selbstzufriedene Kirche in Treysa mal sehen sollen: Wir haben das Volk richtig geführt, die Kirche hat nicht versagt, wir haben die reine Lehre gepredigt und sind nicht die deutsch-christlichen Irrwege gegangen. Da reden die Leute von Hilfsaktionen und beruhigen sich, wenn sie wieder mal einen Tropfen auf den heißen Stein geträufelt haben, da reden sie von der einzig reinen Lehre des Luthertums und von der Notwendigkeit, dass man sich von den Calvinisten scheide und ähnliche Gotteslästerungen."[44]

---

[41] ebd., 22
[42] ebd., 19
[43] VOLLNHALS, 29: „nach tagelangen erbitterten Machtkämpfen".
[44] SMITH VON OSTEN, 143.

Es hätte nahe gelegen, die Anregung Martin Niemöllers aus seiner Eröffnungsansprache zu einem gemeinsamen Bußwort aufzunehmen und gegenüber den Kirchengemeinden und der deutschen Öffentlichkeit zu bekennen: „Wir haben uns geirrt, dass wir Jahre lang Hitler und seine Regierung als von Gott gesetzte Obrigkeit verstanden haben und ihr gefolgt sind. Wir haben uns geirrt, dass wir seine auf Krieg ausgerichtete Politik unterstützt haben. Es war falsch von uns, dass wir geschwiegen haben, als Sozialdemokraten, Kommunisten, Juden und Oppositionelle schon seit 1933 und dann immer wieder in Konzentrationslager verschleppt und ermordet wurden. Es reut uns unsere Schuld. Wir bitten die Kirchengemeinden, die deutsche Öffentlichkeit und Gott um Entschuldigung. Wir hoffen auf einen gemeinsamen Anfang, der zu Frieden und Versöhnung führt." Die Versammlung in Treysa machte keinen Versuch zur Formulierung eines Bußwortes. Die Lebenswege der tonangebenden Teilnehmer bis nach Treysa und ihre häusliche Situation waren offenbar zu unterschiedlich, um sich zu einem gemeinsamen Bußwort zu verständigen. Es wäre das Naheliegendste gewesen, ein solches Bußwort durch einen gemeinsam Buß- und Abendmahlsgottesdienst zu bekräftigen. Aber das trauten sich die Anwesenden nicht zu. Keiner ergriff die Initiative. Das antiquierte, betonierte Bekenntnisverständnis der Lutheraner blockierte eine fällige, selbstverständliche, unbefangene, geistliche Begegnung.

Geradezu erwartet wurde ein deutendes Wort zu der politischen Lage, zur Lage des zertrümmerten, besiegten, geteilten, „führerlosen", geschändeten Deutschlands „über alles"? War die Zertrümmerung des Deutschen Reiches nun „ein Gericht Gottes"? Wenn ja, über wen? Über die Nazis? Etwa über alle Deutschen? Und wofür? Für das zum Himmel schreiende Unrecht, z.B. bei der Pogromnacht im November 1938? Für den von den Deutschen begonnenen Krieg und seine Folgen? Dafür, dass die meisten Deutschen und die die übergroße Mehrheit der evangelischen Kirche aller Schattierungen Hitler hinterhergelaufen waren? Wofür? Die Wortführer der Versammlung in Treysa hatten offenbar ganz andere Gedanken. Sie wollten „nach

vorne" blicken. Sie wollten bei der Gestaltung einer Nachkriegskir-
che vorne mit dabei sein, und dazu zunächst die in ihrer eigenen
Landeskirche inzwischen errungene Position gegenseitig bestätigen
und festigen gegenüber den Ansprüchen Anderer.

ES GAB FÜR DIE KIRCHENFÜHRER
IMMER NOCH EIN DEUTSCHLAND

Die Zusammenkunft in Treysa beschloss, den Namen „Deutsche
Evangelische Kirche" (DEK) in „Evangelische Kirche in Deutschland" (EKiD) zu ändern. Es sollte das Ende einer nazistisch belasteten deutschen evangelischen Kirche bedeuten und den Anfang einer
neuen, unbelasteten Kirche in Deutschland. Aber ein „Deutschland"
gab es nicht mehr. Trotzig hatte Bischof Wurm im Eingangsreferat
behauptet: „Wenn wir auch amerikanisch besetzt sind, so sind wir
doch immer noch in Deutschland." Seit der Öffnung der Konzentrationslager durch die alliierten Truppen jedoch war der Blick frei für
ein geschändetes deutsches Reich. Es gab zwar noch eine deutsche
Sprache und eine deutsche Geschichte. Aber kein „Deutschland",
weder als tagespolitischen noch als geografischen Begriff.[45] Das war
ein Selbstbetrug der Kirchenführer. Anfang August 1945 hatten die
englische, amerikanische und sowjetische Führung in Berlin-Potsdam beschlossen, das Territorium des besiegten Deutschen Reiches
in vier Besatzungszonen aufzuteilen, dauerhaft zu besetzen und die
Regierung selber zu übernehmen. Deutschland war von der Landkarte verschwunden, nicht aber im Bewusstsein der Teilnehmer von

---

[45] HAUSCHILD erörtert, „den Gedanken einer Gesamtvertretung erst einmal zurückzu-
stellen. Und angesichts der Zersplitterung in vier Besatzungszonen hätte man das
Augenmerk ganz auf die kirchliche Interessenvertretung innerhalb der jeweiligen
Zone gegenüber der betreffenden Macht konzentrieren können. Warum so schnell
einer gesamtkirchlichen Lösung, wo es Deutschland doch gar nicht mehr gab" (HAU-
SCHILD, 13).

Treysa[46], wie es der neue Name der evangelischen Kirche signalisierte. Auch Hauschild fragte bei seinem Festvortrag nach der Berechtigung einer gesamtkirchlichen Lösung „wo es ein Deutschland doch gar nicht mehr gab"[47]. Es hätte nahegelegen, den Gedanken einer Gesamtvertretung erst einmal zurückzustellen und angesichts der Zersplitterung in vier Besatzungszonen das Augenmerk ganz auf die Interessenvertretung innerhalb der jeweiligen Zonen gegenüber der betreffenden Macht zu konzentrieren,[48] zumal die alten Spannungen, die 1936 zur Spaltung der Bekennenden Kirche und 1943 zum Scheitern des Einigungswerkes von Bischof Wurm geführt hatten, fortbestanden.[49]

Als Dibelius 1947 gefragt wurde, wie er sich den Neuanfang vorstelle, antwortete er: „Was heißt Neuanfang? Wir haben 1945 da angefangen, wo wir 1933 aufhören mussten".[50] Eben diese Rückbesinnung wurde in Treysa noch heftig bestritten, aber 1933 gab es für Dibelius noch „Deutschland".

Zum 75. Jahrestag des Treffens in Treysa gab der Münchner Kirchenhistoriker Prof. Harry Oelke dem epd ein Interview und resümierte u.a.: „Es war der Versuch, den Reset-Knopf zu drücken. Gleichwohl ist dieser Neuanfang bestimmt von Belastungen aus der NS-Zeit. Die Anhaftungen an der Vergangenheit waren noch stark."[51] Leider benennt er nicht die „Anhaftungen". Die unreflektierte Weiterverwendung des Wortes „Deutschland" an zentraler Stelle gehört dazu.

---

[46] So erklärte Wurm: „Wenn wir auch amerikanisch besetzt sind, so sind wir doch immer noch in Deutschland und haben Grund, uns vor Experimenten zu hüten" (HAUSCHILD, 10 = Anm. 10).

[47] HAUSCHILD, 13.

[48] HAUSCHILD, 19.

[49] HAUSCHILD, 14.

[50] Clemens VOLLNHALS, Evangelische Kirche und Entnazifizierung 1945-1949, Oldenbourg 1986, 33.

[51] Die Kirche Nr 34 vom 23. August 2020, 5.

Kein Blick für den geistlichen Reichtum
aus der nationalsozialistischen-Zeit

Weil die Atmosphäre in Treysa vom unfruchtbaren Gegensatz Lutheraner und Bekennende Kirche bestimmt war, blieben zahlreiche segensreiche Einrichtungen und Ereignisse in der NS-Zeit ungenannt und unbedankt. Ich nenne nur einige Beispiele: Von der Arbeit des Berliner Burckhardthauses, besonders zur Zeit seines Leiters Otto Riethmüller, gingen in die Kirchengemeinden heftige musikalische Impulse aus. Die Liederbücher „Ein neues Lied" und „Der helle Ton" waren, begonnen 1932 und weit über 1945 hinaus, ständige Begleiter einer lebendigen Jugendarbeit. Otto Riethmüller bearbeitete alte Hymnen und textete auch neue Lieder. Sieben von ihnen stehen im heutigen Evangelischen Gesangbuch (EG 69 / 108 / 223 / 243 / 263 / 485 / 602). Einige Lieder aus dem 1938 erschienenen Gedichtband „Kyrie" von Jochen Klepper bürgerten sich rasch in der Gemeinde ein („Er weckt mich alle Morgen", „Die Nacht ist vorgedrungen", „Ja ich will euch tragen"). Andere Lieder entstanden später. Das EG enthält insgesamt 12 Liedtexte von ihm. Das Lied von Rudolph Alexander Schröder „Es mag sein, dass alles fällt", das die Trümmerlandschaft vorwegnimmt und an den vorübergehenden Sieg der Lüge in der Goebbelswelt erinnert, ist 1939 gedichtet, auch sein von Lahusen vertontes Glaubensbekenntnis („Wir glauben Gott im höchsten Thron"), 1937 gedichtet, gehört zu den Liedschätzen aus der Nazizeit.[52] Die Kirchenmusik erlebte eine Hinwendung zum reformatorischen Choral und die Barockmusik eine musikalische Renaissance, die schon vor 1933 begonnen hatte und in der ns. Zeit fortgeführt wurde. Wer wollte, konnte über Jahre hinweg jeden Sonntag Morgen eine Bachkantate im Reichssender Hamburg hören, die von den Leipziger Thomanern aufgeführt wurde. Noch heute ist im Internet eine Aufführung des Bach'schen Magnificat aus dem

---

[52] Dietrich Kuessner, Das Braunschweigische Gesangbuch. Anfragen und Beobachtungen zu seiner Geschichte und Gestalt von der Reformation bis heute, Wolfenbüttel 2007, 99.

Jahre 1944 zu hören. Karl Straube und ab 1939 Günter Ramin boten wie auch der Dresdner Kreuzchor unter Rudolf Mauersberger musikalisch wie pädagogisch ein scharfes Kontrastprogramm zu den donnernden Marschrhythmen und den schmalzigen Heimatklängen der Nazis („Heimat, deine Sterne"). Ein literarisches Gegengewicht boten die Veröffentlichungen von Reinhold Schneider („Las Casas vor Karl V."), Werner Bergengruen („Der Großtyrann und das Gericht" (1935), „Am Himmel wie auf Erden" (1940), Gertrud von Le Fort, Hermann Hesse, Ernst Wiechert („Das einfache Leben") und anderen. Die Nazizeit kannte noch andere Töne als nur Propagandageräusch und Marschmusik. Erst das Nebeneinander von Marsch und Magnificat, von Riethmüller und Streicher, von Segen und Fluch wirft die Fragen auf, die zu Beginn dieser Arbeit genannt wurden: Fragen zum Nebeneinander von Christentum und Nationalsozialismus.

KEINE GESPRÄCHE
MIT DEN TEILNEHMERN DER KIRCHLICHEN MITTE

Da die Versammlung in Treysa von dem unfruchtbaren Gegensatz der Teilnehmer der Bekennenden Kirche und des Luthertums bestimmt war, blieb wenig Zeit zum gegenseitigen Informieren und brüderlichem Austausch. Auch eine Aussprache mit den Anwesenden der Kirchlichen Mitte wurde ängstlich vermieden. Es hätte nahe gelegen, den anwesenden Bischof der Hannoverschen Landeskirche, August Marahrens, zu Worte kommen zu lassen. Er war u.a. von einigen Bischöfen 1939 gebeten worden, den Vorsitz in einem Geistlichen Vertrauensrat zu übernehmen, einem Viermännerkollegium als vorübergehende Zentralstelle gegenüber dem Staat. Es wurde ihm zum stummen Vorwurf gemacht, er sei gegenüber dem NS-Staat viel zu nachgiebig gewesen. Marahrens hätte seine Position der Mitte der Versammlung erklären und verteidigen können. Aber er war in die Schusslinie der Besatzungsmächte und der Ökumene geraten.

Er sollte gar nicht reden, sondern zurücktreten. Er trat aber nicht zurück, sondern blieb bis zur ersten Hannoverschen Landesynode 1947 Bischof, zumal sich die Hannoversche Pfarrerschaft wie eine feurige Mauer um ihren Bischof scharte. In Treysa war er dagegen zum Schaden der Breite der Aussprache völlig kalt gestellt.

Einen anderen wichtigen Mann der kirchlichen Mitte hatte Bischof Wurm als Gast mitgebracht: August Hinderer, den Verantwortlichen für die bis 1945 herausgegebene Zeitung Evangelisches Deutschland. Hinderer sollte nicht zu dem Kreis derer gehören, der über den weiteren Weg der neuen Evangelischen Kirche in Deutschland beraten sollte. Hinderers Kurs der kirchlichen Mitte, über den die kirchengeschichtliche Forschung nun seit vielen Jahrzehnten schweigt und zu zahlreichen einseitigen und schiefen Ansichten und Eindrücken kommt, wurde mit Nichtachtung gestraft. In einem Brief bald nach der Tagung in Treysa an Otto Michaelis vom 25.10.1945 nannte Hinderer die Tagung einen „Tag der Machtergreifung in Treysa". Hinderer fällte ein vernichtendes Urteil über den Umgangston und die Absichten der dortigen „Kirchenführer": „auch die liebe Kirche … liegt seit dem „Tag der Machtergreifung" in Treysa – die Parallele drängt sich dem nüchternen Beobachter geradezu zwingend auf – in Gründungsphantasien und -fiebern aller Art und möchte am liebsten alles selbst machen".[53] Einen ganz speziellen und peinlichen Vergleich benutzte Hinderer für die Situation des Evangelischen Pressedienstes (epd) in Berlin, wo er ja eigentlich trotz Ausbombardierung seit Jahrzehnten zu Hause und für die Kirche höchst produktiv war: „In Berlin ist die Lage, was den EPD betrifft, offenbar am kürzesten mit dem Stichwort „Jäger redivivus" bezeichnet, nur dass es diesmal die kirchlichen „Oberen" sind, von denen der Stoß ausgeht und damit Abwechslung sei, die von der BK!"[54] Jäger war jener berüchtigte Staatssekretär, der 1934 die Landeskirchen brutal dem Reichsbischof Müller unterordnen wollte und damit in Württemberg und Bayern gescheitert war. Hinderer spürte bei

---

[53] HÖCKELE, 489.
[54] HÖCKELE, 489.

den Tagungsteilnehmern in Treysa, dass seine Arbeit im EPD für das Evangelium und für die evangelische Kirche nicht verstanden, geschweige denn gewürdigt wurde. Die Versuchung, eine eigene Öffentlichkeitsarbeit in der eigenen Regie der Kirchenleitungen zu installieren, war für die dortigen „Kirchenführer" zu verlockend. Sie ließen Hinderer links liegen und sorgten dafür, dass von ihm historisch keine nennenswerte Notiz genommen wurde. Wenn überhaupt, dann so, wie der Tagungsteilnehmer Bischof Otto Dibelius im Rückblick formulierte: „Als die Nazis kamen und es mit der Freiheit vorbei war, war es auch mit der evangelischen Pressearbeit vorbei. Hinderer versuchte zu lavieren, zu überwintern. Darüber wurden die Blätter immer farbloser, immer langweiliger. Schließlich machte Josef Goebbels allem ein Ende."[55] Dibelius bezeugt, wie er einen Aufbau des epd nach 1945 in Berlin durch Desinteresse und völlig verdrehte Optik des epd zur Zeit des Nationalsozialismus in beschämender Weise verhindert hat. Dass Goebbels der Pressearbeit ein Ende bereitet hat, traf für das „Evangelische Deutschland" gerade nicht zu. Das von Otto Dibelius verbreitete Urteil ist gänzlich falsch, um nicht zu sagen gehässig. Aber es bestimmte die Nachkriegszeit für Jahrzehnte. Wenige Monate nach der Kirchenkonferenz in Treysa erlitt Hinderer bei einem Essen einen Gehirnschlag, starb am nächsten Tag und wurde am 30. Oktober 1945 begraben.

Bezeichnend für die kirchengeschichtliche Forschung der Nachkriegszeit war es, dass der Nachfolger Hinderers in der Leitung des epd, Focko Lüpsen, behauptete, es habe seit 1937 keinen epd mehr gegeben. Er sei von den Nazis verboten worden. Dieser klassische Fall von Verdrängung bis hin zur Tatsachenfälschung, wurde von Volker Lilienthal aufgedeckt.[56] Er erklärt u.a., warum bis heute die Kirchliche Mitte kein Gegenstand der kirchengeschichtlichen Forschung ist.

---

55 Dibelius, 162.
56 Volker Lilienthal, Karriere mit Legende und Verdienst, in: Evangelische Publizisten: Porträts, Erlangen 2016.

KEIN BLICK FÜR DIE KIRCHENGEMEINDEN

Die „Kirchenführer" in der Kirchenversammlung brachten es nicht fertig, ein von ihnen formuliertes, schlichtes Wort an ihre Kirchengemeinden zu verabschieden. Fällig wäre ein Dank an die Pfarrfrauen gewesen, deren Männer eingezogen waren, sowie an die vielen nichtordinierten Mitarbeiterinnen und Mitarbeiter, die während des Krieges sich in den Gemeinden engagiert hatten. Es gab in den meisten Kirchengemeinden drei aktuelle Probleme: den Umgang mit den Nazis, die Lage der Flüchtlinge und die infolge der Wohnraumbewirtschaftung überfüllten Pfarrhäuser.

Wie sollte man den schwer nazi-infizierten Gemeindemitgliedern begegnen? Bischof Dibelius hatte geraten, kein Scherbengericht anzurichten, sondern sie allmählich im die Gemeindearbeit zu integrieren und eine innere neue Einstellung zu Staat und Kirche vorauszusetzen. Das förderte die sich verbreiternde Ansicht: „Schwamm drüber", „wir sollten nach vorne sehen". Das beengte Miteinander mit den Flüchtlingen schuf viele Probleme. Wann würden sie endlich wieder gehen? So fragten die Einheimischen. „Wie eng müssen wir in den Pfarrhäusern zusammenrücken? Gibt es irgendwo noch eine Ecke, wo der Pfarrer ungestört seine Predigt vorbereiten kann?" Aus welchem Gesangbuch sollte man am Sonntag im Gottesdienst singen? Die Flüchtlinge hatten ihres aus der Heimat mitgebracht. Der Alltag in den Kirchengemeinden kam in Treysa nicht vor.

Die Mitglieder der Bekennenden Kirche hatten einen Entwurf für ein Wort an die Gemeinden mitgebracht. Es stammte von der Berliner BK, das die Spandauer Synode im Juli beschlossen hatte. Bei der Tagung des Reichsbruderrates in Frankfurt Anfang August hatte man dieses Wort überarbeitet und die Optik der Bekennenden Kirche abgeschliffen. Aber was für Berlin wichtig war, passte nicht zu den Kirchengemeinden in Oberbayern und der Lüneburger Heide. Mit wenigen Änderungen übernahm die Versammlung in Treysa zwar den Text als ihr Wort an die Gemeinden. Sein Wortlaut erreichte aber nicht alle Kirchengemeinden in den Besatzungszonen. In den

Württemberger Gemeinden wurde das Wort im Gottesdienst verlesen, in den Gemeinden Bayerns nicht.

Wie wenig basisnah die Kirchenversammlung in Treysa war, verdeutlicht folgende kleine Begebenheit: Auf dem Gelände der Hephata-Anstalt befand sich auch ein als Lazarett eingerichtetes Gebäude, in dem deutsche verwundete Soldaten behandelt wurden. Lediglich Frau Niemöller kam auf die Idee, diesen Patienten einen Besuch abzustatten und sich ihre Klagen über die miese Behandlung durch die dortigen Schwestern anzuhören. Die gehfähigen Patienten hatten an den Gottesdiensten der Versammlung in der Anstaltskapelle teilgenommen.[57] Wie weit die Predigten auch auf ihre bedrückende Lage eingingen, ist den von Söhlmann überlieferten Predigten nicht zu entnehmen.

Wenig basisnah waren auch die in Treysa gehaltenen Vorträge. Zwei von ihnen beschäftigten sich mit der Schulsituation. Allerdings waren die Schulen geschlossen und viele Lehrer noch nicht zu Hause oder mit Ausnahmen noch sehr stark von den zurückliegenden zwölf Jahren infiziert. Die Vorträge beschäftigten sich mit einer künftigen Schulform, ob evangelische Schule oder christliche Schule oder weltliche Schule. Das waren Themen aus der Weimarer Zeit. Nach einer Aussprache kam man überein, dass für den Unterricht die Einstellung der Lehrerschaft entscheidend sei. In einem Beschluss heißt es allerdings als erstes: „Für die Neuordnung des Schulwesens fordern wir die christliche Schule."[58] Das ging an der Schulsituation im Sommer 1945 völlig vorbei.

---

[57] Kurt JÜRGENSEN, Die Stunde der Kirche, 293. „Junior Commander Nix, who accompanied me to Treysa … had an interesting talk with Frau Niemöller. As an example of German morale Frau Niemöller mentioned the German soldiers in the Hephata hospital at Treysa, many of whom attended the conference Services …"
[58] Fritz SÖHLMANN, Treysa 1945, Lüneburg 1946, 104.

DIE ABWESENHEIT IRGENDEINER THEOLOGISCHEN ÜBERLEGUNG UND FÄLLIGER KEHRTWENDUNG

Auffällig ist bei der Kirchenversammlung von Treysa die Abwesenheit irgendeiner theologischen Überlegung zur Lage, etwa über das grausame Missverständnis von Röm. 13, mit dem die Bischöfe ihre Pfarrerschaft und Gemeinden in die nazistische Gefolgschaft geführt hatten. So eine Besinnung hätte nahe gelegen, zumal im Freiburger Kreis, einem Treffen nazikritischer Professoren und Theologen, zu dem auch der Tagungsteilnehmer Otto Dibelius gehört hatte, schon weit vor 1945 monatelang über das Gehorsamsgebot gegenüber der Obrigkeit diskutiert worden war.[59] Aktuell lag die Frage nahe, ob die „Besatzer im Westen und Osten" nun unter Röm. 13 fielen. Ein Referat über das Verständnis von Röm. 13 hätte der Aussprache gut getan und aus der engen Klammer ‚BK gegen Luthertum' herausgeführt. Es hätte vielleicht auch zu einer Spur von Selbstkritik geführt, was der Glaubwürdigkeit der Aussprache gut getan hätte.

Eine weitere offene Wunde war die unausgesprochene Unterwerfung des Taufsakramentes unter den indiskutablen Rassebegriff des Nationalsozialismus. Die Kirche folgte den Nürnberger „Gesetzen" und tolerierte die groteske Einteilung in Voll-, Halb- und Vierteljude. Sie stellte den Sippenämtern der Nazis zur Feststellung jener unhaltbaren Kategorisierung die Benutzung der Kirchenbücher zur Verfügung. Durch die Taufe war jedoch jeder und jede Getaufte nicht mehr „Fremdling", sondern „Gottes Hausgenosse", so Paulus im Epheserbrief.

Dagegen wurde eine höchst problematische theologiegeschichtliche Herkunftsspur für die Entstehung des Nationalsozialismus weitergereicht. Nationalsozialismus galt als „Abfall von Gott", als ein Höhepunkt kirchenfeindlicher Säkularisation. Wurm referierte ihn in seinem Einleitungsreferat: „Wir müssen unserm Volk sagen: Seit anderthalb Jahrhunderten schon schämt man sich in Deutschland

---

[59] Robert STUPPERICH, Otto Dibelius, Göttingen 1989, 340.

des Evangeliums, hat der Abfall von Christentum immer weiter um sich gegriffen. Von den napoleonischen Kriegen an bis zum ersten Weltkrieg war uns ein ganzes Jahrhundert stetigen Fortschritts und Aufstiegs geschenkt. Aber gerade in dieser Zeit wurde der Glaube an den Menschen und seine Größe verherrlicht."[60] Dieser Abfall, der im Nationalsozialismus einen Höhepunkt erreicht habe, habe bereits in der Aufklärung begonnen. Wurm übersah, dass die Aufklärung auch die berechtigte Abwehr einer versteinerten, unzeitgemäßen Orthodoxie gewesen war.[61] Den Nationalsozialismus als ‚Abfall von Gott' auf die Aufklärung zurückzuführen bedeutete eine interessante, zugleich verräterische Parallele zum Kampf der Nazis gegen Liberalismus und Demokratie.

DAS ERGEBNIS DER ZUSAMMENKUNFT

Die Teilnehmer von Treysa verabschiedeten eine „Vorläufige Ordnung der Evangelischen Kirche in Deutschland"[62]. Die EKD sei „in Abwehr der Irrlehren der Zeit und im Kampf gegen eine staatskirchlichen Zentralismus zu einer kirchlich gegründeten inneren Einheit geführt worden", heißt es in der Einleitung. Die Notwendigkeit eines einheitlichen Bildes der evangelischen Kirche 1945 hatten die ausländischen Gäste in ihren Grußworten ziemlich dringend angemahnt. Tatsächlich war während der Tagung von einer inneren Einheit nichts zu spüren, stattdessen von einer drastischen Unversöhnlichkeit im Plenum und hinter verschlossenen Türen bis hin zur Abreise einiger eingeladenen Teilnehmer. Diese Zerrissenheit wurde nach Abschluss der Tagung keineswegs übertüncht, sondern in pri-

---

[60] Fritz SÖHLMANN, Treysa 1945, Lüneburg 1946, 30.
[61] Während des Nationalsozialismus hatte der führende Kopf des Wittenberger Bundes, Hans Schomerus, den Nationalsozialismus als eine religiöse Bewegung gegen die Säkularisierung des 19. Jahrhunderts interpretiert. Schomerus wurde nach 1945 Direktor der Evangelischen Akademie Herrenalb.
[62] Kirchliches Jahrbuch 1945-1948, 15-17.

vaten Aufzeichnungen unverhohlen weiter gegeben. Die während
der Versammlung geschlossenen Entschlüsse wurden nun keineswegs „einheitlich" vertreten, sondern teilweise uminterpretiert oder
gar nicht umgesetzt.

Die Behauptung einer „inneren Einheit" war vielleicht ein verba-
les Eingeständnis gegenüber den Gästen aus der Schweiz und den
USA, aber es entsprach in keiner Weise der Atmosphäre und dem
Gehalt der Tagung in Treysa. Es war die blanke Unwahrheit.

Im 2. Teil der Vorläufigen Ordnung wurde die Frage der juristi-
schen Anknüpfung einer solchen neuen Kirchenordnung behandelt,
und es wurden drei Möglichkeiten verworfen: Als erste selbstverständlich eine Anknüpfung an die Verfassung von 1933. Die Ämter
dieser Verfassung seien „unheilbar diskreditiert". Keiner verlor ein
Wort darüber, dass die herausragenden Teilnehmer von Treysa,
Bischof Wurm und Bischof Meiser diese Verfassung von 1933 mit
unterzeichnet hatten. Auch eine Anknüpfung an die 1934 in Dahlem
beschlossene „Notordnung" der BK 1934 sei nicht möglich, nicht
weil sich die Beschlüsse von Dahlem auf landeskirchlicher Ebene als
nicht umsetzbar erwiesen hatten, sondern weil die Mitglieder der BK
„mit den im Amt befindlichen Kirchenleitungen" bereits 1945 eine
„wachsende Gemeinschaft" gebildet hatten, nämlich in der rheinischen und westfälischen Kirchenleitung. Interessant ist, dass auch
eine Anknüpfung an die Kirchenverfassung von 1922 in Wittenberg
ausgeschlossen wurde. Die Kirchenverfassung von 1922 beruhte auf
einem fein austarierten Verhältnis von zentraler und föderaler Struktur der Kirche, die natürlich nicht zu imitieren war. Aber eine Wür-
digung und eine sichtliche Annäherung zu ihren Prinzipien des
Gleichgewichts von zentraler und föderaler Struktur hätten der neu-
en Ordnung der EKD ein demokratisches Gesicht verliehen.[63]

Im 3. Teil wurden die 12 Namen des vorläufigen neu gebildeten
Rates der EKD genannt, wiederum begründet durch eine „wachsende Gemeinsamkeit", die auf dem Papier stand. Für die Kirchenge-

---

[63] Stattdessen erleben wir in jüngster Zeit die Wiederkehr reichsbischofähnlicher Al-
lüren des jeweiligen EKD-Ratsvorsitzenden.

meinden hatte diese Konstruktion kaum spürbare Bedeutung. Sie hatte auch keine Abstützung durch eine von den Kirchengemeinden zu wählende Synode. Sie wurden auch nicht informiert.[64] Die Kirchenführer hatten in alter konsistorialer Manier eine neue Kirchenspitze unter sich geregelt.

Neben dieser Bildung des Rates der EKD bestand das gefühlte Ergebnis der Zusammenkunft in Treysa vorrangig in der gegenseitigen Bestätigung und in dem „weiter so" der bisherigen Kirchenleitungen in Württemberg, Bayern und Hannover sowie der Anerkennung der neu installierten Kirchenleitungen in Berlin, im Rheinland und Westfalen.

Es wurde außerdem ein Evangelisches Hilfswerk gegründet und Eugen Gerstenmeier zu dessen Leitung gewählt.

Die Bekennende Kirche setzte ihre geplante kirchenleitende Funktion nicht durch. Die „Sachzwänge" der traditionellen Kirchenverwaltung gewannen die Oberhand.

Die großen Arbeitsbereiche der Kirchlichen Mitte wurden in Treysa missachtet.

Dafür erlebte sie aber einen stillen Triumph. Nach der Rückkehr der Kirchenführer in ihre Landeskirchenämter ließen sie alle schönen Visionen von einem bruderrätlichen Aufbau ihrer Landeskirche fallen und bedienten sich der in der Verwaltung verbliebenen Büromitglieder der Kirchlichen Mitte, um überhaupt den organisatorischen Ablauf der Behörde zu sichern und die Gehälter ihrer Pfarrer zu sichern.

---

[64] Die Uneinigkeit indes war derart groß, dass kein von allen gebilligtes Verlaufsprotokoll zustande kam. Ein Jahr später erst stellte Fritz SÖHLMANN einige der gehaltenen Reden und Predigten zusammen. Stattdessen gab es von den Bischöfen persönlich gefärbte, einseitige Berichte für ihre jeweilige Pfarrerschaft. Erstmalig hatte Veronika SMITH VON OSTEN eine 1980 veröffentlichte, gründliche, ungeschminkte wissenschaftliche Darstellung des Weges der EKD von Treysa 1945 bis zur Kirchenversammlung in Eisenach 1948 vorgelegt. Der großartige, offenherzige Festvortrag des 44-jährigen Kirchenhistorikers Wolf-Dieter HAUSCHILD am 20. Juni 1985 in Treysa auf der Festversammlung der Kirchenkonferenz des EKD füllt die erheblichen Lücken in der bisherigen Darstellung des Kirchentreffens von Treysa.

DIE 2. RATSSITZUNG OKTOBER 1945 IN STUTTGART[65]

Das Hitlerreich und seine deutsche Bevölkerung waren, wie oben wiederholt gezeigt, das Gespött der politischen Karikatur der Nachbarländer. Das Gespött schlug nach der totalen Niederlage und nach dem Bekanntwerden der KZ-Gräuel in Verachtung um. Die Ächtung der deutschen Bevölkerung war in den europäischen Nachbarländern tiefgehend und weit verbreitet: Deutschland hatte den Krieg begonnen und am Ende ein Leichenfeld hinterlassen.

Die allgemeine Ächtung nahm zu, je mehr ausländische KZ-Insassen in ihre Heimatländer zurückkehrten und die europäische Presse schauderhafte Bilder von den geöffneten Konzentrationslagern veröffentlichte. Aber der deutschen Bevölkerung war die Ächtung nicht sehr bewusst.

DIE ERWARTUNG DER ÖKUMENISCHEN GÄSTE DER RATSSITZUNG

Da war es ein beachtlicher Versuch zur Normalisierung, dass sich Vertreter des Auslands, der Schweiz, Frankreichs, Englands, der Niederlande und der USA als Delegierte des Ökumenischen Rates mit dem provisorischen Rat der Evangelischen Kirche am 18./19. Oktober 1945 in Stuttgart trafen. Es sollten die gestörten ökumenischen Kontakte wiederaufgenommen werden. Die Initiative ging von Genf aus. Es war eine hochkarätige Delegation[66], zu der der Generalsekretär des Ökumenischen Rates Willem Visser't Hooft, Samuel McCrea Cavert, der Generalsekretär der christlichen Kirchen Nordamerikas, zu denen die methodistische, baptistische, presbyterianische, die lutherischen und reformierten Kirchen, die farbigen und die griechisch-orthodoxe, insgesamt 156 Kirchen gehörten. Zur Delegation gehörte außerdem G.C. Micheldfelder, der Präsident des

---

[65] Martin GRESCHAT, Die Schuld der Kirche, München 1982; CLEMENS Vollnhals, Evangelische Kirche und Entnazifizierung 1945-1949.
[66] GRESCHAT, Die Schuld der Kirche, 91.

Rates der Lutherischen Kirchen in den USA, der später zahlreiche Hilfsaktionen organisierte, Alphons Koechlin, Präsident des Schweizerischen Evangelischen Kirchenbundes, Pfarrer Pierre Maury als Vertreter der Französischen Reformierten Kirche, Marcel Sturm, reformierter Feldbischof der französischen Besatzungsarmee, Prof. Hendrik Kraemer, Abgesandter der Niederländischen Reformierten Kirche und Bischof G. Bell von Chichester, der Dietrich Bonhoeffer nach England geholt hatte und seine anglikanische Kirche und die britische Öffentlichkeit über die Vorgänge vor allem der Bekennenden Kirche informiert hatte.

Einige hatten schon vor 1933 engere Beziehungen zu den Kirchen in Deutschland, Michelfelders Vater war Süddeutscher. Vor sechs Monaten hatten sie alle noch für den Sieg je ihrer Truppen gebetet und die Niederlage des Feindes, nun saßen sie sich gegenüber. Das Treffen war für die meisten Mitglieder des vorläufigen Rates völlig überraschend und entsprechend unvorbereitet.

Die Mitglieder der ökumenischen Delegation erwarteten, um eine Wiederaufnahme in den Ökumenischen Rat zu ermöglichen ein Wort der Neupositionierung der evangelischen Kirche. Auch musste sichergestellt sein, dass die vorgesehene Wirtschaftshilfe nicht etwa an die schuldverstrickte Mitläuferkirche aus der Nazizeit gelange. Erwartet wurde eine Art Schulderklärung über die weit verbreitete und unbestreitbare Verstrickung der evangelischen Kirche mit dem Naziregime von Anfang an. Karl Barth, der in Treysa mit dabei war und die Gemütslage unter den Ratsmitgliedern kannte, hatte dazu Martin Niemöller einen Vorschlag zur Eröffnung des Gespräches geschickt. Er lautete: „Die vorl. Leitung der ev. Kirche in Deutschland erkennt und erklärt, dass das deutsche Volk sich auf einem Irrweg befand, als es sich 1933 politisch in die Hände von Adolf Hitler begab. Sie erkennt und erklärt, dass die Not, die seither über Europa und über Deutschland selber gekommen ist, eine Folge dieses Irrtums war. Sie erkennt und erklärt, dass sich die ev. Kirche in Deutschland durch falsches Reden und durch falsches Schweigen an diesem Irrtum mitverantwortlich gemacht hat."[67] In diesem Vorschlag war nicht von einer Schuld der Kirche, sondern zurückhaltend von ihrer Mitverantwortung für die Hitlerherrschaft die Rede.

GEGENSÄTZLICHE AUFFASSUNGEN UNTER DEN RATSMITGLIEDERN

Aber schon bei den Begrüßungsreden der ökumenischen Delegation am 18. Oktober 1945 stießen gegensätzliche Auffassungen im Rat der EKiD aufeinander. Bischof Wurms Begrüßungsrede tendierte sehr stark auf eine Änderung der als unerträglich empfundenen Besatzungspolitik. Mit der Niederlage musste man sich abfinden, nicht aber mit einer dauerhaften Besetzung. Man dürfe nicht „in einen Kreislauf der Vergeltung" hineinkommen, man erzähle sich in der deutschen Öffentlichkeit, die Voraussagen der Goebbelspropaganda würden Wirklichkeit. So werde die Bereitschaft, wirklich Buße zu tun und Schuld anzuerkennen, zunichte gemacht. Einleitend hatte Wurm wenig glaubwürdig versichert, es habe „eine innere Umbesinnung weithin in der Bevölkerung stattgefunden"[68]. In dieser Begrüßungsrede war von Schuld der Kirche, von einer möglichen Sühne, von einer Jahre lang irrenden Kirche nicht die Rede. Glücklicherweise kannten die Alliierten nicht jene aufpeitschende Rede Wurms vom Februar des Jahres, mit mörderischen Mitteln gegen die feindlichen Soldaten vorzugehen. Bischof Wurm bat die ausländischen Gäste, auf die Sieger und Besatzer einzuwirken, schonend und nicht vergeltend im besiegten deutschen Reich aufzutreten. Das war als erstes Wort des Vorsitzenden des neuen, provisorischen Rates der EKiD reichlich deplatziert. Der Generalsekretär Visser't Hooft mahnte in seiner Antwort: „Wir brauchen einen wirklich neuen geistlichen Wiederaufbau des deutschen Volkes. Für uns alle in Europa ist dies eine conditio sine qua non." Hans Asmussen sprach dagegen eine Art Sündenbekenntnis, das jedoch bei genauem Hinse-

[67] ebd., 86.
[68] ebd., 95.

hen kein Bekenntnis zum Irrweg der Kirche, sondern zur Schuld des Volkes war: „Liebe Brüder, ich habe an Euch gesündigt als Glied meines Volkes, weil ich nicht besser geglaubt habe, weil ich nicht reiner gebetet habe, weil ich mich nicht heiliger Gott hingegeben habe. Ob ich damit hätte verhindern können, was geschehen ist, weiß ich nicht. Gerade weil ich mein Volk lieb habe, kann ich nicht sagen: Alles, was sich mein Volk zu Schulden kommen ließ, das geht mich nichts an! Nein, das tat mein Fleisch und Blut. Da gebietet mir die Liebe zu sagen, was ich gesagt habe: Ich stehe zu dem, was mein Volk tat. Verzeiht mir."[69] Asmussen jonglierte mit einer seltsamen Unterscheidung zwischen Kirche und Volk. Die Schuld liege beim Volk und die Kirche stehe diesem schuldbeladenen Volk nun bei, als ob die Kirche nicht Sonntag um Sonntag für Hitler und seine verbrecherischen Mitarbeiter um Weisheit und Kraft gebetet hätte, als ob sie nicht den Krieg begrüßt und den Sieg über Frankreich mit einem christlichen Choral gefeiert hätte. Kein Wort von einer Schuld der Kirche, diesen furchtbaren Irrweg, auf den die „Kirchenführer" ihre Kirchengemeinden geführt hatten, betreten zu haben. Martin Niemöller wurde deutlicher und klarer, als er nach Asmussen sagte: „Liebe Brüder von der Ökumene, wir wissen, dass wir mit unserem Volke einen verkehrten Weg gegangen sind, der uns als Kirche mitschuldig gemacht hat an dem Schicksal der ganzen Welt […] Wir werden die Schuld auf lange Sicht hin tragen. Wir wollen sie auch nicht verkleinern, aber helft uns, dass der Segen [der Vergebung Gottes, D.K.] nicht verloren werde, weil vielleicht die Christenheit in aller Welt glauben möchte, euer Schuldbekenntnis ist nicht so ganz ernst zu nehmen."[70] In einem Gottesdienst in Stuttgart am Vorabend der Sitzung hatte Niemöller noch drastischer gepredigt: „Die deutsche Kirche soll Buße tun und nicht weiter trotteln. Sie soll bekennen und mit ihr das deutsche Volk, dass es gesündigt hat vor Gott und in einem gottlosen Wesen befangen war. Nicht nur Deutschland leidet unter seiner eigenen Sünde, auch Holland, Frankreich, Finnland,

---

[69] ebd., 97.
[70] ebd., 97.

Polen müssen Deutschlands wegen leiden."[71] Anders als Asmussen stellte Niemöller die Notwendigkeit der Buße der Kirche voran, und dann mit ihr auch die Notwendigkeit einer Buße des deutschen Volkes. Der Schweizer Präsident Alphons Koechlin flocht in seine Zustimmung zu den Äußerungen von Asmussen und Niemöller die Warnung: „Die Predigt, ‚Jetzt gilt es zu vergeben', trägt stark die Gefahr in sich, dass dann alles beim Alten bleibt."

DER ERKLÄRUNGSVORSCHLAG VON OTTO DIBELIUS

Bischof Otto Dibelius verfasste eine Erklärung, die sich inhaltlich an eine Erklärung von Asmussen anlehnte. „Wir sind für diesen Besuch umso dankbarer, als wir uns mit unserem Volk nicht nur in einer großen Gemeinschaft der Leiden wissen, sondern auch in einer Solidarität der Schuld [...] Wir klagen uns an, nicht mutiger bekannt, nicht besser gebetet, nicht fröhlicher geglaubt und nicht brennender geliebt zu haben."[72] Das war kein Schuldbekenntnis sondern eine Selbstbezichtigung, deren Gewicht Dibelius jedoch dadurch abschwächte, dass er folgenden Halbsatz voranstellte „Wohl haben wir lange Jahre hindurch im Namen Christi gegen den Geist gekämpft, der im nationalsozialistischen Gewaltregiment seinen furchtbaren Ausdruck gefunden hat, aber wir klagen uns an [...]"[73] Davon hatte man von Bischof Meiser öffentlich nichts, aber auch gar nichts in den Jahren 1933 und folgenden zu hören bekommen. Nicht einmal die Bekennende Kirche nahm für sich in Anspruch, einen Kampf gegen den Nationalsozialismus geführt zu haben. Dibelius formulierte ebenfalls abschwächend: „gegen den Geist des Nationalsozialismus", nicht: „gegen den Staat des Nationalsozialismus". Diesem Staat hatte auch Dibelius nicht nur am Tag von Potsdam, sondern auch später mit der falschen Interpretation von Römerbrief Kapitel

---

[71] ebd., 82.
[72] ebd., 101.
[73] ebd., 101.

13 ein festes biblisches Fundament gegeben. Auch die Behauptung „Nun ist in unseren Kirchen ein neuer Anfang gemacht worden" wurde durch ein „soll" in eine *künftige* Aufgabe umgewandelt. „Nun soll in unseren Kirchen ein neuer Anfang gemacht werden", hieß es im endgültigen Text. War ein solcher Anfang nicht bei der Versammlung in Treysa gemacht worden? mochte Dibelius einwenden. Der Textvorschlag von Dibelius zielte auf eine Gemeinsamkeit in der Ökumene, die er forsch in Anspruch nahm: „Wir hoffen zu Gott, dass durch den gemeinsamen Dienst der Kirchen dem Geist der Rache und der Gewalt in aller Welt gesteuert werde". Von „Rache" konnte von Seiten der Besiegten nicht die Rede sein, Dibelius konnte nur die Haltung der Sieger meinen, gegen die er den Dienst der ausländischen Kirchen erhoffte. Daher wurde im endgültigen Text das Wort „Rache" durch „Vergeltung" ersetzt. Dibelius nahm auch den Gedanken von Asmussen auf, wonach Kirche und Volk zwei unterschiedliche Größen seien, wobei die Schuld nicht auf der Kirche, wohl aber auf dem Volk liege. Die offenbar unschuldige Kirche nehme sich aber der Schuld des Volkes solidarisch an. Man wisse sich mit dem Volk nicht nur in einer Gemeinschaft der Leiden, „sondern auch in einer Solidarität der Schuld". Diese merkwürdige Wortbildung umgeht eine *Mitverantwortung der Kirche*, wie sie Niemöller in seinem Grußwort benannt hatte, und beugt sich stattdessen „priesterlich", „solidarisch" zum *schuldig gewordenen Volk*.

MARTIN NIEMÖLLER VERÄNDERT DEN VORSCHLAG

Der Vorschlag konnte so nicht bleiben; er wurde vielmehr geradezu auf den Kopf gestellt, als Niemöller vorschlug, in die Fassung von Dibelius den Satz einzufügen: „Mit großem Schmerz sagen wir: Durch uns ist unendliches Leid über viele Völker und Länder gebracht worden." Das war der Satz, der inhaltlich von den ökumenischen Gästen erwartet worden war und der im Text von Dibelius fehlte. Er wurde an den Anfang des Textes eingeschoben und sofort anschließend durch die Behauptung, die Kirche habe lange Jahre gegen den Geist des Nationalsozialismus gekämpft, verwässert. – Greschat stellt zutreffend fest: „In den Gesamtzusammenhang der Erklärung fügt sich diese Aussage allerdings kaum ein."[74] „Es ist alles in allem ein zwiespältiger Eindruck, den die Stuttgarter Schulderklärung hinterlässt."[75]

Wie kam es überhaupt zu dieser Titulierung „Schuldbekenntnis"? Die Erklärung war nicht für die Kirchengemeinden gedacht, schon gar nicht für die Öffentlichkeit; ihr Wortlaut wurde nur zögerlich von den Landeskirchen der Pfarrerschaft zugänglich gemacht. Die unzutreffende Bezeichnung „Stuttgarter Schuldbekenntnis", die sich bald bis heute eingebürgert hat, stammte vom Kieler Kurier, der schon am 27. Oktober 1945 meldete: *„Schuld für endloses Leiden. Evangelische Kirche bekennt Deutschlands Kriegsschuld"*. Diese Überschrift war ein grobes, womöglich gezieltes Missverständnis des Textes, sie war auch nicht aus dem Einschub von Niemöller abzuleiten, der im Zusammenhang mit dem „unendlichen Leiden" nicht die Schuldfrage behauptete, um nicht an die elende Kriegsschulddebatte nach 1919 zu erinnern. Aber der Kieler Kurier griff aus der Erklärung des Rates die Feststellung der Verbrechen („unendliches Leid") auf, die „durch uns", also auch von den Verfassern der Erklärung, mitverantwortet war und berührte damit den die Empörung hervorrufenden Punkt der Erklärung. – Diese Pressemeldung verursachte eine jahrelange öffentliche Empörung.

Den Kirchengemeindemitgliedern wurde die Stuttgarter Erklärung nicht nahe gebracht. Es war den Ratsmitgliedern auf den beiden Ratssitzungen nicht möglich gewesen, den Kirchengemeinden einen Vorschlag für ein Wort der Notwendigkeit des Umdenkens und der Buße zu formulieren, obwohl der nahe Bußtag ein solches Wort nahelegte.

---

[74] ebd., 107.
[75] ebd., 109.

DAS ECHO DER ÖKUMENISCHEN GÄSTE
UND SEINE ÖKONOMISCHEN FOLGEN

Die ökumenischen Gäste in Stuttgart hingegen nahmen die Erklärung dankbar zur Kenntnis, auch wenn es ihren eingangs geäußerten
Erwartungen nicht entsprach. Dieses ökumenische Echo hatte folgenden weltpolitischen Hintergrund. Am 26. Juni 1945 waren in San
Francisco von 50 Nationen die Vereinten Nationen mit dem Ziel der
Gestaltung und Sicherung des Weltfriedens gegründet worden. In
den verschiedenen protestantischen Kirche der USA war dieses Ziel
schon seit 1939 immer wieder kontrovers diskutiert worden, besonders innerhalb der „Social Gospel Movement". Präsident Roosevelt
hatte den amerikanischen Kirchenrat, der auch eigene Vorschläge
erarbeitete, zur Mitarbeit an diesem internationalen Projekt aufge-
fordert.[76] Die Gründung der Vereinten Nationen kann als Gegen-
stück zu den außenpolitischen Zielen Hitlers verstanden werden, die
erfolgreich eine Nazifizierung des Deutschen Reiches erreicht hatte,
seit 1939 mit unterschiedlichem „Erfolg" eine Nazifizierung Europas
erstrebte und seit der Kriegserklärung an die USA 1941 eine globale
Nazifizierung phantasierte. Nach der totalen militärischen Nieder-
werfung des Großdeutschen Reiches war aus Sicht der Alliierten die
Entnazifizierung der verseuchten deutschen Millionenbevölkerung
die Voraussetzung für eine friedliche europäische Nachkriegsord-
nung, sowie ein erneuter Aufbau demokratischer Strukturen, wobei
die Erinnerung an die 13jährige Weimarer Demokratie eine Hilfe
sein konnte. Zu diesem Aufbau demokratischer Strukturen gehörte
als ein erster Schritt die Belebung einer materiell wie ideell schwer
geschlagenen deutschen Bevölkerung. Dazu hatten sich Gruppen aus
der Schweiz und Schweden und vor allem aus den USA bereit erklärt. Präsident Truman hatte das Verbot jeder wirtschaftlichen Hilfe
Ende 1945 aufgehoben, und seit April 1946 wurden über die Organisation CRALOG zunächst Lebensmittel, Kleidung und Medikamen-

---

[76] Christian WERNER, Amerika First? Die US-Kirchen und ihre Haltung zum Zweiten
Weltkrieg, Leipzig 2018, 135-141.

te, später als Hilfe zur Selbsthilfe Baustoffe, Saatgut und Zuchtvieh
in die Westzonen transportiert und über Wohlfahrtsverbände und
Kirchen an Organisationen und die Bevölkerung verteilt. Die Spenden für CRALOG stammten von US-amerikanischen Kirchen und
gingen zum größten Teil auch an das Evangelische Hilfswerk und
die Caritas in den Westzonen. Eine zweiter Hilfsstrom wurde von
der „Genossenschaft für amerikanische Paketsendungen nach Europa" (Cooperation für American Remittances to Europa = CARE) zunächst aus Armeebeständen, dann auf privater Ebene organisiert.[77]
Diese enorme, Jahre lang anhaltende wirtschaftliche Hilfe hatte ihren
Anfang in der Stuttgarter Erklärung, die anders als bei den Gästen
aus der Ökumene in den Westzonen auf empörtes Echo stieß.

DIE ABLEHNUNG DER STUTTGARTER RATSERKLÄRUNG
AN DEN UNIVERSITÄTEN

Die Ablehnung der Stuttgarter Ratserklärung war an den Universitäten besonders heftig. An der Universität Tübingen referierte Anfang
November 1945 Karl Barth über „Ein Wort an die Deutschen".[78]
　　Barth wiederholte einen Vortrag, den er wenige Tage vorher am
2. November 1945 vor einer ganz anderen Zuhörerschaft im Staatstheater Stuttgart auf Einladung der württembergischen Regierung
gehalten hatte. Barth lobte die Stuttgarter Erklärung des EKiD Rates
vom Oktober und wünschte: „Möchte es doch auch noch von anderen Seiten ausgesprochen werden! Die ganze Welt draußen würde
aufatmen, weil es dann endlich wieder in wache, aufrichtige deutsche Augen blicken dürfte."[79] Barth hatte die Stuttgarter Erklärung
offenbar als „Schulderklärung" missverstanden, und er warnte davor, bei einem Neuanfang wieder an das Jahr 1933 anzuknüpfen,

---

[77] Karl-Ludwig SOMMER, CRALOG und CARE: Praxis Geschichte 6/2005, 56-57.
[78] GRESCHAT, 160-163.
[79] GRESCHAT, 162.

weil die Wurzeln des Nationalsozialismus historisch bis weit in die Kaiserzeit zurückreichten. Es gelte, diese schon damals entstandenen Wurzeln des Nationalismus zu beseitigen. Also keine Wiederherstellung alter Verhältnisse, denn Restauration bedeute „die Wiederherstellung der alten Gefahrenquelle", bedeute das Sichfallenlassen in „verbrauchte Verhältnisse, verbrauchte Gedankengänge, verbrauchte Gewohnheiten, verbrauchte Menschen in Deutschland". Angesichts einer länger dauernden sowjetischen Besatzungszeit müsse man auch aufgeschlossen gegenüber dem „russischen Kommunismus sein, der im künftigen Deutschland auf alle Fälle eine politische, eine wirtschaftliche, eine geistiger Macht sein werde."[80]

Was auf eine aufgeschlossene, weiter denkende Zuhörerschaft im Stuttgarter Staatstheater einleuchtend wirken mochte, kam bei den Tübinger Studenten, die teilweise noch in ihren abgeschabten Militärmänteln zur Vorlesung gekommen waren, wie eine krasse Zumutung.an. Der junge, redegewandte und als brilliant angesehene Professor Helmut Thielicke wurde von den Studenten um eine Antwort auf Barth in seiner Vorlesungsreihe mit dem weitschweifenden Titel „Die geistige und religiöse Krise des Abendlandes" gebeten. Der junge Professor lobte artig einleitend die Person Barths, um sich dann ausgiebig mit der Gegenthese zu befassen: Er könne kein Schuldbekenntnis aussprechen, bevor nicht „die Andern", also die Besatzungsmächte, mit einem Schuldbekenntnis vorangingen, denn diese hätten das „Versailler Diktat" verursacht, das stimmungsmäßig das Aufkommen des Nationalsozialismus begünstigt hätte[81], und ihre Regierungen hätten die Hitlerregierung diplomatisch anerkannt und mehr als nur Höflichkeitsdemonstrationen vollzogen.[82] Schuld sei niemals einseitig, sondern beruhe auf einem Miteinander. Ein Schuldbekenntnis könnte von den Feindmächten aus politischem Interesse missbraucht werden. „Ein Tropfen Schuldbekenntnis von

---

[80] GRESCHAT, 163.

[81] Helmut THIELICKE, Exkurs über Karl Barths Vortrag in Tübingen, in: GRESCHAT, Die Schuld der Kirche, 163-172.

[82] ebd., 165

der anderen Seite ist uns lieber als ein Ozean von Sympathie". Thielicke behandelte dann die Frage einer Kollektivschuld (von der Barth
überhaupt nicht gesprochen hatte), wobei „schließlich der Soldat
und Offizier, der für sein Vaterland gekämpft habe, auf eine Linie
gestellt werde mit den Kriegsverbrechern erster Ordnung. Dieser
Wahnwitz „entspreche nicht der Würde unserer gefallenen Kameraden."[83] Da begann nun die akademische Vorlesung zu einer kitschi-
gen Weißwäsche der in die Verbrechen der Hitlerarmee verstrickten
Armeeangehörigen zu münden, was Thielicke auch in den folgenden
Jahren fortsetzte und in einer Karfreitagspredigt 1947 kulminierte,
die Thielicke unter dem Titel „Die Schuld der Andern" zusammen
mit Pfarrer Helmut Diem veröffentlichte. Die in der Situation von
1944/45 wohl verständliche Ausrede „Wir haben das Vaterland verteidigt" wurde bei dieser seinerzeit jungen Generation im zuneh-
menden Alter zur schäbigen, abstoßenden Lebenslüge, denn es war
das von Hitler regierte, von Naziverbrechen bis zur Unkenntlichkeit
verunstaltete „Vaterland". In seinen Lebenserinnerungen, die Thielicke als 75-Jähriger niederschrieb, liest man vergeblich einen Satz der
Selbstkritik über die verheerenden Folgen jener Auslassungen, die
ein Verständnis der Stuttgarter Erklärung nicht nur erschwerte, sondern auf Jahre hinaus verhinderte.[84]

Die Lebensmelodie der westdeutschen Bevölkerung lautete daher: „Ohne Umkehr und Buße weiter so wie bisher." In den Landeskirchen herrsche überall eine kaum noch zu verbergende Politik der
Restauration und Reaktion, klagte Mitte 1946 Martin Niemöller in
einem Schreiben an den Leiter der Kirchenkanzlei Asmussen, nicht
das Wort Gottes und seine kräftige Hervorhebung in der Verkündigung und in der Ordnung der Kirche stehen im eigentlichen Mittelpunkt, sondern Bestrebungen, die „Heimatkirche", die rechtlich
verfasste Kirche von vorgestern, die konfessionalistische Eigenbrö-

---

83 ebd. 170.
84 Helmut THIELICKE, Zu Gast auf einem schönen Stern", Hamburg, 1984, insbesondere 228-235.

delei und hierarchisch-liturgische Romantik zu entscheidenden Gesichtspunkten zu machen."[85]

Nun wurde in der evangelischen Kirche in den nächsten Jahrzehnten verschwiegen, gelogen, gefälscht, verdrängt, wurden Mitläufer zu Widerstandskämpfern umfrisiert, die Untaten mit ins Grab genommen. Die Redeweise „Wir wurden getäuscht" war die Kavaliersausrede.

„Weiter so", wenn auch ohne Hitler, so doch in seinem Schatten, war auch das Motto der Kirchlichen Mitte, deren Stützen in den westdeutschen Kirchen der EKD unverändert geblieben waren: die Mitgliederstärke der westdeutschen Landeskirchen, die Kasualien und die Kirchensteuer.

Das war die Melodie des „Trottelns", vor der Niemöller in Stuttgart gewarnt hatte: „Die deutsche Kirche soll Buße tun und nicht weiter trotteln."

GEGEN DIE MELODIE DES TROTTELNS
IN DER KIRCHLICHEN MITTE

Gegen diese Melodie des Trottelns in der Kirchlichen Mitte gab es in den nächsten Jahrzehnten einige Gegenbewegungen: Die Aktion Sühnezeichen, die, im Jahre 1958 gegründet, von Jahr zu Jahr wuchs und bis heute besteht. Sie sagt schon durch ihren Namen, dass sie einen anderen Weg ging als die Kirchenoberen in Treysa und Stuttgart, wo von Schuld, und nun gar von Sühne überhaupt keine Rede war. Die Auseinandersetzung mit den Verbrechen des Nationalsozialismus und ihren Folgen war das Motiv für ihre Arbeit.

Gegen eine „trottelnde" Kirche entstand seit 1949 die wachsende Kirchentagsbewegung, die 1979 und 1981 unter Beobachtung des Verfassungsschutzes stand und außerhalb der organisierten Kirchenstruktur eine unabhängige Stellung mit zugespitzten Zeitansa-

---

[85] Schreiben Niemöllers an Asmussen am 22.6.1946 in: SMITH VON OSTEN, 199.

gen entwickelte. – Schließlich entstand in einigen Landeskirchen der DDR ein neues Kirchenmodell, das die traditionellen Stützen der „trottenden" Kirche der Mitte entbehren musste: die staatlich eingezogene Kirchensteuer und die behäbige, aber füllige Kirchenmitgliedschaft. Sie berief sich auf die bruderrätliche Tradition der Bekennenden Kirche und bezeichnete sich als Kirche in evangelischer Freiheit im Sozialismus. Eine entsprechende Diskussion in den Kirchen der BRD über eine evangelische Freiheit im Kapitalismus wurde nicht geführt. Nach der Osterweiterung der BRD in das Gebiet der DDR in den Jahren 1989/90, fälschlicherweise als „Wiedervereinigung" bezeichnet, versäumten es die Westkirchen der BRD, die Impulse aus den Kirchen der DDR für eine erneuerte evangelische Kirche aufzunehmen.

Seit ca. dreißig Jahren bröckeln die Stützen der Kirchlichen Mitte. Die Kirchenmitgliedschaft nimmt sichtlich ab, ebenso die Tauf- und Trauziffern, Bestattungen werden zunehmend anonym und von säkularen Bestattern angeboten und angenommen. Auf die Höhe der Kirchensteuer wirkte sich die abnehmende Kirchenmitgliederzahl zunächst kaum aus, aber das scheint sich in jüngster Zeit zu ändern. Die evangelische Kirche geht auf das Ende der zählebigen Epoche der Kirchlichen Mitte zu.

Zitierte und empfohlene Literatur

BANKEN, Ralf: Hitlers Steuerstaat im Dritten Reich. Berlin: De Gruyter Oldenbourg 2018.

BLASIUS, Dirk: Tage deutscher Geschichte im 20. Jahrhundert. Göttingen 2006.

BRAKELMANN, Günter: Kirche im Krieg. Der deutsche Protestantismus am Beginn des II. Weltkriegs. München 1979.

BRUNOTTE, Heinz: Der kirchenpolitische Kurs der Deutschen Evangelischen Kirchenkanzle von 1937 bis 1945. In: Zur Geschichte des Kirchenkampfes. Gesammelte Aufsätze. Göttingen 1965.

BURGDORFF, Stephan / WIEGREBE, Klaus (Hg): Der 2. Weltkrieg. Wendepunkt der deutschen Geschichte. München 2007.

DIBELIUS, Otto: Die echte Germanisierung der Kirche. Berlin 1935.

ders. Die große Wendung im Kirchenkampf. Berlin 1935.

ders. Die Kraft der Deutschen in Gegensätzen zu leben. Berlin 1936.

ders. Bericht von Jesus aus Nazareth. Berlin 1938.

ders. Die Jünger. Ein Bericht von der Nachfolge damals und heute. Berlin 1939.

ders. Ein Christ ist immer im Dienst. Stuttgart 1961.

DOMARUS, Max: Hitlers Reden und Proklamationen 1932-1945. Vier Bände. Wiesbaden 1972.

ENDLICH, Stephane / GEYLER VON BERNUS, Monika / ROSSIE, Beate: Christenkreuz und Hakenkreuz. Kirchbau und sakrale Kunst im Nationalsozialismus. Berlin 2008.

ESCHENBURG, Theodor: Letzten Endes meine ich doch. Erinnerungen 1933-1999. Berlin 2000.

EVANS, Richard J.: Das Dritte Reich Aufstieg. München 2005.

FELGENTREFF, Ruth: Profil eines Verbandes. 75 Jahre Kaiserswerther Verband. Bonn 1991.

FRIEDRICH, Norbert: Du stellst meine Füße auf weiten Raum. 100 Jahre Kaiserswerther Verband. Berlin 2016.

FORSTER, Ralf: Ein Tag in Potsdam und die Medien. In: Gailus, Manfred: Täter und Komplizen. Göttingen 2015.

FREI, Norbert: „Machtergreifung". Anmerkungen zu einem historischen Begriff. In: Vierteljahreshefte für Zeitgeschichte 31. Jg. (1983) Heft 1, S. 136-145.

ders. Vergangenheitspolitik. Die Anfänge der Bundesrepublik und die NS-Vergangenheit. München 1995.

FREYTAG, Günther: Unterwegs zur Eigenständigkeit. Gütersloh 1998.

GAILUS, Manfred / KROGEL Wolfgang (Hg.): Von der babylonischen Gefangenschaft der Kirche im Nationalen. Berlin 2006.

GANZER, Karl Richard: Das Reich als europäische Ordnungsmacht. Hamburg 1942.

GARBE, Detlef: Konzentrationslager Neuengamme. In: Benz, Wolfgang / Diestel, Barbara: Der Ort des Terrors. München 2007.

GOEBBELS: Tagebücher von Dr. Joseph Goebbels. München 2006.

GOESCHEL, Christian: Selbstmorde im Dritten Reich. Berlin 2011.

GRÜNZINGER, Gertraud / WALTER, Felix: Fürbitte. Die Listen der Bekennenden Kirche 1935-1944. Göttingen 1994.

GÜRTLER, Paul: Nationalsozialismus und evangelische Kirche im Warthegau. Göttingen 1958.

GUNDLACH, Jens: Heinz Brunotte 1896-1984. Hannover 2010.

GRESCHAT, Martin: Zwischen Widerspruch und Widerstand. München 1987.

GRESCHAT, Martin: Die Schuld der Kirche. München 1982.

GROSSE, Heinrich / OTTE, Hans / PERELS, Joachim (Hg.): Bewahren ohne Bekennen? Die hannoversche Landeskirche im Nationalsozialismus. Hannover 1996.

HAMANN, Konrad: Rudolf Bultmann: Eine Biografie. Tübingen 2012.

HEER, Friedrich: Der Glaube des Adolf Hitler. München 1968.

HERBERT, Karl: Der Kirchenkampf. Frankfurt 1985.

HEY, Bernd / VON NORDEN, Günther (Hg.): Kontinuität und Neubeginn. Die rheinische und westfälische Kirche in der Nachkriegszeit (1945-1949). Köln 1996.

HEYMEL, Michael (Hg.): Martin Niemöller – Dahlemer Predigten. Kritische Ausgabe. Gütersloh 2011.

HEINONEN, Reijo: Anpassung und Identität. Göttingen 1978.

HÖCKELE, Simone: August Hinderer. Weg und Wirken eines Wegbereiters Evangelischer Publizistik. Erlangen, 2001.

HÖHNE, Heinz: Die Zeit der Illusionen. Berlin 1991.

HOELSCHER, Lucian: Datenatlas zur religiösen Geografie im protestantischen Deutschland zwischen der Mitte des 19. Jahrhunderts und dem Zweiten Weltkrieg. 4 Bde. Berlin 2001.

JACOB, Günter: Die Versuchung der Kirche. Theologische Vorträge der Jahre 1934/1944. Göttingen 1946.

JÜRGENSEN, Kurt: Die Stunde der Kirche. Die Ev. Luth. Landeskirche Schleswig-Holsteins in den ersten Jahren nach dem Zweiten Weltkrieg. Neumünster 1978.

KÄSEMANN, Ernst: An die Römer, Handbuch zum Neuen Testament. Tübingen 1974 (3. Auflage).

KARLSHOVEN, Hedda: Ich denk so viel an euch. München 1995.

KERSHAW, Ian: Hitler 1889-1936. München 1998.

KERSHAW, Ian: Hitler 1936-1945. München 2002.

KLÜGEL, Eberhard: Die Lutherische Landeskirche Hannovers und ihr Bischof 1933-1945. Berlin 1964.

KLÜGEL, Eberhard: Die Lutherische Landeskirche Hannovers und ihr Bischof 1933-1945, Dokumente. Berlin 1965.

KLUßMANN, Uwe: Hitlers allerletztes Aufgebot. In: Der Spiegel (online), 22.05.2020.

KÜCK, Thomas Jan (Hg./Bearb.): Zur Lage der Kirche. Die Wochenbriefe von Landesbischof D. August Marahrens 1934-1947, Band 1-3. Göttingen 2000.

ders. Die Evangelisch-lutherische Landeskirche Hannovers in der Zeit des Nationalsozialismus. Eine Forschungsbibliographie. Hannover 1997.

KUESSNER, Dietrich: Geschichte der Braunschweigischen Landeskirche 1930-1947 im Überblick. Blomberg 1981.

ders. Die evangelische Kirche und der Rußlandfeldzug. Wolfenbüttel: Landeskirchenamt Eigendruck 1991.

ders. Ansichten einer versunkenen Stadt. Die Braunschweiger Stadtkirchen 1933-1950. Wendeburg 2012.

ders. Kirche und Nationalsozialismus in Braunschweig. Braunschweig 1980.

KUPISCH, Karl: Quellen zur Geschichte des deutschen Protestantismus von 1945 bis zur Gegenwart, 1. Teil. Hamburg 1971.

LAUTERER, Heide-Marie: Liebestätigkeit für die Volksgemeinschaft. Göttingen 1994.

LAKOTTA, Beate: Tief vergraben, nicht daran rühren. In: Burgdorff, Stephan / Wiegrefe Klaus: Der 2. Weltkrieg. Wendepunkte der deutschen Geschichte. München: Goldmann Verlag 2007, S. 330-338.

MEIER, Kurt: Kreuz und Hakenkreuz. München 1992.

ders. Kirche und Nationalsozialismus. Ein Beitrag zum Problem der nationalsozialistischen Religionspolitik. In: Zur Geschichte des Kirchenkampfes Gesammelte Aufsätze. Göttingen 1965.

ders. Evangelische Kirche in Gesellschaft, Staat und Politik 1948-1945. Berlin 1987.

MENSING, Björn: Pfarrer im Nationalsozialismus. Geschichte einer Verstrickung am Beispiel der Evangelisch-Lutherischen Kirche in Bayern. Bayreuth 2001.

MÜLLER, Gerhard (Hg.): Handbuch der Geschichte der Evangelischen Kirche in Bayern, Bd. II. St. Ottilien 2000.

NIEMÖLLER, Wilhelm: Kampf und Zeugnis der Bekennenden Kirche. Bielefeld 1947.

NORDEN VON, Günther: Der deutsche Protestantismus im Jahr der nationalsozialistischen Machtergreifung. Gütersloh 1979.

Ders. / HEY, Bernd (Hg): Kontinuität und Neubeginn. Die rheinische und westfälische Kirche in der Nachkriegszeit (1945-1949). Köln 1996.

PAUCK, Wilhelm und Marion: Paul Tillich. Sein Leben und Denken. Stuttgart 1976.

PÖTZL, Norbert / WIEGREBE, Klaus: Die Heimkehr des Krieges. In: Burgdorff, Stephan / Wiegrefe Klaus: Der 2. Weltkrieg. Wendepunkte der deutschen Geschichte. München: Goldmann Verlag 2007.

PROLINGHEUER, Hans: Kleine politische Kirchengeschichte 50 Jahre evangelischer Kirchenkampf. Köln 1984.

RABE, Mandy: Zwischen den Fronten. Die „Mitte" als kirchenpolitische Gruppierung in Sachsen während der Zeit des Nationalsozialismus. Leipzig 2016.

ROSSIE, Beate: Kirchenkunst und Ideologie. In: Rammler, Dieter / Strauss, Michael (Hg.): Kirchenbau im Nationalsozialismus. Beispiele aus der Braunschweiger Landeskirche. Wolfenbüttel 2009.

SCHÄFER, Gerhard (Hg): Die Evangelische Landeskirche in Württemberg und der Nationalsozialismus. Stuttgart 1971.

SCHMIDT, Paul: Statist auf diplomatischer Bühne 1923-45. Bonn 1953.

SCHMUHL, Hans Walter / Winkler, Ulrike: Im Zeitalter der Weltkriege. Neuendettelsau 2014.

SCHOLDER, Klaus: Die Kirchen und das Dritte Reich, Bd. 1. Frankfurt 1977.

SCHUMACHER, Martin, Der Umschwung in Deutschland. Eine unbekannte Artikelfolge des preußischen Staatsministers Otto Klepper. In: Vierteljahreshefte für Zeitgeschichte 31. Jg. (1983) Heft 1, S. 146-177.

SÖHLMANN, Fritz: Die Kirchenkonferenz von Treysa. Lüneburg 1946.

SMITH VON OSTEN, Annemarie: Von Treysa bis Eisenach 1948. Göttingen 1980.

STAPPENBECK, Christian: Kirchliche Nachkriegsentwicklung in Berlin 1945 bis 1949. In: Wirth, Günter (Hg): Beiträge zur Berliner Kirchengeschichte. Berlin 1987.

STOLL, Gerhard: Die evangelische Zeitschriftenpresse im Jahre 1933. Witten 1963.

STROHM, Christoph: Die Kirchen im Dritten Reich. Bonn 2011.

STUPPERICH, Robert: Otto Dibelius – Ein evangelischer Bischof im Umbruch der Zeiten. Göttingen 1989.

STÖVER, Rolf: Protestantische Kultur zwischen Kaiserreich und Stalingrad. München 1982.

THIELE, Friedrich: Diakonissenhäuser im Umbruch der Zeit. Stuttgart 1963.

THIELECKE, Helmut / DIEM Hermann: Die Schuld der Anderen. Göttingen 1948.

TILLICH, Paul: An meine deutschen Freunde. Politische Reden. Ergänzungs- und Nachlassbände Bd. III. Stuttgart 1973.

TÜGEL, Franz: Mein Weg. Hamburg 1972.

VOLLNHALS, Clemens: Evangelische Kirche und Entnazifizierung 1945-1949. München 1989.

WERNER, Christian: Amerika First? Die US-Kirchen und ihre Haltung zum Zweiten Weltkrieg. Leipzig 2018.

Dietrich Kuessner:
Die Deutsche Evangelische Kirche und der Russlandfeldzug.
Eine Arbeitshilfe (= Neuedition. Kirche & Weltkrieg, Band 7).
Norderstedt: BoD 2021. – ISBN: 978-3-7526-7109-4

ÜBER DEN AUTOR

Dietrich Kuessner, geb. 1934 in Ostpreußen, evangelischer Theologe und Historiker. Bereits Vater und Großvater waren Geistliche. Gegen Ende des Zweiten Weltkrieges flüchtete die Familie angesichts der heranrückenden Roten Armee nach Westen. – Nach Besuch des Predigerseminars in Braunschweig Vikar in Melverode und Schöningen; Dezember 1962 Ordination. 1963-1999 Pfarrer in den Gemeinden Offleben und Reinsdorf-Hohnsleben. Anschließend Ruhestand. „Zu einer heftigen Auseinandersetzung mit der Landeskirche kam es, als Kuessner sich 1998 als Bundestagskandidat für die Partei des Demokratischen Sozialismus (PDS) aufstellen ließ. Einem Ausschluss aus der Landessynode und einem Disziplinarverfahren konnte er wirksam entgegentreten […]. Seit Jahrzehnten beschäftigt sich Kuessner intensiv mit verschiedenen Aspekten der Geschichte der Stadt Braunschweig und des Landes Braunschweig unter besonderer Berücksichtigung der Rolle der Evangelisch-lutherischen Landeskirche in Braunschweig vor, während und nach der Zeit des Nationalsozialismus"[1].

Über Kuessners Forschungen teilte der Historiker Dr. Hans-Ulrich Ludewig vor einem Jahrzehnt mit: „Dietrich Kuessner habe ich zum ersten Mal im Frühjahr 1980 erlebt. Er sprach im völlig überfüllten Saal des Städtischen Museums im Rahmen der Vortragsreihe ‚Braunschweig unterm Hakenkreuz'. Sein Thema: Die Braunschweigische Landeskirche und der Nationalsozialismus. Dieses Thema hat ihn bis heute beschäftigt, umgetrieben. Der Vortrag damals – ich erinnere mich recht gut – war für ein historisches Thema ungemein fesselnd, pointiert, zuweilen polemisch formuliert. Gar nicht einverstanden war ich mit seiner Grundthese, der Hitlerstaat präsentiere sich als christliche Diktatur. Für mich, und das entsprach auch dem Forschungsstand, waren die Kirchen Widersacher des Nationalsozia-

---

[1] Wikipedia.org, abgerufen am 25.06.2019.

lismus. Heute, dreißig Jahre später, wird das Verhältnis zwischen Kirchen und NS-Staat viel kritischer gesehen. Kuessner hatte 1980 die richtigen Fragen gestellt. Scheinbar gesicherte Erkenntnisse aufzubrechen, unkonventionelle Fragen zu stellen, das scheint mir charakteristisch für Kuessners historisches Arbeiten zu sein. Jüngst war es zu beobachten bei der Diskussion um die Novemberrevolution 1918 in Braunschweig, als er lang gepflegte Revolutionsmythen in Frage stellte. Seine hierzu verfassten beiden Aufsätze, die in einem vor kurzem erschienenen Sammelband abgedruckt sind (,Von der Monarchie zur Demokratie'), zeigen eine weitere Stärke seiner historischen Arbeit: Er liest schon bekannte Quellen neu und er wertet Quellen aus, die vorher niemand für lesenswert gehalten (Tageszeitungen zum Beispiel), und er entnimmt sogar dem Staatshaushalt erstaunliche Informationen. Er verlässt ausgetretene Pfade, wenn er die auf die Stadt Braunschweig zentrierte Betrachtung kritisiert und auf ganz andere Entwicklungen draußen auf dem Land, in den Dörfern und Kleinstädten verweist. Die Arbeiten Kuessners zur Braunschweiger Landeskirche in der NS-Zeit waren Pionierarbeiten. Er hat das spannungsreiche Verhältnis von Staat, Kirche und Gesellschaft in der Weimarer Republik beschrieben. Zu einzelnen Personen der Landeskirche, zu Bischof Johnsen und Bischof Bernewitz, zu Pastor Schlott, zu Ottmar Palmer und der Bekennenden Kirche (welch reichhaltiges Quellenmaterial enthält diese Publikation!) liegen wichtige Untersuchungen vor. Eine faszinierende Momentaufnahme des politisch-ideologischen Denkens der Braunschweiger Pfarrerschaft im Jahr 1931 gibt Kuessners Analyse von Texten, welche die Pfarrer zum Thema ,Kirche und völkische Bewegung' beim Landeskirchenamt einreichen mussten; der Aufsatz ist 2005 in der Festschrift für Klaus Erich Pollmann erschienen. Kuessner war einer der ersten, welcher die Vorgänge in Braunschweig während der Pogromnacht 1938 thematisierte. – Unser gemeinsames Arbeiten geht auf die frühen neunziger Jahre zurück. Bei einem Aufenthalt im Staatsarchiv Wolfenbüttel stellten wir fest, dass wir uns mit demselben Thema beschäftigten, dem Sondergericht Braunschweig. Wir beschlossen, uns gemeinsam an die Arbeit zu machen. Wir teilten die Bereiche auf, trafen uns regelmäßig zu Diskussionen, fuhren zusammen ins Bundesarchiv nach Koblenz. Zehn Jahre haben wir an diesem Projekt gearbeitet, unterbrochen immer wieder von längeren Pausen. Im Jahr 2000 ist das Buch erschienen. Uns beiden wurde es zu einer Herzensangelegenheit; für mich wurde es das wichtigste Buch in meinem Historikerleben. In den neunziger Jahren erlebte ich Dietrich Kuessner bei vielen Sitzungen in der von der Landeskirche eingesetzten ‚Kommission für kirchliche Zeitgeschichte' unter der Leitung von Klaus Erich Pollmann. Sie hat in zwei Bänden den schwierigen Weg der Braunschweiger Landeskirche nach 1945 erarbeitet und publiziert; leider ist die Arbeit der Kommission nicht fortgesetzt worden. – Es ist Dietrich Kuessner zu verdanken, wenn die Braunschweiger Kirchengeschichte zu den am besten erforschten Bereichen der hiesigen Landesgeschichte zählt. Kirchengeschichte übrigens versteht Kuessner als umfassend, sie ist für ihn immer auch politische Geschichte, Sozialgeschichte, Alltagsgeschichte, Ideengeschichte, Mentalitätsgeschichte. – Treffen wir uns hin und wieder, denken wir auch über ein neues gemeinsames Projekt nach. Wir sollten, so seine hartnäckig vorgebrachte Anregung, ein lesbares Buch über die Geschichte des Nationalsozialismus in dieser Region schreiben, über seine Anfänge, seinen Aufstieg, die Jahre an der Macht und nicht zuletzt über sein Nachwirken; Vorarbeiten dazu hätten wir beide doch genug geleistet. Hier zeigt sich, dass bei aller Vielfalt seiner Publikationen und Vorträge das eigentliche Thema des Historikers Dietrich Kuessner ist und bleibt: die Deutschen und der Nationalsozialismus."[2]

---

[2] Hans-Ulrich LUDEWIG: Der Historiker Dietrich Kuessner. Extrablatt zum 75. Geburtstag Kuessners. Abgerufen am 01.05.2021 über das Archiv „Kirche von unten": http://bs.cyty.com/kirche-von-unten/archiv/kvu127/ludewig.pdf

Veröffentlichungen[3]

KUESSNER 1980 = Dietrich Kuessner (Hg.): Kirche und Nationalsozialismus in Braunschweig. Braunschweig: Magni-Buchladen 1980.

KUESSNER 1981a = Dietrich Kuessner: Die Braunschweigische ev.-luth. Landeskirche und der Nationalsozialismus. In: Helmut Kramer (Hg.): Braunschweig unterm Hakenkreuz. Bürgertum, Justiz und Kirche. – Eine Vortragsreihe und ihr Echo. Braunschweig: Magni-Buchladen 1981, S. 79-113. [http://www.spdinfo.de/spd_dsv_mitglieder/kramer_Braunschweig UntermHakenkreuz.pdf]

KUESSNER 1981b = Dietrich Kuessner: Geschichte der Braunschweigischen Landeskirche 1930-1947 im Überblick. Braunschweig: Selbstverlag 1981.

KUESSNER 1982 = Dietrich Kuessner: Landesbischof Dr. Helmut Johnsen (1891-1947). Nationaler Lutheraner und Bischof der Mitte in Braunschweig. Büddenstedt: Evangelisches Pfarramt Offleben 1982. [149 Seiten]

KUESSNER/SAUL 1982 = Dietrich Kuessner / Norbert Saul: Materialsammlung zur Ausstellung „Die ev.-luth. Landeskirche in Braunschweig und der Nationalsozialismus". Braunschweig 1982. [289 Seiten]

KUESSNER 1983a = Dietrich Kuessner: Johannes Schlott (1878-1953). Ein Beispiel deutsch-christlicher Theologie in der Stadt Braunschweig. Braunschweig 1983. [118 Seiten]

KUESSNER 1983b = Dietrich Kuessner: Evangelische Kirche und Nationalsozialismus im Salzgittergebiet. Büddenstedt: Pfarramt Offleben 1983.

KUESSNER 1985 = Dietrich Kuessner: Landesbischof D. Alexander Bernewitz (1863-1935). Vom Baltikum nach Braunschweig. Büddenstedt 1985.

KUESSNER 1987 = „Gib ewigliche Freiheit". Eine Festschrift für Landesbischof D. Gerhard Heintze. Herausgegeben im Auftrag des Freundeskreis der Braunschweiger Kirchen- und Sozialgeschichte von Dietrich Kuessner. Büddenstedt: Selbstverlag 1987. [516 Seiten]

KUESSNER/ROLOFF/VÖGEL 1988 = Dietrich Kuessner / Ernst-August Roloff / Bernhild Vögel: „Kristallnacht" und Antisemitismus im Braunschweiger Land. Drei Vorträge im November 1988. [Büddenstedt-Offleben] 1988.

[3] Eine umfassendere Bibliographie zu den Arbeiten von Dietrich Kuessner ist abrufbar auf der Internetseite ‚Kirche von unten' (Braunschweig): http://bs.cyty.com/kirche-von-unten/archiv/Werkverzeichnis.pdf

KUESSNER/VÖGEL 1988 = Dietrich Kuessner/Bernhild Vögel: Vom Antisemitismus zur Reichspogromnacht. Zwei Vorträge. [Volkshochschule Salzgitter, Arbeitskreis Stadtgeschichte] 1988. [52 Seiten]

KUESSNER 1991 = Dietrich Kuessner: Die Deutsche Evangelische Kirche und der Russlandfeldzug. Eine Arbeitshilfe. Zweite, durchgesehene und geringfügig ergänzte Auflage. (Druck: Haus der Kirchlichen Dienste, Braunschweig). Offleben: Selbstverlag des Verfassers 1991. [Din A 4; 130 Seiten]

LUDEWIG/KUESSNER 2000 = Hans-Ulrich Ludewig/Dietrich Kuessner. „Es sei also jeder gewarnt". Das Sondergericht Braunschweig 1933-1945. Braunschweig: Braunschweigischer Geschichtsverein 2000.

KUESSNER 2007 = Dietrich Kuessner: Das Braunschweigische Gesangbuch. Anfragen und Beobachtungen zu seiner Geschichte und Gestalt von der Reformation bis heute. Braunschweig 2007.

KUESSNER/OHNEZEIT/OTTE 2008 = Dietrich Kuessner / Maik Ohnezeit / Wulf Otte: Von der Monarchie zur Demokratie. Anmerkungen zur Novemberrevolution 1918/19 in Braunschweig und im Reich. Wendeburg: Krebs 2008.

KUESSNER 2012 = Dietrich Kuessner: Ansichten einer versunkenen Stadt. Die Braunschweiger Stadtkirchen 1933-1950. Wendeburg: Krebs 2012.

KUESSNER 2014 = Dietrich Kuessner (Hg.): Die Braunschweiger Landeskirche in den 70er Jahren und ihr Bischof Gerhard Heintze. Wendeburg: Krebs 2014.

KUESSNER 2019 = Dietrich Kuessner: Hitler in der Rolle eines christlichen Staatsmannes. Ein Beitrag zum Hitlerbild in der Deutschen Evangelischen Kirche und zu christlichen Mitte. Braunschweig: Selbstverlag 2019. [138 Seiten] [Neubearbeitung 2020; sowie die hier vorgelegte Ausgabe]

KUESSNER 2019 = Dietrich Kuessner: Die Deutsche Evangelische Kirche und der Russlandfeldzug. Eine Arbeitshilfe (= Neuedition. Kirche & Weltkrieg, Band 7). Norderstedt: BoD 2021.

Kirche & Weltkrieg - Band 9

Kriegsworte von Feldbischof Franziskus Justus Rarkowski

Edition der Hirtenschreiben
und anderer Schriften 1917 - 1944

Kriegsworte von Feldbischof Franziskus Justus Rarkowski
Edition der Hirtenschreiben und anderer Schriften 1917 – 1944
Norderstedt 2021 – ISBN: 978-3-7543-2454-7
(Auch mit festem Einband, ISBN: 978-3-7543-2143-0)

Reihe
Kirche & Weltkrieg

Band 1
Katholische Diskurse über Krieg und Frieden vor 1914
Ausgewählte Forschungen nebst Quellentexten
Norderstedt 2020 – ISBN: 978-3-7526-7268-8

Band 2
Protestantismus und Erster Weltkrieg
Aufsätze, Quellen und Propagandabilder
Norderstedt 2020 – ISBN: 978-3-7526-0414-6

Band 3
Frieden im Niemandsland
Die Minderheit der christlichen Botschafter
im Ersten Weltkrieg – Ein Lesebuch
Norderstedt 2021 – ISBN: 978-3-7534-0205-5

Band 4
Katholizismus und Erster Weltkrieg
Forschungen und ausgewählte Quellentexte
Norderstedt 2021 – ISBN: 978-3-7534-2805-5

Band 5
Franziskus Maria Stratmann O.P.
Weltkirche und Weltfriede
Katholische Gedanken zum Kriegs- und Friedensproblem
Norderstedt 2021 – ISBN: 978-3-7534-3993-8

Band 6
Adolf von Harnack
Schriften über Krieg und Christentum
„Militia Christi" (1905) und Texte mit Bezug zum Ersten Weltkrieg
Norderstedt 2021 – ISBN: 978-3-7534-1759-2

Band 7
Dietrich Kuessner
Die Deutsche Evangelische Kirche und der Russlandfeldzug
Eine Arbeitshilfe
Norderstedt 2021 – ISBN: 978-3-7526-7109-4

Band 8
Heinrich Missalla
Die Kirchliche Kriegshilfe im Zweiten Weltkrieg
Eine Organisation des Deutschen Caritasverbandes
Norderstedt 2021 – ISBN: 978-3-7534-9221-6

Band 9
Kriegsworte von Feldbischof Franziskus Justus Rarkowski
Edition der Hirtenschreiben und anderer Schriften 1917 – 1944
Norderstedt 2021 – ISBN: 978-3-7543-2454-7
(Fester Einband ISBN: 978-3-7543-2143-0)

Band 10
Dietrich Kuessner
Der christliche Staatsmann
Ein Beitrag zum Hitlerbild in der Deutschen
Evangelischen Kirche und zur Kirchlichen Mitte
Norderstedt 2021 – ISBN: 978-3-7543-2629-9

Verlag: Books on Demand
https://www.bod.de/buchshop/

Internetseite zum Editionsprojekt
https://kircheundweltkrieg.wordpress.com/